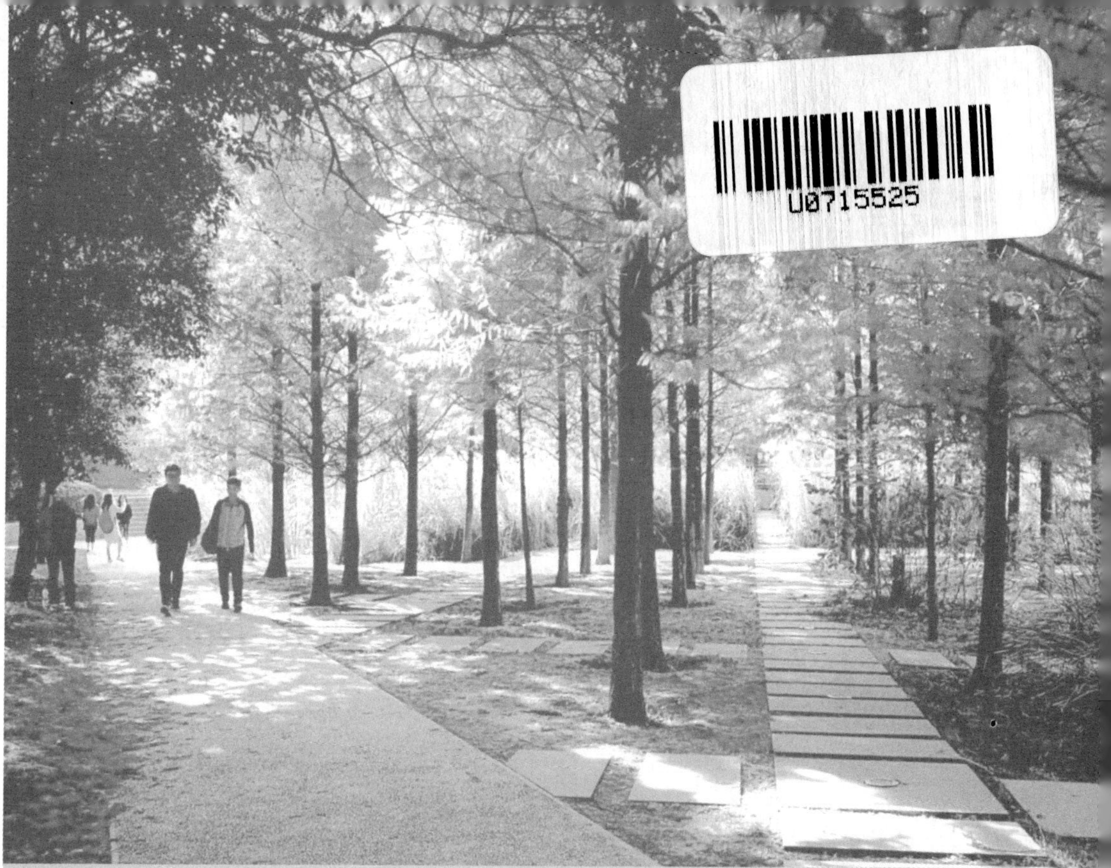

张 衬 ◎ 主编

广告文案写作
GUANGGAO WENAN XIEZUO

 高等教育新闻传播学类"十三五"规划教材

郑州大学出版社
郑州

图书在版编目(CIP)数据

广告文案写作/张衬主编. —郑州:郑州大学出版社,2018.2(2019.7 重印)
ISBN 978-7-5645-4922-0

Ⅰ.①广… Ⅱ.①张… Ⅲ.①广告-写作-教材 Ⅳ.①F713.8

中国版本图书馆 CIP 数据核字(2017)第 269066 号

郑州大学出版社出版发行	
郑州市大学路40号	邮政编码:450052
出版人:张功员	发行部电话:0371-66966070
全国新华书店经销	
河南龙华印务有限公司印制	
开本:787 mm×1 092 mm 1/16	
印张:17	
字数:427 千字	
版次:2018 年 2 月第 1 版	印次:2019 年 7 月第 2 次印刷

书号:ISBN 978-7-5645-4922-0　　　　定价:39.00 元
本书如有印装质量问题,由本社负责调换

作者名单

● **主　编** 张　衬

● **副主编** 江世明　涂　钢

● **编　委**（按姓氏笔画排序）
　　　　　刘　潇　江世明　张俊鹏
　　　　　赵　莹　涂　钢　曹　恒

本教材作为普通高等教育新闻学类"十一五"规划教材,自 2010 年 5 月出版发行以来,受到广告业界和学界的好评。

业界和学界的好评让我们欣喜万分、受宠若惊,在欣喜之余,也倍感身上的巨大压力,唯有精益求精,进一步完善、丰富教材,才不辜负大家对我们的厚爱;媒体形态的发展,一方面为广告的投放提供了广阔的平台,同时也为广告文案写作提出了新的、更高的要求;市场的竞争越来越激烈,广告主需要寻找新型广告形式为自己谋取丰厚利润,传统的广告文案写作必须与时俱进,才能满足广告主的需要。

基于以上原因,我们萌生了修订教材的想法,这一想法得到郑州大学出版社的大力支持。经过编写组全体人员的辛勤笔耕,本书即将付梓。这是全体编写人员在教学和实践的基础上提炼出来的心血,它把理论和实践相结合,凝结了现代教育思想的精华,体现了一种创新精神。

本次修订主要做了三方面的工作:一是增加了两章内容。随着媒体发展、媒体融合,新媒体广告不断出现,为了适应这种发展态势,教材增加两章与之相关的内容。二是更新了原有内容。原教材上有些案例和表述方式显得过时,本次修订增加新的案例,新案例更加贴近生活、贴近实际。三是精简了内容。删除一些冗长的文案,使教材更加精练实用。

本书在内容上共分三部分:第一部分基础理论(包括第一章、第二章),讲解广告文案的基本概念;第二部分广告文案诸要素(包括第三章、第四章、第五章、第六章、第七章、第八章),这部分详细讲解广告文案诸要素的写作;第三部分媒体广告文案的写作(第九章、第十章、第十一章、第十二章),将广告文案和媒体结合起来进行讲解。

本书撰稿具体分工如下:曹恒(河南财经政法大学)撰写第一章、第九章,刘潇(安阳工学院)撰写第二章、第六章,张俊鹏(郑州师范学院)撰写第三章、第八章,张衬(河南财经政法大学)撰写第四章、第五章,赵莹(平顶山学院)撰写第七章,涂钢(河南大学)撰写第十章,江世明(中原文化艺术学院)撰写第十一章、第十二章。本书的提纲撰写和最后通稿由张衬负责。

  本书在编写过程中,编写人员参阅了大量有关著作和教材,限于篇幅,不一一注明,在此谨表诚挚的谢意。同时也感谢为该书付出辛勤努力的人士。

  由于时间仓促,本书的纰漏在所难免,敬请读者批评指正。

编 者

2017 年 4 月

- 001　1　广告文案的概念及特性
  - 002　1.1　广告文案的定义及含义
  - 006　1.2　广告文案的结构和特征
  - 009　1.3　广告文案的写作过程及构思方法
- 017　2　广告文案与广告创意
  - 018　2.1　广告文案与广告运作
  - 026　2.2　广告文案与广告创意
- 034　3　广告文案标题的写作
  - 035　3.1　标题在广告文案中的地位及作用
  - 038　3.2　标题的写作方法
- 045　4　广告文案正文的写作
  - 046　4.1　广告文案正文写作概述
  - 052　4.2　正文的写作方法
  - 068　4.3　广告正文的写作顺序
  - 074　4.4　广告大师的写作经验
- 077　5　广告语及随文的写作
  - 078　5.1　广告语特性
  - 079　5.2　广告语写作的原则
  - 083　5.3　广告语的写作过程与写作技巧
  - 089　5.4　广告随文的写作
  - 092　5.5　广告准口号
- 096　6　广告文案写作的修辞技巧
  - 097　6.1　广告语言修辞概述
  - 099　6.2　广告文案中常用的修辞格（上）
  - 105　6.3　广告文案中常用的修辞格（下）
  - 108　6.4　广告修辞的综合运用
- 112　7　广告文案的修改
  - 113　7.1　广告标题的修改
  - 114　7.2　广告正文的修改
  - 116　7.3　广告语的修改
  - 118　7.4　广告随文的修改
- 122　8　系列广告文案和长文案的写作
  - 123　8.1　系列广告文案的写作

134　8.2　长文案的写作

- 157　9　平面广告文案的写作
  - 158　9.1　报纸广告文案的写作
  - 164　9.2　杂志广告文案的写作
  - 166　9.3　DM广告文案的写作
  - 170　9.4　户外广告文案的写作

- 174　10　广播、电视广告文案的写作
  - 175　10.1　文案对广播媒介特性的配合
  - 183　10.2　文案与广播广告其他要素的配合
  - 187　10.3　文案对电视媒介特性的配合
  - 200　10.4　文案与画面的配合

- 209　11　广告性电视专题片文案写作
  - 210　11.1　广告性电视专题片概述
  - 213　11.2　广告性电视专题片文案创作要求
  - 224　11.3　广告性电视专题片创作注意事项
  - 227　11.4　广告专题片解说词的写作

- 238　12　网络广告文案写作
  - 239　12.1　网络广告特征
  - 241　12.2　网络广告类型
  - 244　12.3　网络广告文案的写作

- 263　参考文献

广告文案的概念及特性

导言

本章学习目标

通过本章的学习,能正确理解广告文案的基本概念、广告文案的本质特征、广告文案与其他文体的关联,掌握学习广告文案的方法。

本章难点

广告文案本质的理解和掌握;广告文案的构思方法。

课前导读

广告是一种信息传播活动,而传播必须依靠传播者与传播对象共同理解的语言符号和非语言符号完成,广告作品就是这些符号的最终载体,广告中的语言符号就是文案。广告文案是广告传播中的特有体裁,离开了广告文案,广告作品几乎无法准确地传递产品信息,所以,广告文案在广告传播中有着重要价值。

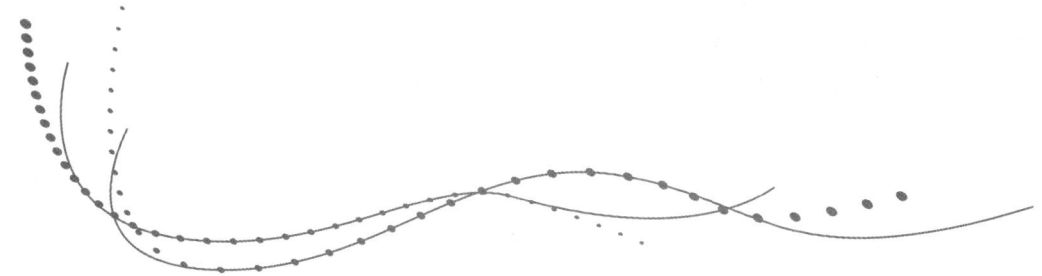

广告是由语言符号(包括有声语言和文字)和非语言符号构成的有机整体。广告可以没有画面、可以没有音乐、可以没有音响,但不能没有文案。文案在广告中传递核心信息,是信息的主要载体,是文案的点睛之笔。绝大部分广告离开了文字,消费者便无法理解。因此,文字在广告表现中居于表现符号的核心地位。

广告大师大卫·奥格威在谈到广告文案的作用时说:"广告是词语的生涯。"广告大师李奥·贝纳也说道:"文字是我们这行的利器,文字在意念表达中注入情感和灵魂。"资料表明:广告效果50%~70%来自广告的语言文字,世界广告史上著名的广告大师几乎都是成名于广告文案创作,由他们创作的广告文案给其产品的营销带来了强大而持久的推动力。

文字具有表现复杂事物、表情达意的功能,是人类最高级的抽象认知符号和重要交际工具。广告信息的传播绝大部分要靠文字符号来承担。用文字表现广告信息不但准确且不易产生歧义(不像图画抽象而多义),使广告信息保真传播。

广告文案易于对人们进行诱导、打动人心、改变态度,具有较强的劝服性。广告是劝导、说服的艺术,文字的劝服力是深入和不可阻挡的,而图画则很少有劝服性。广告离开图画可以,而缺少文字则不易被人们所理解。

广告文案有利于广告信息的再传播。文字的记忆准确度要高于图画,人们对文字的复述和再现能力也高于对图画的复述与再现,文字比图画更有利于消费者记忆和再传播,从而放大广告传播效果。

1.1 广告文案的定义及含义

1.1.1 广告文案的产生及发展

广告文案是伴随着广告的出现而出现的。广告作为一种信息传播形式,在商品和商品交换刚刚产生时就出现了。最原始的广告形式可以追溯到原始社会末期的口头叫卖、实物陈列,只是由于受到经济发展水平和人类传播工具的制约,早期的广告内容和形式都十分简单而已。

追溯最早采用印刷技术制作的广告文案,就是如今保存在中国历史博物馆的中国北宋时期济南刘家功夫针铺的"白兔捣药广告"的文案,其内容为:"济南刘家功夫针铺,认门前白兔儿为记。收买上等钢条,造功夫细针,不误宅院使用。客转为贩,别有加饶。请记白。"这条广告文图并茂,标题是"济南刘家功夫针铺",中心位置绘有产品商标"白兔捣药图",周围文字说明是"认门前白兔儿为记"。广告正文部分宣传企业的经营项目和商品质量——"收买上等钢条,造功夫细针,不误宅院使用",然后说明经营的方法和优惠政策——"客转为贩,别有加饶"(客户批发贩卖,另外享受优惠政策)。"白兔捣药广告"文字部分包含标题、正文和随文,是一则较为标准的广告文案。

今天的"广告文案"一词来自于英文 advertising copy,"文案撰稿人"的称呼,则译自英文 copy writer。资料显示,从1880年开始,"广告文案"一词在美国已经有人使用,而且出现了专门的广告文案撰稿人。

美国最早的专业文案撰稿人是约翰·鲍尔斯。约翰·鲍尔斯,1837年出生于美国纽约州中部的一个农民家庭,19世纪70年代后期在纽约城为一家百货店撰写广告文案。他的广告文案引起百货业中颇有地位的"大货栈"的老板——费城的约翰·沃纳马克的注意。1880年,约翰·沃纳马克请约翰·鲍尔斯到费城专门为"大货栈"写广告,这一年被美国广告史学家称为美国广告专业撰稿人出现的年份,约翰·鲍尔斯则是美国第一位专业广告撰稿人。他从事撰写广告文案工作三十几年,留下许多脍炙人口的文案案例。

在中国,广告文案的写作是随着中国近代广告的发展而得以重视的。1853年8月由英国传教士在香港创办的中文杂志《遐迩贯珍》正式开始经营广告业务,为中外商人沟通商情,开了中文报刊刊登广告的先河。该报1854年11月13日刊登的一则广告招揽启事说:"若行商租船者等,得借此书以表白事款,较之遍贴街衢,传闻更远,则获益至多。今于本月起,《遐迩贯珍》各号,将有数帙附之卷尾,以载报贴。""报贴"就是报刊广告,广告启事的文字内容就是广告文案。1872年,英国商人安纳思脱·美查在上海创办《申报》,使报纸广告事业进入了一个新时期。1913年,民国报业资本家史量才接办《申报》,聘请对广告学素有研究的张竹平为经理。张竹平在报社正式创立广告推销科,科内设广告外勤组负责招揽广告,广告设计组按广告分类、性质为刊户设计图案、文字说明。相对于今天的报纸广告而言,民国《申报》的广告有着更多的社会内涵,它以简陋而传神的图像、直接明快的文字塑造了一幅民国日常生活的画卷。特别是抗日战争时期,《申报》上的广告和民族抗战结合起来,通过广告鼓舞中华儿女走向战场。"冠生园在抗日运动中""热血同胞不可不知万宝山事件,爱国男儿不可不吸万宝山香烟""国人爱国,请用国货"等广告语彰显了民族精神和民族气概。

中国学者对广告学进行独立、系统地研究,是在1979年中国大陆广告业复苏之后。当时的广告学著作中对广告文案的称呼并不统一,例如将广告文案称为"广告文""广告文稿",或将广告作品中的语言文字部分与画稿统称为"广告稿",还有的将advertising copy直接称为"广告拷贝"。近些年来,随着对广告学的认识和研究逐渐深入,广告中的语言文字部分的名称统一为"广告文案",并被广泛认可和接受。

1.1.2 广告文案的定义

关于广告文案的定义,国内外一直众说纷纭。据我们了解,到目前为止,还没有一个公认的定义。概括起来,一般有以下四种观点:

(1)认为广告文案就是广告的文字方案。持这种观点的人,无限扩大广告文案的内涵,认为广告文案涵盖整个广告活动全程运作中出现的所有文本,把广告策划书、创意文本、广告提案、市场调查报告、广告效果测评、媒体投放计划等都归于广告文案,这显然混淆了"广告文案"和"广告文字方案"的界限。广告文案是依附于广告作品而存在的,而不是指在广告运作中所使用的文字方案。在广告活动中产生的各种文字资料是"广告的文字方案",而不是"广告文案"。

(2)把广告作品中出现的商标、标版、品牌、包装物、卖场等文字,也归入广告文案。商标、标版、品牌、包装物、卖场等出现在广告作品中,是以广告作品的"形象"内容出现的。它们是与广告文案相对独立又相互联系的广告元素,它们都是广告作品的有机组成部分,相互协调、相互支撑,共同完成广告作品。

(3)认为广告文案就是广告作品中的正文。这种观点犯了以偏概全的错误。正文传递广告的核心信息,在广告文案中处于重要地位。毋庸置疑,广告文案的核心部分就是广告正文,文案正文是承载广告信息的主体。但完整的广告文案包括广告标题、正文、广告语、随文,正文只是文案的一部分,并不是文案的全部。

(4)认为广告文案就是广告语。这种观点和第三种观点犯了同样的错误,尽管现在有些广告没有广告标题,也没有广告正文,只有广告语,但广告语只是文案的一部分。

广告文案有广义和狭义之分。广义的广告文案也称广告稿,是指通过文字、形象符号和其他因素,对既定的广告策略、广告创意所进行的具体表现,它的内容包括广告作品的全部,如广告文字、绘画、照片及其布局等。例如,报刊广告的广告文案不限于文字,也包括色彩、绘画、图片、装饰等。

狭义的广告文案即指广告作品中为传达广告信息而使用的全部语言符号(包括有声语言和文字)所构成的整体。

根据广告界对广告文案的一般理解,我们所说的"广告文案"一般指狭义的广告文案。对广告文案我们可以做这样的表述:每一广告作品中为传达广告信息而使用的全部语言符号(包括有声语言和文字)所构成的整体。它与非语言符号共同构成有效传达信息的广告作品。

对于这一表述,针对不同的媒体,要活学活用。在电视广告中,如果严格按照这一定义,只有广告中的画外音、人物语言、广告歌、字幕属于广告文案。然而,在实际文案写作中,无论是文学脚本还是分镜头脚本,往往是由一个人来完成的,不可能一个人写画面描述,一个人配音乐音响,一个人写解说词、字幕和人物语言。因此,在广播电视广告中,文案的外延会适当扩大,拍摄、录音、制作所依据的文本也叫广告文案。

通过定义,我们明确了以下两个问题。

首先,广告文案是广告作品中所有的语言文字符号,而不包括广告运作过程中的文字资料和文本形式。

其次,广告文案是文案撰稿人在广告目标的要求下,通过对广告作品主题的提炼、材料的选择、结构的安排、语言的搭配和创意的表现而形成的。广告文案写作既要遵循写作学的基本规律又要体现广告传播的目的。

1.1.3　广告文案的本质

1.1.3.1　广告文案是手段,不是目的

广告文案是一种利用语言文字进行信息传递的手段,其创作不能偏离广告的本质而陷入对广告文案语言和文字的雕琢中。

广告的根在市场。广告帮助企业促销产品或推介服务,要明确"它是谁""为谁说""对谁说""怎么说"等问题。广告作品中的信息传递主要通过两种途径,一种是利用图片和画面直观地展现产品外观和功用;另一种是通过语言文字符号来传递产品及其相关信息。在广告信息传递过程中,广告文案作为信息传递的手段,是服务于企业销售的。广告文案首先要考虑到广告主的市场营销战略及广告对象的认知和消费心理,始终围绕广告目标进行创作,它不同于一般意义上应用文体的写作。广告文案写作还要充分运用文学、美学、心理学、

市场营销学、广告学等学科知识,围绕整个广告策划活动,对语言符号进行编排,把所要告诉诉求对象的信息浓缩成精华,传递给广告对象,满足广告对象的消费心理,激发购买欲望,从而使广告达到最佳的传播效果。

现代广告业大师大卫·奥格威对什么是"好"有自己独到的见解,可供我们借鉴。什么是好广告?有三种不同的观点。对什么东西都无所谓的人说,客户认可的广告就是好的。另一种人认为,上乘广告的最好标志是,它不仅能影响群众争购所宣传的产品,而且能使群众和广告界都把它作为一件可钦可佩的杰作而长记不忘。而奥格威则认为,好广告是不引起公众注意就把产品推销掉的作品,它应该把广告诉求对象的注意力引向产品,诉求对象说的不是"多美妙的广告啊",而是"我从来没有听说过这种产品,我一定要买它来试一试"。

总之,广告文案不是给诉求对象一些漂亮的文字,一些动听的话,而是为了将诉求对象的注意力引向产品,并有效地传达信息、帮助销售,这才是文案的最终目的。获奖或者被称为杰作,应该是对它效果的评价,而不应该成为对文案本身的评价。用一句形象的话说:广告文案是为别人陪嫁而不是自己出嫁,是手段而不是目的。

1.1.3.2 所使用的符号是有声语言与文字

广告文案使用的语言符号是传播者与传播对象均能理解的、一切能传达信息的有声语言和文字。语言和文字是最有效的信息载体,一则广告中最重要的信息,主要通过文字做准确、明确的传达。调查表明,广告效果的50%~75%来自广告中的语言文字。作为一种信息传播符号,语言文字在文案中变幻出丰富多彩的形态,或朴素,或华美,或幽默,或凝重……但无论如何变化,只有一个目的,就是让信息传达更有效。文案人员应该培养自己使用语言文字"有效地"传达信息的技巧。

有声语言是指能发出声音的口头语言,即人类社会最早形成的自然语言。它是人类交际最常用的、最基本的信息传递媒介。它有三要素:说什么(内容)、为什么说(目的)、怎么说(方法)。在广告文案中,有声语言包括广告歌曲、广告中的对话、旁白等。有声语言是电信媒体的主要表现手段,更是广播媒体的表现手段。广播媒体的广告信息几乎都是用有声语言传达的。无声语言是指符号化语言,即文字,它是平面广告信息的主要承担者。语言符号和非语言符号共同构成广告作品,完整一致地传达信息。在广告文案的写作过程中,不应只关注文案自身的创作,要同时考虑文案如何与画面等非语言符号的配合。广告文案撰稿人不仅要有感性的认知,还要具备理性的思维,要在整体策略创意下进行创造性的表达。

1.1.3.3 广告文案在整体广告策略下进行创造性地表达

能够充分发挥自己的想象力和创造力,写出新鲜、独特,让诉求对象耳目一新,而又深具吸引力和说服力的文案,是每一个文案人员梦寐以求的境界。但想象力和创造力的发挥,并不是毫无边界的。文案写作不是"独立"的创意工作,而只是将创意从概念变为具体作品过程中的一个环节。文案的传达方式由创意限定,而不是由文案人员自由选择。文案人员的任务,是将创意概念融入文案之中,并充分借助语言文字的力量,让广告所找到的创造性传达方式最大限度地发挥效用。

"5·17"世界电信日期间,中国移动通信运营商推出了"多彩业务帮助全人类沟通"的电信日系列广告,系列广告文案针对社会、政府、企业,分别推出了"关键时刻,值得信赖"

"助力政务信息化、引领沟通新时代""促进企业信息化,开创商务新纪元"的广告诉求,结合图形等非语言符号,相得益彰地表达了整体创意策略。

1.1.3.4 广告文案的个性化

近些年来,一些产销企业基于品牌战略,更加注重品牌广告的投放。而这些品牌广告无一例外地更加注重视觉冲击力与制作的唯美,注重个性表达。因此,在平面广告中出现了两种趋势:一种是图片所占比重越来越大而文案则越来越少,广告作品中文案几乎只剩下了广告语或品牌名称;另一种是广告作品中几乎都是文字,借用文字充分表达广告主题。

个性化的广告文案说明,广告作品中的广告文案不是一成不变、千篇一律的。基于广告策略的需要,广告文案的个性化具备特殊的表达效果。比如国际奢侈品品牌 Dior、LV 等,通过华美的图案,简约的文字及产品 LOGO 就把广告诉求充分表达,显示出品牌的价值。而在三菱汽车广告中,密密麻麻的文字占了广告作品的一半,好像带着怒气,显示出了当太多的人挤进一辆普通轿车时会发生的情况,而广告作品的另一半几乎是空白,上面只有几行描述三菱旅行车的宽敞与祥和的文字。

近年来,国内的产销企业也越来越重视品牌的塑造,一些个性化的广告随之而来。1994年,恒源祥诞生了第一条"三无"广告,广告内容里只有品牌,没有地域,没有行业,没有产品的信息。这取决于恒源祥确立的"以品牌为导向"的产品战略。

1.2 广告文案的结构和特征

广告文案具有独特的、完整的结构,包括广告标题、广告正文、广告语、广告随文等内容。

1.2.1 广告文案的结构

1.2.1.1 广告标题

标题在广告中起到传达最重要的信息或者引起诉求对象兴趣的作用。是传递信息的第一个抓手,往往也是广告内容的诉求重点。它的作用在于吸引人们对广告的注目,留下印象,引起人们对广告的兴趣,是目标对象首先接触的广告要素。

广告标题有两个基本作用:一是概括突出主题。广告主题依靠全部广告信息来表达,而又主要集中在标题上,有时标题就是主题含义的表述。二是诱导消费者阅读。广告标题是广告的"开场白"。消费者接触广告首先从阅读标题开始,因此,标题必须醒目,吸引人,具有刺激性和劝服性,抓住消费者的目光直到其读完全部文案的最后一个字。

我们可以这样来定义文案的标题,它是广告文案中最能为受众注意的部分,一般是用于传达最重要或最能引起诉求对象兴趣的信息,在显著位置以醒目字体或特别语气突出表现的语句。标题的作用就在于在受众接触广告的短暂时间里,传递出广告的核心信息,以引起诉求对象对整个广告的注意。大卫·奥格威认为"标题是大多数平面广告最重要的部分,它是决定读者读不读正文的关键所在"。标题是文案与创意的纽带,精妙的标题可以一针见血,直指创意核心,让广告的创造性充分展现。

有些广告文案还有副标题。副标题既可能是位于标题下面的三四行字,也可能是穿插在整个正文或其他地方的特排字句。在绝大多数广告中，如果读者因为副标题的缘故而省略了后面的正文,广告不会有什么损失。一般来说，标题、插图，再加上广告主的标识,已足以让读者判断出自己是否有兴趣继续看下面的正文,而副标题通常都会吸引读者继续看后面的正文。如果正文太长,副标题还可以将一团团的文字打散,使广告看起来更易于阅读。

1.2.1.2 广告正文

正文是广告作品中承接标题,对广告信息进行展开说明、对诉求对象进行深入说服的语言或文字内容,是诉求的主体部分。受众从广告标题或广告语中所激起的"期待视野"要在正文中获得满足,求取消解,得悉详情。正文容量大,信息多,但并不等于平铺直叙,现象罗列,平均使用笔墨。正文应该突出重点,主题鲜明,尤其与标题相呼应,标题中的神来之笔,在正文中要有落脚点,令人信而不疑;标题中的承诺,在正文中应该让受众感到可靠,承诺不妄不虚。

由此可见,正文要传达广告的主要信息,广告的销售任务就是靠正文来完成的。如果广告的正文结构适当,就可以使标题和插图最初传达出的观念得到延续。出色的正文对于建立消费者的信任、促使他们产生购买欲望起关键性的作用。

1.2.1.3 广告语

广告语是战略性的语言,有时也叫广告口号,它是品牌核心价值的体现,是为了加强诉求对象对企业、产品或服务的印象而在广告中长期、反复使用的口号性语句。广告语基于长远的销售战略。我们熟悉的广告语有中国移动的"移动通信专家"、网易的"网聚人的力量"等,它们在长期使用的过程中都对消费者产生了潜移默化的影响。广告语简洁明了、语言明确、独创有趣、便于记忆。

广告准口号是广告主题口号的补充。广告准口号在主题口号的长期一贯的诉求前提下,立足于现状诉求。这个现状诉求,指的是针对所处的某个广告运作的直接目标进行诉求。因此,广告准口号的诉求内容更多的应是商品特征的表现,作为广告口号的补充,在表现的内容和范围上,两者之间有一个较明显的分界。

1.2.1.4 广告随文

广告随文又称广告尾文或广告附文,是广告文案中的附属性文字。对消费者起到购买指南作用,包括品牌名称、商标、象征标志及象征人物、企业名称、地址、网址、电话、邮编、传真及特别说明等。

需要注意的是,上述广告文案四部分内容在一则广告作品中并不一定要全部具备,具体表现形式要根据媒体类型的不同以及创意的个性化而定。本书后面的有关章节会对它们做详细的讲解,在此不做赘述。

1.2.2 广告文案的主要特征

1.2.2.1 真实性特征

真实性是广告文案最重要的特征。广告文案最直接地与广告对象产生联系,广告对象通过广告文案来认识企业、产品和服务,产生情绪对应,形成选择意向。广告文案真实与否,将在很大程度上决定着受众是否能得到真实、准确的信息,能否产生符合真实状态的对应情绪,能否产生正确的消费意向。同时,广告文案经由媒体得到广泛传播并能产生双重效应,即经济效应和社会效应。有效广告可以引导或带动消费者产生物质与文化的双重消费。而基于虚假信息前提下的广告文案,将会对消费者和社会经济环境的稳定产生不良后果。

真实性是广告文案的生命力所在。如果违背了真实性原则,其广告文案也会因为失真而丧失自己的可信度。丧失了可信度的广告文案将毫无生命力,毫无价值。目前受众对广告的怀疑、不信任心态的存在和弥漫,就是许多虚假广告造成的恶果。广告活动如果失去了受众的信任,广告本身也就成了毫无意义的行为。

1.2.2.2 独创性特征

随着商品经济的发展,各种产品都出现了明显的同质化倾向,产品之间的差别减小,而广告的数量越来越多、干扰度越来越大,如果广告还停留在对产品或服务信息的简单介绍上,就难以引起受众的兴趣,也就很难使商品脱颖而出。因此,广告文案必须新颖奇特,必须具有独创性,"广告拒绝平庸"!

要使广告文案具有独创性,从文案的内容到形式、从思想到艺术、从意念到创意,都应具有突破和创新。广告文案的独创性体现在立意独特、表现新奇、方法立异,使广告表现具有极强的吸引力。独创性包括两方面的内容:表现手法的独创和信息内容的独创。表现手法的独创即形式上的独创,是为了使广告文案在众多的品牌中富于个性,促使广告对象因为喜爱文案中所体现的某种品牌情趣,而发生购买行为所进行的创新。信息内容的独创指寻找到独特的信息内容进行表现,寻找到能让产品在同类中跳出来吸引人的新信息,这就是信息的独创。

1.2.2.3 商业性特征

成功的广告文案,不仅是艺术作品,还应该带来经济效益和社会效益。如果只追求文案自身的艺术性,而忽略了广告的营销作用,则就失去了写作文案的意义,失去了广告本身的价值。

广告文案创作的动机和目的是促使人们购买广告商品或改变某种观念或建立某种形象,而最终都是为了实现广告商品的销售增长和品牌建立。因而,商业性原则乃是广告文案创作的根本性原则。当然,这原则的体现并不是赤裸裸的狭义的商业味,而是更多地蕴含在颇为艺术性的广告文案中,使目标对象在欣赏广告、被诱导的过程中实现广告的商业目标。

1.2.2.4 艺术性特征

广告的商业性特征毋庸置疑,在实现商业目的的前提下,广告文案应该给人以美感,让受众能够从中得到美的享受。一则成功的广告文案无论如何是不能缺少艺术性的。这种手段可以令广告的面目焕然一新,使之从众多的广告作品中脱颖而出,吸引和感染消费者。

广告文案的审美效应应该体现在格调美、意境美、谐趣美、韵律美等方面。格调美是内容与形式的完美统一,而内容又是格调美不可或缺的方面。意境美是一种很高的境界,一些优秀的广告文案的确能创造一种意境美,让人在接受产品或品牌信息的同时,获得一种美的享受。

广告的艺术表现要正确处理信息真实和形式虚构之间的关系。信息真实指的是广告文案中所提供的有关消费者所能获得的利益和承诺等的真实,而形式虚构指的是文案可以用虚拟的场面情景、行为等来表现真实的广告信息,两者之间并不矛盾。

1.2.3 广告文案写作的方法

广告文案写作是一门边缘写作学。从本质上看,广告文案具有极强的目的性,是广告主向受众传递信息的载体,属于应用文的范畴。但广告文案可以文学化,色彩更加丰富,它不同于一般的应用文,它可以采用文学化的表达方式,但不能像文学作品那样虚构、夸张、联想和想象,广告文案的内容必须客观真实。它具备应用文"办事的工具""真实信息的载体"的功能,同时又披上文学作品"华丽"的外衣,所以广告文案写作是一门边缘写作学。因此,学习广告文案写作要结合本书关于广告文案知识的介绍,加强广告学学科专业知识与其他知识的积累。同时,要结合广告运作实践,加强广告文案写作的训练,做到多思多想,深思熟练。学习广告文案要做到:

> 通晓理论,自觉地学;
> 把握规范,合理地学;
> 循之以序,科学地学;
> 持之以恒,刻苦地学;
> 动之以情,激奋地学;
> 扬长避短,有效地学;
> 学以致用,放手去写;
> 出之以新,创造地写。

1.3 广告文案的写作过程及构思方法

广告文案写作与文学写作有着相通的地方,但是也有明显的区别。广告文案人员不是为了让人欣赏而写,而是为了劝说消费者购买产品或使他们对企业产生好感而写作。因此,在广告文案写作之前,撰文人员要了解整个广告活动的目的和策略,要研究产品、消费者和竞争对手,要明确广告的主题并构思新颖独特的表现形式,然后用文字将其符号化。

1.3.1 广告文案的写作过程

广告文案的撰写需要经过研读广告策划书、构思广告文案、起草广告文案、修改广告文案四个阶段。

1.3.1.1 研读广告策划书(或研究广告策略)

广告策划是对一定时期内广告活动的运筹谋划,广告策划书则是反映广告策划的书面文件,也有人称之为广告计划书或广告企划案。广告策划书的内容一般包含产品与市场分析、广告对象、广告目标、广告主题、广告媒体、发布安排、广告预算、广告效果测定计划等。由于广告策划书既要在宏观上制定广告活动的战略,又要在微观上规定广告活动的策略,所以广告策划书是实现广告活动的蓝图,也是协调广告公司各职能部门成员行动的共同纲领。

广告文案通常是广告作品的一部分,广告作品又是广告活动的一部分,广告活动不过是促销的若干种手段之一,促销又是营销的四个要素之一。由此可知,广告文案写作只是企业营销这个系统工程中的一个子项目,广告文案人员在拟写广告文案时不能随心所欲,而必须服务于企业营销,服从广告活动的整体策划,并让文案与广告作品的其他部分相辅相成地担当起传递同一销售信息的任务。也就是说,广告文案的创作必须经过策略层面的思考。

由于广告撰文直接受制于广告策划,所以广告文案人员在动笔之前必须仔细研读广告策划书或由客户部提供的创意大纲(创意依据简述),以便明确为什么目的写、对谁写、写什么、什么时候写完、通过什么渠道发布等一系列问题。

(1)为什么目的写。广告主花钱做广告的根本目的是扩大销售、增加利润,而就每一次广告活动的具体目的来说又略有不同。比如,有的是为了树立企业形象,有的是为了宣传新产品,有的是为了提高产品的知名度或偏好度,有的是为了维持已有的销售水平,有的是为了争取更大的市场占有率。广告文案人员应该根据广告策划书所确定的目的来构思并撰写广告文案。

(2)对谁写。广告文案是写给广告诉求对象看的,广告的诉求对象指消费者中对广告商品或服务有所需求的那一部分人。在广告策划书中,广告的诉求对象已经有了明确的界定。界定广告诉求对象就是指出某商品特定消费群体的特征,一般包括性别、年龄、职业、收入、居住地区、受教育程度、消费习惯、心理特征等。广告文案人员应根据消费者的特点来决定广告文案的表现形式和语言风格,比如,写给儿童看的应该比较活泼;写给老人看的应该比较稳重;写给女士看的应该比较温柔;写给男人看的应该比较豪爽;写给时尚、前卫、"网虫"一族的,就应该用他们感兴趣的语言,例如御姐、麦霸、欧巴、扒抽、基友、驴友、吐槽、有钱就任性、木有、拍砖、稀饭(喜欢)、果酱(过奖)、咔嚓(完蛋)、酱紫(这样子)、片片(照片)等流行语。

(3)写什么。无论企业、产品还是服务,可写的方面很多,但出于信息策略上的考虑,或受到刊播空间、时间的限制,广告不可能面面俱到。一则广告一般只能有一个宣传要点,有人把它叫作销售重点、商品承诺或广告主题。广告主题规定了广告文字所要表现的概念,广告文案人员必须按照广告策划书或广告策略中已经明确规定了的主题来撰写广告文案,他们的创造力只能围绕广告主题来发挥,而不能像文学创作那样,写什么完全由作者自己决定。

(4)什么时候写完。与其他应用文体一样,广告文案写作有很强的时效性。时令、季节性商品广告不能滞后,一般商品广告也应该按广告发布日程表中规定的时间如期完成,否则广告活动的全局计划就会因重要的一环衔接不上而受到影响。

(5)通过什么渠道发布。写作广告文案一定要考虑到媒体,文案要结合媒体写作。媒体有自身的特点,平面媒体诉诸人的视觉,语言可书面化,可进行信息的深度诉求;电视广告既诉诸受众的听觉,又诉诸受众的视觉,因此,文案要考虑视听的双重效果;广播广告只诉诸受众的听觉,广告文案就要避免同音异义字造成的尴尬。

广告策划工作一般由专门为客户成立的广告策划小组完成。在大多数广告公司中,广告文案撰写人员都直接参与广告策划工作,因而对广告策划书中规定的上述几个问题已经有所了解。但慎重起见,在起草文案之前,还是要把广告策划书仔细阅读几遍。如果一个较小的广告公司,在接到一个比较单一的广告设计任务后,没有成立一个专门的广告策划小组,而由一个广告文案人员完成策划及撰文工作,那么该广告文案人员则要根据广告策划的原则、步骤和方法,在预先确定广告对象、广告目标、广告主题、广告媒体等一系列问题之后,才着手撰文工作。至于具体如何进行广告策划,可研读有关广告策划的专著,此处不再赘述。

1.3.1.2 构思广告文案

广告策划书中确定的广告对象、广告目标、广告主题、广告媒体等,一方面限制了广告文案的表现形式,另一方面也为广告文案表现形式的构思提供了依据。广告文案的表现形式一般涉及体裁、表达方式、具体内容、语言风格等。在考虑这些问题时,一方面要服从广告策划书中业已制定的战略与策略,另一方面又要充分发挥广告文案人员的想象力和创造力,写出不落俗套、促销有效的广告文案。所以,广告文案表现形式的构思借用闻一多的话来说,就好比是"戴着镣铐跳舞"。

(1)体裁。广告文案借用文学作品的分类方法,可以分为诗歌体、小说体、散文体和戏剧体。诗歌体广告文案常见的有格律诗、自由诗、民歌以及歌曲中的歌词部分。小说体广告文案一般为略有情节的小故事。戏剧体多为小品,即以对话形式拟定的广告文案。散文体广告文案最多,可以把诗歌体、小说体、戏剧体以外的广告文案都归到这一类。

广告文案的体裁一般根据广告对象、商品个性、媒体特点来选择。比如,针对企事业单位的主管做办公设备广告一般用散文体,某些名称与中国传统文化相关的商品可用格律诗,故事体广告多半以报纸杂志为媒体,戏剧体广告通常出现在广播电视中。

(2)表达方式。广告撰文用到的表达方式有叙述、描写、议论、抒情和说明,其中较常见的是后面两种。说明是用简明的文字把事物的性质、形状、功能等说清楚。比如:说明可以用第三人称,即以第三者的身份来说明、介绍商品。也可以用第一人称,即采用拟人的手法,让商品自我介绍。抒情有直接和间接两种,直接抒情是把内心的情感毫无遮拦地直接倾吐出来,间接抒情是指通过叙述、描写、议论来抒发感情。在广告文案中,直接抒情较少,间接抒情较多。

一般来说,对凭理智购物的消费者多用说明,对凭感情购物的消费者多用抒情。对消费者不了解又希望了解的事物用说明,对消费者已经熟悉的事物用抒情。用说明的表达方式写广告文案又叫理性诉求,用抒情的表达方式写广告文案又称感性诉求。在大多数情况下广告文案采用感性和理性相结合的诉求方式。

(3)具体内容。广告文案的具体内容指写进广告文案的全部事物。由于广告文案人员的构思不同,为同一种商品写广告,具体内容也会有所不同。比如,瑞士劳莱克斯手表广告文案的正文是:

  我决不会不戴上我的Rolex表就去登山,登山者不戴上一块可以信赖的走时准确的表简直是发疯。(配图是登山健将霍尔德·梅斯纳单身一人登上南加帕巴特峰后,用自动照相机摄下的留影)

而台湾精工手表广告文案的正文则是:

  恰当地表达自己真挚、温馨的爱情,不仅仅是一份勇气,更是一种艺术。象征永恒的精工手表,是高贵的爱情标志,也是天长地久的爱情魅力。在我们生命中的某些时候,爱情,应该是看得见的。

广告文案的内容主要依据广告主题、广告对象、广告媒体来选择。在以上两则广告里,劳莱克斯表的广告主题是走时准确,精工表的广告主题是品质永恒;劳莱克斯表的广告对象是有名人崇拜心理的消费者,精工表的广告对象是热恋中的情侣。此外,从时机方面看,劳莱克斯表广告发布在霍尔德·梅斯纳名声大噪的时候,精工表则发布于情人节。

(4)语言风格。广告文案的语言风格指广告文案人员由于运用修辞方式和表现方法不同而形成的一种风貌或格调。广告文案的语言风格可分为五大类型:雄健豪放型、沉稳老成型、柔情婉约型、平实质朴型、幽默诙谐型。

雄健豪放型文案的特点是充满激情,气势磅礴,有一种统领天下的豪气;沉稳老成型文案的特点是稳健踏实,富有理智,毫无矫揉造作之情;柔情婉约型文案的特点是感情细腻真切,委婉动人,它使人了解的不只是生硬的商品,而且还有人与人之间的相互体贴、相互关爱;平实质朴型文案的特点是质朴无华,不夸大其词,语言上通俗易懂,平易近人,像与朋友、亲人促膝谈心;幽默诙谐型文案的特点是运用机智、诙谐、幽默的语言,让消费者在欢笑中接受广告所传递的信息,听从广告所提出的"行动命令"。

文案无论采用哪种风格,都要依据广告的整体策略和广告创意来确定。

1.3.1.3 起草广告文案

起草广告文案就是将脑子里构想出来的广告信息的表现形式用文字表述出来,其中包括拟写标题、遣词造句、集句成段、组段成篇等,为此广告文案撰写人员必须有厚实的文字功底。

(1)文案的起草是创意的深化与定型。如果把"创意"理解为对广告信息表现形式进行的构思,那么,起草广告文案不是对创意做简单机械的记录,而是将其加工和整理,并使其深化与定型。

尽管广告文案撰写者的脑子里已经有了广告文案的具体内容,并且已经确定了广告文案的体裁、表达方式和语言风格,但到用文字把它写出来的时候可能又会颇费踌躇。这一方面是由于想象的东西多少带有模糊性或跳跃性,而写出来的东西则要将模糊变为清晰,使跳跃变成连贯。在构思中忽略的细小环节行文时还要补充,构思中不够妥当的地方行文时还要修改。另一方面,由于文字与构思还隔着一层,把构思变成文字是将看不见的思想物化为语言符号的过程,所以文字表达能力差的人可能词不达意,文字表达能力强的人则可使笔随心驰。

(2)起草文案需要很强的文字表达能力。孔子在谈到作文的时候说"辞达而已",意思是说言辞能够表达意思就可以了。如果将这句话作为评价文字表达能力强弱的标准,那么所谓文字表达能力强,就是能用语言文字明白准确、形象生动地表达自己的思想。对于广告文案人员来说,就是能把卓越的创意变成毫不逊色的文字。这就要求广告文案人员做到以下几点:

1)要掌握一定数量的词汇,并在选词用词时具有分寸感或精确度。

2)造句要合语法,合逻辑,褒贬正确,音韵和谐。

3)集句成段要语意畅达,组段成篇要严谨、完整。

4)能合理运用修辞手法,并使语言的运用切情切境。

广告文案的结构和广告文案的语言后面还要专章论述,此处不再展开。

1.3.1.4　修改广告文案

广告文案的草稿拟出以后,还需要经过认真仔细的检查和修改,才能保证文案与广告策划书中制定的战略、策略相吻合,与文案人员的立意构思相一致。检查广告文案应注意以下几个方面的问题:

(1)对广告文案进行检查应该先从大处着手,然后依各要素的重要程度,由重到轻逐一进行。对于广告文案来说,最重要的是检查它所传递的信息和送达的对象是否符合广告策略的要求。比如,一则广告的销售重点是商品能够满足消费者重视仪表美的心理需要,那么广告文案就不应把宣传重点放在经久耐用或价格低廉上;如果广告的对象是少女,那么广告文案就不能用适合中老年妇女口味的文笔来写。

(2)要检查文案是否准确地表现了创意。也就是要看看文案的具体内容、体裁、表达方式、语言风格等是否正是你所想要的,它们对于表现广告主题来说是否都是最好的。

(3)应检查一下文案是否适合打算刊播的媒体。如果广告作品中含有画面、音乐和音响,则要检查文字与画面在内容和布局上是否相配,语言与音乐、音响在情调和时间上是否协调。

(4)检查一下广告文案的结构是否合理,即文案是使用含有标题、正文、随文、广告语的完整结构好,还是使用只包含其中某几个部分的简化形式好。此外,还要看看各部分的顺序是否合理,衔接是否自然。

(5)检查一下用词是否准确,句子是否通顺,标点是否恰当。带着上述问题去审读广告文案,如果回答是否定的,就要设法修改,直至得到肯定的回答为止。

检查广告文案除自己反复看几遍,以找出不合理、不通顺、不明白、不准确、不严密、不简洁的地方外,还可请本公司的调研、策划、美术、影视、媒体人员提出意见,帮助修改。大卫·奥格威写出广告文案后,常常要请公司其他文案人员严格检查,然后才送给客户看。他在为劳斯莱斯汽车写广告时,首先拟出了 26 个不同的标题,然后请公司另外 6 位文案人员把它们看完,并从中选出一个最好的。接下来,他写了大约 3500 个字的广告文案,而后又征求了三四位文案人员的意见,并删去枯燥和含糊的部分,使它变得精练。

总之,丰富的阅历是广告文案创意的源泉。大卫·奥格威就曾当过厨师、推销员和农民,直到 37 岁才开始做广告撰文工作。他有一句名言,就是最好的广告是从亲身经验得来的。他说:"有些我所作的好的广告,确实是从我自己真实的生活经验中得来的。不知道它是怎样发生的,而它却是真实的,有确实的根据,并有说服力。"广告文案人员要了解消费者的购买动机、洞悉消费者对广告的感知过程及接受心理等,有时候需要借助亲身体验。把广告商品与自己的生活体验联系起来,发挥想象,就可能产生出上乘的创意。

文案写作又是一种能力,要将撰文知识转化为撰文能力,就必须经过反复实践。只有多写多练,才能掌握确定广告主题的方法,活用表现广告主题的形式,正确选用广告文体,合理安排文案结构,才能使语言通俗易懂、新颖生动、感染力强,从而写出优秀的文案。

1.3.2　广告文案的构思方法

广告文案写作者拿到客户的原始资料之后,不要急于动笔。面对广告主提供的庞杂的资料,要依据创意,理出头绪、理出思路。要仔细体会客户的要求,按照表达广告主题的需要,认真进行构思,寻找最佳的表现角度。广告文案常用的构思方法有以下几种。

1.3.2.1 头脑风暴法

头脑风暴法(brain storming,BS)又称智力激励法或自由思考法(畅谈法、畅谈会、集思法)。创意总监或者文案主任,召集几个创意人员参加动脑会议,大家共同构思文案的写作。在集体讨论文案的过程中,每提出一个新的观念,都能引发他人的联想,相继产生一连串的新观念,产生连锁反应,形成新观念堆,为创造性地解决问题提供了更多的可能性。人人自由发言、相互影响、相互感染,形成热潮,突破固有观念的束缚,最大限度地发挥创造性的思维能力。在有竞争意识情况下,人人争先恐后,竞相发言,不断地开动思维机器,力求见解独到、观念新奇。头脑风暴法有一条原则,不得批评仓促的发言,甚至不许有任何怀疑的表情、动作、神色。这就能使每个人畅所欲言,提出大量的新观念。在这样的场景中创意人员进行思想碰撞,对文案进行构思、修正、深化,使文案充分表现创意、深化创意。

1.3.2.2 直觉思维法

直觉思维是指不受某种固定的逻辑规则约束而直接领悟事物本质的一种思维形式,具有直接性、快速性、跳跃性、坚信性。这是一种比较简单的文案构思方法,在研究广告策略之后,将文案所要传达的信息直接用无须反复斟酌的文字表达出来。这种文案构思方法,只要认真研读策划案,找准广告所要表现的主题,不需要做很大努力就能写出广告文案。但如果想写出有创造力的文案,就会发现采用这种构思方法写出的文案太平庸了。

1.3.2.3 联想思维法

联想思维是指人脑记忆表象系统中,由于某种诱因导致不同表象之间发生联系的一种没有固定思维方向的自由思维活动。主要思维形式包括幻想、空想、玄想。这是非常好的文案构思方法,可以利用接近联想,由一个意象联想到与其在时间或空间上接近的意象,从而将广告信息用这个与先前意象相接近,但更有吸引力的意象来表达;可以利用相似联想,由一个意象联想到另一个与其相似的意象,从而将广告信息转化成与它相似的,但更易被受众接受的意象;可以利用对比联想,由一个意象联想到与其对立的意象,从而将广告信息与对立的意象进行对比。

1.3.2.4 逆向思维法

逆向思维法是指为实现某一创新或解决某一常规思路难以解决的问题,而采取反向思维寻求解决问题的方法。在文案写作中,这种思维方法可能是一种巧妙的,但是有风险的思维方法。它有意识地使思维脱离人们习惯的思维轨道,朝相反的方向移动,这种思维方法写出的文案往往会收到意想不到的效果。

1.3.2.5 发散思维法

发散思维又称辐射思维、放射思维、扩散思维或求异思维,是指大脑在思维时呈现的一种扩散状态的思维模式,它表现为思维视野广阔,思维呈现出多维发散状。发散思维是从一个目标或思维起点出发,沿着不同方向,顺应各个角度,提出各种设想,寻找各种途径。创造性思维是发散思维最主要的特点。在文案写作中,就是根据广告主提供的资料,从不同角度、不同切入点、不同方面去思维,确定不同的立意,并从中选择最佳的立意。发散思维方式的立意可以形象比喻为:广告主提供的材料为一盏发光的灯,思维为一道道光束向周围发散,立意为每个光束所照到的周围物体。所以有很多好的立意是客观存在的,要通过思维的光束去发掘它们。在产品同质化趋势明显、广告干扰度增大的背景下,人云亦云的广告文案往往会淹没在信息堆里。只有标新立异、不同凡响的广告文案才能引起受众的注意,才能有效地诱导消费。

总之,广告文案的写作过程是一个生发和实现创意的过程,创意的产生和表达离不开思维的变革和创新。

【本章小结】

本章以广告活动、广告运作的概述入手,解析广告文案,明确了广告文案的定义及含义;分析广告文案诸要素,明确完整广告文案的构成,梳理广告文案的写作步骤及构思方法。

广告文案是广告运作中广告表现的一个文字表达环节,是策略创意以语言符号表现的方式。广告文案在广告运作中具有重要的作用。广告主、广告经营者、媒体、广告对象的密切联系构成了广告活动,而广告活动的发起、规划和执行形成了广告运作的过程。广告文案属于广告运作中的广告表现环节。在广告运作中,广告文案作为广告作品的语言文字表达部分与广告作品中的图形、音响等其他非语言手段共同构成广告作品,直接面对广告对象,进行广告诉求,承载着实现广告目标的任务。在广告活动过程中,广告文案的重要性可见一斑。

广告文案写作是一门边缘写作学,又是一门理论和实践结合相当紧密的写作。仅仅掌握了广告文案的一些概念性东西,还不足以驾驭广告文案的写作,要写出精彩、经典的广告文案,需要广泛的积累和认真的研究。

【案例分析】

1. 中华汽车平面广告文案

(广告标题)您对得起自己吗?

(广告正文)事实上,经过多年努力您已经是精神睿智的社会精英!事实上,经过多年努力您的事业成就深受肯定!事实上,经过多年努力您有充分的能力享有值得的一切!但是,您却忽略了一份自己应有的尊荣。

(广告语)3月5日,中华汽车请您犒赏自己!

2. 中华汽车电视广告文案

(画外音)如果你问我,这世上最重要的一部车是什么?那绝不是你在路上能看到的。

30年前,我5岁,那一夜,我发高烧,村里没有医院。爸爸背着我,走过山,越过水,从村里走到医院。爸爸的汗水,湿遍了整个肩膀。我觉得,这世上最重要的一部车是——爸爸的肩膀。

今天,我买了一部车,我第一个想说的是:"阿爸,我载你来走走,好吗?"

（广告语）中华汽车，永远向爸爸的肩膀看齐！

3.中华汽车广播广告文案

给自己一点空间，有时，简单也能让人满载而归。领袖气质，自然优雅。尊崇体验，就在中华汽车各大经销店。

【思考题】

1. 通过上述广告作品中广告文案的比较，你认为平面广告文案、电视广告文案和广播广告文案之间有什么区别？怎样把握广告文案的本质？
2. 简述广告文案的概念。
3. 简述广告文案在广告运作中的地位和作用。

【延伸阅读】

1. 罗子明，高丽华，从珩.现代广告概论.北京：清华大学出版社，2005.
2. 武小菲，成毅涛.实用广告文案写作.北京：清华大学出版社，2016.
3. 郭有献.广告文案写作教程(第三版).北京：中国人民大学出版社，2015.

2 广告文案与广告创意

导言

本章学习目标

通过本章的学习,了解广告文案在广告运作中的地位,理解创意在广告文案写作中的重要性,并学会分析创意的生成条件,深刻领会广告文案是达成广告目标和企业目标的条件。

本章难点

广告创意表现;广告文案的任务。

课前导读

在一瞬间抓住消费者的注意力,是一则广告成功的基础。而要想引起消费者的注意,要想在一瞬间"抓得住我",首先必须有一个好的广告创意。广告创意最终要靠包括文案在内的语言符号和非语言符号共同完成。广告文案是将创意具象化的利器。广告文案的写作,要求以高超的写作技法、适当的语言使创意以书面文字形式得到完成。

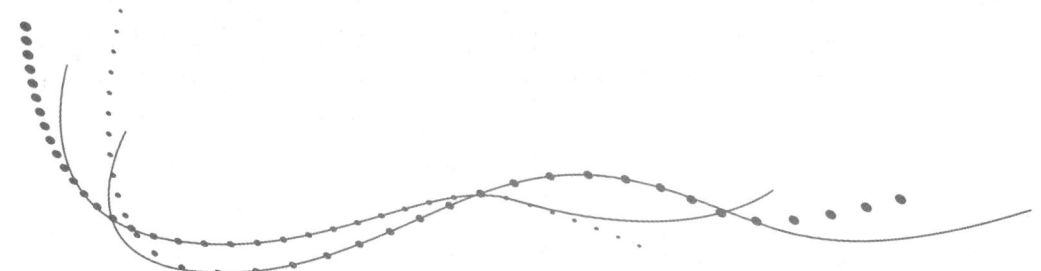

2.1 广告文案与广告运作

美国著名广告大师詹姆斯·韦伯·扬说:"广告创意的实质是把许多旧要素做新的组合。"①而文案则可以看作进行这种组合的艺术手段或实践工具。广告创意的最终完成也要靠写作技法这一特定手段来表现。广告文案曾经常常被人们与文学对照起来相提并论,但是,两者是完全不同的。广告文案说到底是达成广告目标的手段,而广告目标是用来实现企业销售目的的。因此,在广告业日趋发展的今天,广告撰稿人如果只是文章写得很优美是不能称为一个称职的撰稿人的,广告撰稿人在广告活动中必定是一个策略家。在这里,我们更有必要探讨广告文案在广告创意中的作用。

2.1.1 广告文案创作的原则

广告文案的创作必须富于创造性,所谓创造性当然应该包含一些基本的原理和规则,有关这一点至今存在着各种各样的理论和说法,这里仅对几个重要的原则加以说明。

2.1.1.1 前期准备的原则

广告文案写作的基础肯定是写作者的语言功底,但是更重要的专业性体现是在一系列的广告前期准备中,比如从市场调查数据、市场细分产品定位中,领悟出产品和广告所要做的关键点,而不是单纯地凭借个人的文字功底洋洋洒洒地写成一篇文章,虽然读来很美,可是或许在广告上一个字都用不上。

首先,要做大量的调查,收集丰富的资料。面对广告的科学性日益提高的今天,用一个人的经验和感觉正确地把握问题是不可能的。所以,资料收集作为创意过程前期准备的第一阶段,成了最重要的基础工作之一。所有优秀的创意,都是以缜密的调查和分析为基础而产生的。George Grivin 说过:"作为撰稿人首先要详细了解商品,不仅仅了解其外观和品质,而且要了解哪一类人会买,何种动机导致他们购买,必须多角度地而且相当深地去了解有关商品,除此之外创意没有其他法则。"②所以,能收集到对销售商品有利的资料是首先应该考虑的。

撰稿人可以从商品的发明者、设计者那里了解到该商品发明和生产的历史、功能、特性等知识,可以从销售人员处收集最直接的消费者的需求信息,可以从媒体上收集其他企业发表的广告等。只有持续收集资料才是通往创意的最好途径,这样就避免了进行勉强的创造性思维。

其次,分析资料,寻求诉求点。诉求点正是推销人员对顾客介绍商品的卖点,是顾客对众多的商品比较得出的值得选定该商品的优点。分析从调查资料中获得的问题点,并从中提取该商品吸引顾客的重要卖点,如商品耐久性、舒适性、式样、价格等特殊之处,从而引出

---

① 崔银河:《广告策划与创意》,中国传媒大学出版社,2007 年版,第 98 页。
② [日]植条则夫著,俞纯麟、俞振伟译:《广告文稿策略——策划、创意与表现》,复旦大学出版社,2001 年版,第 21 页。

产品概念、定位、广告的诉求。George Grivin 在《创意活动的展望》中指出："现在许多商品在品质上没有多大差异，也没有特长。要把这个没有特长的产品的特性表现在文稿中，真是一项困难的工作。"而此刻的消费者求助于广告的，不再是显而易见的商品功能和品质，而是能使之思维方式发生变化的一种强烈的印象和感动。

最后，生成好的创意。创意需要知识和资料的积累，更需要智慧，知识不等于智慧，智慧是对知识的灵活应用，是对信息的灵活使用，是对资源的灵活利用，是对变化的灵活反应。以上所产生的结论和卖点需要不断地进行再认识。广告撰稿人在日常工作中所用到的构思开发的方法，此刻可以帮助决定对资料的取舍、整合，判断构思的优缺点。

把适当的产品拟人化，一般会产生好的创意。为三点摩丝创作的创意广告"你的头发在生气？"，为火王燃气炉创作的创意广告"我天生一肚子火气"等，都运用了拟人的手法，相当生动。

大卫·奥格威当年为新型劳斯莱斯轿车撰写文案时，数易其稿，仅标题就拟出 26 个，最后创作出具有独特的主张与说辞的经典名作："在时速 60 英里时，新型劳斯莱斯轿车的最大噪音来自车上的电子钟。"广告创意的目的在于使商品能吸引消费者的注意力，并使其采取购买行动，真正决定消费者购买与否的是广告创意中的内容，而不是形式。

好的创意的生成方法还有很多，可以借助热点话题、新闻；借助熟悉感，运用对版面的创意；还可以借助明星效应，这在国内是一种非常奏效的办法，孙俪的超能天然皂粉广告一句"恩，一闻就知道是我想要的"带动了很多年轻的"80 后"使用该牌子的洗衣粉。

对于一个热爱生活和善于发现生活的人，一个小小的物件和场景都能够激发对创意的灵感。而所有的灵感都是属于有准备的大脑的。有准备的大脑中不可以忽视的还有一个因素，那就是潜意识。潜意识为创造好的创意，会不由自主地抽取出各种各样的要素不断地拼装组合在一起。如上海三菱广告，电话是 30303030，让人一下子就想到了三菱。

2.1.1.2 语言的"KISS"原则

广告须遵循 KISS 原则，即"keep it short and sweet（简短而亲切）"。广告应力求简洁，一方面为商家节约投资，另一方面利于消费者接受。KISS 原则代表着高质量和有效性，既能满足用户的需求，确保信息完全准确地到达消费者，也意味着消费者花费最少的精力。人人都喜欢简单，这正是 KISS 原则的人性化体现，也是其高明之处。要把事情复杂化很简单，但要让事情简单化却很难。简单是一种返璞归真的高强本领，需要长时间的浸淫之功；简单是一种彰显才气的 LOGO，讲究简洁、精准、效率和干净；简单是一种富有共情感或同理心的美德。

KISS 原则就是要除去冗繁、啰唆，只留下最有效的成分，提高工作效率。这也符合在快节奏的社会里，对每天接受众多信息冲击的大众来说，最有用的信息才能最有效地传播的道理。大众没有耐心去看或去听冗长的广告词，广告力求在有限的时间和空间内传达尽可能多的信息。因此，广告多用言简意赅、准确生动的简单句、疑问句、祈使句、省略句和感叹句等，以求达到"广而告之"的功效。一定用最简洁的话语表达最有效的信息，这是广告文案一定要遵循的原则。如，德芙巧克力广告："真有这么丝滑吗？"简单而又意味深远，因是发自内心的感受而脱口而出。M&M 巧克力广告："不溶在手，只溶在口。"仅八个字既反映了 M&M 巧克力糖衣包装的独特，又暗示 M&M 巧克力口味好，以至于我们不愿意使巧克力在手上停留片刻。某公益广告:"千万别找吸烟的人做朋友,除非你愿意去吻一只烟灰缸!"轻松幽默地让人对吸烟的人有了一种厌恶感。

2.1.1.3　文案的长短原则

广告文案的长与短受多重因素的影响。产品刚上市需要长的文案来对产品做更多的解释说明,而升级的产品,相比较而言,观众已有了相当的熟悉度,言简意赅的短文案效果更好。如沃尔沃 S40 的广告文案:"饱满、扎实、稳健,其安全性更是毋庸置疑。在拥有安全的同时又拥有了运动的细胞,使得纵情驰骋的欲望不再被束缚。"沃尔沃品牌一直以来都体现着一种安全,动感,不羁的个性,在沃尔沃 XC90 的广告文案中,简短的"坐拥豪华　无畏天地"足以再现其品牌特征。

对专业人员以及高科技高风险产品都需要长文案,比如,佳能扫描仪的广告文案:

秉承佳能光学技术优势,专业品质,一脉相承。独到的光学技术,为 CanoScan 9900F 量身定制的伽利略镜头Ⅱ代,令扫描仪品质超群。独有的 FARE Level 2 技术,不仅可以去除胶片上的灰尘和划痕,还可以进行颗粒修正,更能够对老旧胶片进行色彩复活。梦幻珍珠白色的 5000F,海洋蓝色的 LiDE20 和金属盖板的 LiDE30,佳能已经成为时尚扫描仪的代名词。独特的 Lide 技术,随时随地想扫就扫,连同最新的音乐扫描功能。不断寻觅功能强大的扫描仪——尽在佳能。

2.1.1.4　真实性原则

真实性原则是指广告信息和广告内容要真实准确,不能伪造信息、制造虚假信息来欺骗广告受众,这是广告文案写作最基本的原则。真实性是广告文案的生命力所在,这是因为,能否保证广告的真实性是广告事业生存与发展的前提条件。缺乏真实性的广告信息,必然导致广告的失败。保证广告的真实性、维护广告的信誉,是广告客户应负的社会责任和法律责任。

广告文案以代表企业、产品、服务宣传其特点、功能,说服和劝诱消费者产生对应性消费为己任。因此,真实性是它的生命所在、力量所在。如果违背了真实性原则,其广告文案会因为失真而丧失自己的可信度。丧失了可信度的广告文案将毫无生命力,毫无价值。广告活动如果失去了受众的信任,广告本身也就成了毫无意义的行为。大卫·奥格威所创意的劳斯莱斯轿车广告,文案正文笔调平实,列举了大量事实,让人看后不得不信服,堪称"用事实说话"的文案经典之作。

2.1.1.5　功利性原则

广告是一项直接的功利性活动,是通过付费手段追求目标效果。广告活动要考虑广告费用与广告效益之比,力求以最小的成本获取最大的经济效益、传播效益与社会效益。作为企业的一种投资行为,要求广告投入取得合理的收益回报是其本质所在。从投入产出角度来看,广告策划必须保证广告能够达到或者超出预期效果,否则就是对广告投入的浪费。

功利性总是现实的,充斥着目的与手段的逻辑理性。

市场机制趋向完善的今天,功利性原则越发重要。离开了此原则,再好的广告也只能是艺术作品。优秀的广告作品同时也能给各方带来丰厚的效益,这种效益不仅体现在货币形式上,而且还体现在商品形式上、观念形式上;不仅体现在物质世界中,还体现在精神世界中。如果一个广告策划失去了对效果的追求,这个策划本身就毫无意义。所以,我们在评价广告文案的好坏时,所使用的标准也是功利性原则。凡是不能准确传达商品或服务信息的,无法促使消费者产生购买行为的,我们都不能视其为好的广告文案。可见,广告文案的功利属性是极其重要的,功利性不能被削弱。所以,我们应该以宽容的心对待广告文案的功利性。因为,广告主在卖出商品的同时,给了我们心灵的安慰,尽管这点安慰有点虚伪,但毕竟让消费者有了一次内心的完善。飞利浦的"让我们做得更好",这种温柔的叫卖似乎更容易赢得消费者的认同。飞利浦在家电领域取得的成绩有目共睹,是500强中赢利最多的电器集团。然而,飞利浦在广告宣传中除了不断强调自己创新的技术外,还从不忘记谦虚地说一声"让我们做得更好"。这种隐性的功利性同时为企业赢得了好的形象。情感的融入,不仅仅是让广告和产品拥有生命力,更重要的是由此建立起一个产品或品牌最重要的价值——顾客忠诚度。香奈儿五号香水的第一位代言人是加布里埃·香奈儿本人,1937年,她在巴黎丽兹酒店的套房里拍摄了第一幅平面广告,由摄影师Francois Kollar掌镜,这幅广告出现在当时的《Harper's Bazzar》杂志上。相比于1921年的插画风格海报,此次她以更加华丽的风格登场。广告中,她身着黑色经典礼服站在丽兹酒店的豪华套房中,描绘着属于自己的盛世,仿佛从未融于当时饱受第一次世界大战与萧条经济影响的失落世界。而为自己代言也同样被格力集团董事长董明珠所运用。

联想的"人类失去联想,世界将会怎样"这句广告语里,"联想"是广义的,可以是和人类发展密切相关的"联系""想象"之类。以反问的形式替受众着想,暗示受众"联想"对人类的重要性。其实,结合前面的"联想电脑"和画面播放,这时的"联想"就成了狭义的,专指"联想"品牌。不同"联想"含义的暗合,暗示受众"联想"电脑对(我们生活的)世界也是很重要的!联想的这个广告,不光是在IT行业,即使在整个品牌广告领域,也绝对是气势不凡的广告语。这种"移花接木"类型的广告词转移了人们对广告功利性的反感,对于提升大众心目中的品牌形象是有效的,从而达到了兜售商品的目的。

2.1.2 文案写作在广告运作过程中的地位

2.1.2.1 市场调研是广告运作的前提

市场调研是广告活动得以完成的前提,能对市场经济运转的现状与前景有一个较为准确的预测。开展市场调查,可以对产品的性能、特点、消费者评估、市场占有前景等做出可行性报告。根据这一报告内容来把准品牌定位,可以目的明确地进行广告策划与创意,当广告作品完成后,还可根据市场调查内容来为品牌广告选择媒体及广告时间,最终经过做广告后使品牌占领市场并赢得消费者。

消费者的消费心理、消费欲望、消费方式是受多种因素制约的,商品销售的关键在于广告中对品牌卖点的准确把握,这要靠市场调查来获得。

通过广告轰炸获得销售额和品牌双丰收的案例比比皆是。统一老坛酸菜牛肉面俨然已经成为其中的经典案例之一。统一在台湾市场是当仁不让的"老大",但由于比康师傅晚进军大陆市场数年,方便面等业务一直与康师傅相距甚远。不过,从2008年下半年开始,随着统一推出老坛酸菜牛肉面和连续5年劲爆的广告轰炸,统一也交出了一份满意的答卷。从

"统一来一桶老坛酸菜牛肉面,这酸爽,不敢相信"到"教育宗师:孔子;钓鱼宗师:姜太公;老坛酸菜方便面宗师,不是我,是统一老坛",看完广告,大家也就明白,统一在告诉大家,"我才是正宗货"。广告内容的背后蕴含着统一的一大杀招,其实就购买产品或者对产品认知的过程而言,消费者与广告人或者企业人是有很大区别的,消费者不会知道谁才是正宗的,而是只会认牌子或者是只要是酸菜牛肉面就买。这样一来,众多新加入这一市场的酸菜牛肉方便面品牌就有了生存的机会,也就会吸引更多的企业参与竞争,最后的结局就是众人拾柴火焰高,把整个市场做得更大。但是如果统一稍微把握不好,那么老大的位置就会拱手相让于竞争对手,这对于统一而言风险非常大。所以统一在这个时候,就准备打压竞争对手,打出了自己是"正宗货"这一撒手锏。这一杀招属于细分市场的开创者独有的大招。

2.1.2.2 策划是广告运作的核心

广告策划是在广告调查的基础之上形成的,又决定着广告设计、制作和发布。它像一座桥,连接着我们的现在与未来。广告策划顾名思义,就是为客户的广告宣传活动出谋献策。基本上所有的策划都是关于未来事物的,即预先决定做什么、何时做、如何做、谁来做。对于整个广告运作,广告策划是全过程的统筹规划,就是对于提出广告决策进行广告创意、完成广告文案制作、检验广告效果这一全过程的参与。它直接关系到整个广告宣传活动的成败,任何一次成功的策划都离不开创造性的好点子。

2.1.2.3 表现是广告作品形成环节

表现就是根据广告策略进行创意,设计、写作广告文案,制作、完成广告作品。广告所表现的信息内容就是广告人称之为"独特的销售说辞(USP)"的东西,表现形式可以是语言、文字、音乐,也可以是画面。就文案而言,台湾的"俏皮宝宝"纸尿裤有这样一条广告语:"有谁比妈妈更能摸清宝宝的底细?"此句一语双关,其一,妈妈帮宝宝换尿裤,不必笨到要将宝宝的裤子全脱下来才知道,只需用手顺着宝宝底部一摸即可;其二,说得直白点,宝宝的"血缘"底细当然只有做妈妈的心里最清楚。看到既俏皮温馨又蕴含深意此广告语,年轻妈妈们肯定是会心地一笑,心中不产生共鸣才怪。这则广告语的立意就非常的新颖,从生活中一个细微到可以让人忽略的动作着笔,并由此展开联想,最后"一语定江山",让人回味无穷。

2.1.2.4 广告发布和效果测定是广告计划的实施和效果的检查环节

广告发布就是根据计划,将广告作品通过选定的媒体发布出来。广告效果有狭义和广义之分,狭义的广告效果是指广告所获得的经济效益,即广告传播促进产品销售的增加程度,也就是广告带来的销售效果。广义的广告效果则是指广告活动目的的实现程度,是广告信息在传播过程中所引起的直接或间接变化的总和。它包括广告的经济效益、心理效益和社会效益。对广告效果的测定便于企业进一步调整广告策略,提升企业形象,增加销售量。好的广告效果会有系列广告的出台,系列广告能通过统一的主题、相似的风格从不同的角度,以不同的表现方法,通过不同的媒体,传达给品牌所定位的不同的广告人群。系列广告通过表现的多样、多量,通过广告的不断接触和想象的不断灌输使受众更容易理解和接受广告信息,从而使品牌形象得到不断的积累和巩固。

2.1.3　广告创意是广告文案写作的基本依据

广告文案的写作就是在创意活动的基础上,通过语言和文字来体现创意。在将广告创意进行表现的过程中,文案作者对创意的理解和把握,对创意的表现能力都直接影响广告效果的实现。文案作者需要对商品、对消费者进行深入细致的考察与研究,用自己独到的理解,进一步完善创意,深化创意。广告文案对广告创意表现的过程,就是将广告创意中包含的主题因素、形象因素、创新因素进行物化的过程。创意的主题因素将转化为文案中实际的诉求点,形象因素将转化为文案的具象化表现形式,创新因素将转化为文案的审美风格。

2.1.3.1　创意是文案写作的主题依据

广告主题是广告的中心思想,主题依据。它向消费者传达销售信息,告知产品知识和品牌特点,以引起消费者的兴趣和好感,说服消费者改变或建立消费观念,激发其购买欲望,进而促成其购买行动。因此,广告主题"说什么"至关重要——必须以独特的诉求重点来传播一种明确的思想或意念。

广告主题像一根红线贯穿于广告之中,使广告各要素有机地组合成一则完整的广告作品。广告主题决定广告文案的创意与整体的传播效果,文案写作要围绕主题选择材料,谋篇布局,遣词造句,通过艺术手段,将广告主题淋漓尽致地表现出来。

2.1.3.2　创意是文案写作的形象依据

广告文案对广告作品中的形象表现,是指广告作品中出现的人、事物及其活动。消费者主要通过广告所提供的信息、形象、风格形成对产品的印象。突出广告作品中的形象要素,是广告文案抓住消费者的关键之一。所以,广告创意要将广告主题的抽象意图,构思成具体生动的艺术形象,以便消费者欣赏和接受它。

曾获得广告节大奖的丰田轿车《动物篇》电视广告:广告开始时,电视画面中是一只狗妈妈拖着一只纸箱子,箱子里面是她刚刚出生的狗宝宝,她从白天到黑夜不停地走啊走,就连雨天也毫不懈怠,她在寻找着什么。她在寻找什么呢?接下来的画面揭开了这个答案,她终于在清晨时分在一部丰田轿车旁边停了下来,她把箱子放在那里,自己躲在暗处。车的主人清晨送孩子上学过来了,看到可爱的小狗,孩子和爸爸都非常惊讶,他们随即把它抱上了车子,这时狗妈妈安心地离开了,她终于给小狗找到了她认为的舒适之处。

这则广告的成功之处就在于构思巧妙,巧妙的构思得益于文案中的形象思维。作者为消费者塑造了动物亲情的形象,充分地表达了广告主旨:连小动物都认为舒适,何况是人呢?形象要素的突出,给消费者留下了丰富的联想,广告中同时充斥着亲情、怜爱之情的感动画面,产生了宣传强势。当代美国销售学专家韦勒有句名言:"不要卖牛排,要卖烧牛排时的嗞嗞声。"他认为,产品广告如果仅仅是将产品简单地介绍给消费者,那是难以吸引消费者的。广告应在介绍使用,或享受这种产品时,赋予其一种生动的印象。如果这种形象是独一无二的,那么效果会更好。

2.1.3.3　创意是文案写作的风格依据

广告作品的风格是指广告作品在内容和形式的统一中所体现出来的整体特色、风貌。不同的广告创意会赋予不同的风格,广告文案要完美表现与创意相联系的广告风格。在文案的写作过程中,需要针对不同的产品、不同的诉求对象运用不同的广告诉求手法。在不断寻找有效的说服途径的过程中,针对消费者认知和情感的投入的差异,广告发展出理性、感性和情理结合三种最主要的诉求手法。广告使用的手法应该视消费者在消费购买不同的产品时理性和情感投入程度而定。理性诉求可以以多种方式传达具体信息,进行观念说服;感性诉求则可以充分挖掘与消费行为相关的多种情感与情绪。

（1）理性诉求。理性诉求定位于诉求对象的认知,真实、准确地传达企业、产品、服务的功能性利益,为诉求对象提供分析判断的信息,或明确提出观点并进行论证,促使消费者经过思考,理智地做出判断。理性诉求可以做正面说服,传达产品、服务的优势和购买产品、接受服务的利益;也可以做负面表现,说明或者展现不购买的影响或危险。理性诉求的基本思路是:明确传递信息,以信息本身和具有逻辑性的说服加强诉求对象的认知,引导诉求对象进行分析判断。理性诉求的具体内容多种多样,但手法主要有以下几种。

1）阐述重要的事实:直陈、数据、图表、类比。当广告集中传达产品特性、性能、购买利益时,阐述最重要的事实并做利益承诺是最常用的手法。阐述的语言要求精炼、准确,经常采用直接陈述、提供数据佐证、列图表以及与同类产品类比等方法,提供给诉求对象以信息。

2）解释说明:提供成因、示范效果、提出和解答疑问。在传达产品特性时,广告还可以做一系列的特性演示并示范功能和效果,从而加深诉求对象的理解。提供成因或示范均可以以图文结合的方式展现,增加可信度。而提出疑问并解答的方式可以有效地将诉求对象的关心点引向广告的诉求重点。

3）理性比较:比较、防御和驳斥。比较主要采用理性诉求的方式进行,和竞争对手做比较,以凸显自身优势。既可以含蓄地比较,不指明品牌,也可以针锋相对地比较。优势品牌通过比较可以展示自身的优势;弱势品牌通过比较可以提升品位,展示独特处。

4）观念说服:正面立论与批驳错误观念。理性手法还可以就本产品或服务给诉求对象带来一种新的消费观念、产品选择观念、企业的理念或者观点时进行深入说服。可以从正面来阐述自己的新观念或理念,也可以反驳旧有的错误观点。

5）不购买的危害:恐惧诉求。恐惧诉求也是理性诉求的常用方法,展现购买的利益和不购买的危害,描述某些使人不安、担心、恐惧的事件或发生这些事件的可能性。但要注意广告展现的恐惧程度要适当,恐惧诉求必须与定位对象有适当的距离。

（2）感性诉求。感性诉求的基本思路是:以人性化的内涵接近消费者的内心,让他们参与或者分享产品或服务所带来的某种愉悦的精神享受,使之与品牌之间建立情感联系,对企业、产品或服务产生情感化的偏爱。如果找到产品或产品的使用情景与某些情感有直接的关联,我们就可以利用这种情感,使之成为有效的情感诉求工具。

1）爱与关怀:爱情、亲情,乡情与怀旧,友情及与陌生人之间的交流。爱与关怀是人类感情的基础,最能引起人们的共鸣。广告中快乐、幸福、满足、温馨等容易感染消费者的氛围,主要依靠爱与关怀的主要情感因素来营造。"爱立信"曾经做过一组非常著名的品牌形象广告,以最易引起消费者共鸣的亲情入手,通过《代沟篇》《父子篇》向消费者传达爱立信品牌形象——沟通就是理解,沟通就是关怀的利益承诺。整个文案运用写实手法,人物完全是生活化的人物,语言也是地地道道的生活中的语言,用感人肺腑的细节,把如何理解、如何关怀写得情真意切。

请欣赏获香港4A广告创作大奖"金帆奖"的爱立信《父子篇》广告片文案:

儿子:给您换一个大的,看得清楚,遥控,坐哪里都没问题。妈不在了,一个人吃饭不能随便,给您买了微波炉,又快又方便……您腰不好,有时间就用它按摩,很舒服呢。爸,我走了,有事传呼我。

父:又不能在家吃饭了?

儿子:以后再说吧,哪儿不是吃饭。朋友多,天天都要应酬。爸,我走了。

…………

儿子:我跟他们说了,今天哪里都不去。爸,咱们先做饭,吃完再陪您下两盘,很久没跟您下棋了。

广告词为:沟通就是关怀。电信沟通,心意互通。

2)生活情趣:好奇、休闲、幽默及其他。生活中蕴含着丰富的情趣,如享受悠闲、品味幽默、满足好奇心等,它们虽然不是情感,但是可以唤起积极的心理感受,如轻松、自得、惬意等,很容易感染诉求对象,因此也是感性诉求的常用手段。例如,苏菲卫生巾的广告:"又一个超强吸力的卫生巾。"(图2-1)

图2-1 苏菲卫生巾广告

3)自我观念与期许:个性、价值观、自我实现感。以个性化内容和个性化风格,充分展示诉求对象鲜明的自我观念与期许,个人对社会形象的向往和追求,包括个性、价值观念、自信、自豪、自我实现的感觉,是感性诉求的另一重要方式。

LG有一款巧克力手机,市场一出现,就占尽风头,而"I chocolate you"这句广告语更是改变了时尚手机市场的流行词,打动了无数"巧克力一代"年轻人的心。

从手机的通信诉求、功能诉求到情感诉求,巧克力手机的差异化战略成功开启了手机情感营销时代。LG 巧克力手机系列及其倡导的"I chocolate you",让手机产品超越了单纯的通信工具,成为一种可以寄托情感、愉悦心灵、展现品味、彰显个人高贵审美情趣的亲密之物。这种手法开辟了通信产品感性市场营销路线的先河,也为国内企业探索如何从竞争激烈的领域中跳出来提供了积极的参考。LG 巧克力手机准确切中"巧克力一代"的情感"按钮",大量采用感性营销攻心术,努力让自己站在"巧克力一代"的立场说话,用他们喜闻乐见的语言、行为、偏好、沟通方式、代言人,最终使"巧克力一代"的目标消费人群对 LG 品牌产生认同,也使 LG 手机在竞争激烈的市场中牢牢地树立起自己品牌的鲜明特色。从竞争激烈的红海中积极地寻求差异化策略,最终在全球刮起"巧克力旋风",LG 手机的感性营销攻心术无疑在营销上给我们更多的启示。

(3)情理结合诉求。情理结合诉求手法的基本思路是:采用理性诉求传达客观信息,又用感性诉求引发诉求对象的情感共鸣。它可以灵活地运用理性诉求的各种手法,也可以加入感性诉求的种种情感内容。情理结合手法在广告文案的写作以及广告运作中更为常用,但前提是产品或服务的特性、功能、实际利益与情感内容有合理的关联。"巨能钙"广告是情理结合的好的案例,其标题是:"科学实践是检验真理的唯一标准。"在确定体现"科学性"的创意策略后,将广告明确为单一性诉求,通过单纯的表现力,单纯的概念表达,反映出企业慎重而认真的科学态度。广告中反映了企业的责任,这种责任在"科学性"的佐证和出发点上最高限度地从理性和感性两方面全方位打动消费者,引发消费者注重科学、追求品质的美好愿望,从而实现最终的广告目标。广告采用了理性和感性有机配合的表现方式,排除感性方式在说理性和实证性上的不足,理性方式在情感性和附加价值体现上的不足,将两者的优势结合起来,最大限度地加强广告信息的趣味性和说服力。理性诉求体现在数字例证"八位博士""十二位硕士"等,感性诉求体现在用油条比喻人的骨骼。高露洁牙膏的系列广告文案也是既有理性诉求又有感性诉求,示范坚固牙齿的同时提出"让你的牙齿更坚固"。

在选择广告诉求手法时,不必追求当前流行的某种诉求方法,选择适合产品自身特点的最重要。

2.2 广告文案与广告创意

广告无论是国内广告还是国外广告常会借用人们所喜闻乐见的一些形象来表现某种观念和意蕴,卡西尔说:"人是符号动物,广告也不例外。"索绪儿把表现称为能指,把蕴含称为所指。牡丹表示富贵,红鲤鱼表示红火,松鹤表示长寿。在奥运宣传片中,茉莉花、江南水乡、京剧也都成了中华民族的代言符号。

2.2.1 从创意到作品:创意的符号化

索绪儿说:"语言符号连接的不是事物的名称,而是概念和音响形象。"在此基础之上,后继者提出语意三角形,即:事物、观念、音响(符号)。人们首先对事物形成一种观念,这就是"所指",而表现这个观念的音响形象就是"能指"。这个结论对揭示广告的创作和形成过程极有意义。广告在推销商品和服务的过程中,并不是对商品本身和服务本身的"写实",而是通过广告特定的表现形式(符号)对人们生活中形成的一种观念(经验)的反映。

广告的创作活动就是从人们的生活中所得到的经验出发,创作出恰当的符号,即广告作品,作用于人们的经验,使受众得到美的感受的同时达到对商品的认知和接受。

2.2.1.1 广告符号在创意中的作用

广告符号主要担负着三种功能,即告知、评价和鼓动。

(1)符号是广告告知的主要手段。广告的创作与受众欣赏广告就是信息的编制和破译。广告的策划、创意、制作、欣赏等不是一种简单的过程。从符号学角度来看,广告是一种独特的符号形式,其告知功能就是通过广告符号,把符号本身所含的目的、意义、诉求告之于受众,其意义是通过组成广告的各种符号要素的组合来实现的。受众通过自己的心理体验来解释广告符号传达的信息。

"KEKE 克刻"药品的符号品牌战略是以"KEKE"为核心的最高效率的符号传播系统,将品牌寄生在生活与产品适应证相关的部分中,当生活进行到这一部分,就到达克刻这里,从而消灭消费者对品牌选择的思考。

(2)广告符号的评价系统为企业形象的树立提供巨大的动力。广告符号的出现可以称为整个社会文化主旋律的一个变奏曲。广告的评价不是广告人自己的评价,而是广告受众的评价,抑或说是社会的评价、历史的评价。广告人对自己作品的评价就其本质来讲是用社会的眼光,用他者的眼光评价的。广告人以其符号推销某种商品或服务,其实都是在塑造和传播一种观念和价值。他的符号一经炮制出来便会对社会和个人起着积极或消极的作用。研究广告符号的意义,其实就是站在社会的历史过程中,把握符号蕴含的意义。

娃哈哈是饮品老牌子。1987 年,从校办企业经销部起,娃哈哈创始人宗庆后带领两名退休老师,靠着 14 万元借款,从卖 4 分钱一支的棒冰,开始了创业历程。1989 年,娃哈哈营养食品厂成立,开发生产以中医食疗"药食同源"理论为指导思想的天然食品"娃哈哈儿童营养液"。娃哈哈一诞生,就一炮打响。"喝了娃哈哈,吃饭就是香"的广告语轰动了大江南北。1991 年,创业只有三年的娃哈哈,产值已突破亿元大关。发生在小学校园里的经济奇迹开始引起了社会和各级政府的广泛关注。从其最初的发展道路来看,准确的产品定位,可爱的产品形象、简单贴切的广告语等符号为稳固地树立起娃哈哈集团的形象以及随后的企业转型奠定了基础。

(3)鼓动才是广告符号的目的。广告符号的鼓动功能实质上就是要用外在的形式达到说服受众的效果,是心理观念领域的事情。广告符号的这一功能是要在情感和审美上实现的。在对广告符号的解读过程中,人们的情感实现了一种对直接现实生活的超越。正如卡西儿所说:"因为在这里我们不再生活在事物的直接的实在之中,而是生活在纯粹的感性形式的世界中。在这个世界,我们所有的感情在其本质和特征上都经历了某种质变过程。情感在本身解除了他们的物质重负,我们感受到的是他们的形式和他们的生命而不是他们带来的精神重负。"

需要指出的是,那种真实的生命感受,那种充满活力的情感鼓动是无法在平庸的符号中实现的,这就需要广告的创意,需要优秀的符号作品。如何使作品形式和内容,与情感生活、符号话语和大千世界之间达到融合,是广告人应该担负起的任务。

台湾经典的三菱汽车广告把浓浓的父亲对女儿的感情作为诉求点,讲述了父亲自从女儿上小学开始就每天坚持接送,直到女儿上班买车了,还是坚持每次在路口等,然后在前面给女儿带路。女儿说:"他是怕我忘了回家的路吧!"最后把广告语直接溶入广告片中:"三菱汽车,全省164个家,欢迎回家。"情感符号的运用是最能打动人的。

2.2.1.2 广告符号的表现

广告符号表现这个问题是非常重要的,因为在广告艺术中任何独到的、有创建的创意和制作都是需要被表现的,有表现力才有效,凡是创造的都应是有效的。所以,如何增强广告符号的表现力,是值得研究和探讨的重要问题。

(1)广告是情感的符号。广告符号系统实际上是一种独特的语言表现方式。这个系统由广告市场调查、广告策划、广告创意、广告制作、广告媒体选择和广告效果评估等一系列环节构成。广告的功能是传达商品信息,推销商品和服务。从这个角度看,广告是再现性的符号。但广告的本质功能并不是再现事物形象而是表现事物情感。在优秀的广告创意中,情感本身和符号系统是和谐交织的,情感已经成为作品的有机构成部分。作品中对喜或悲、激昂或沉默等情感主题的抽象表现正是人的感情外化。

(2)广告符号的指意性。一个有意境的优秀广告都会经过广告受众的二度创造,这种创造因受众的经历、经验、知识、情感的不同而不同,但是只要拨动了他们的心弦,便对现实广告的目的有益。语言和符号一旦进入一种人的能动的活动状态和过程,就必然是指意的、文化的。广告符号通过它的特定语言和符号形式把个体的意识转成一种共同的文化意识,沟通思维意识的桥梁,既达到一种显性的推销商品和服务的目的,又达到一种隐性的陶冶精神和塑造灵魂的境界。

一则松下电灯泡的广告,广告画面背景色调是暗灰色的,表现了暮色苍茫的夜景,画幅下面的五分之一版面,画有连绵起伏的群山,山麓下是深黑色的树木和亭阁的剪影,山峦上方是排成一字长阵的大雁飞向夜色苍茫的远方。画面上方的二分之一几乎被一个硕大无比的圆圆的如同一轮皎月的白炽灯泡占满。灯泡的下方,在画面的正中部分有一句"一个只卖280日元的小月亮"的广告语。

这幅广告作品的指意是非常直观的,它告知受众的是灯泡质量的上乘和价格的优惠。但其蕴含的指意却十分的丰富,并留给欣赏者很大的想象余地和再创作的空间。

(3)广告符号的本体性表现。广告作品与其"社会背景"之间的关系是一种对话结构,本体与语境之间是一种互为问答的关系,两者构成了互为本体特征的复杂的社会形态。斯蒂芬·格林布拉特指出:"艺术作品实际上是以下两者之间某种协商的产物,一方面是具有复杂而共同传统知识储备的创造者或创造者阶层,另一方面则是社会的体制与实践。"[①]广告艺术符号无论是平面的、影视的还是三维动画的,实质都是在想象的范围内使广告受众在无意识的条件下得到本能的满足。广告符号本体性就是为广告人建构和解构广告符号提供理论指南,就是要使广告人懂得广告符号。

---

① 李建立:《现代广告文化学》,中国传媒大学出版社,2007年版,第102页。

2.2.1.3 广告创意符号化的重要方法——"再现"

追求商品、商品品牌、企业形象的"再现"是广告创作的最主要方法。"再现"是对现实中最美好、最奇特、最典型的事物之形象进行再创造。"再现"不仅合乎美的比例和外部形态,而且有深刻的内容。它通过对所要表现的事物的本质方面的观照,向人们展示最深刻的形象,展示人们心灵所崇尚和追求的那种崇高、美好的境界。广告创意通过"再现"所创作出的广告作品,激起广告受众独特的审美体验。

耐克公司的"人魔大战"广告是符号化"再现"的成功案例:在古罗马的角斗场,现代人和面目狰狞的妖魔举行了一场亘古未有的足球比赛。魔鬼的铁蹄践踏着神圣的土地,邪法无边的妖魔不可一世。但,穿着耐克鞋的现代人,足智多谋,骁勇善战,最终取得决定性的胜利。在这则广告中,人的伟大被赋予了无比的创造力和不可战胜的本质,通过穿着耐克鞋的脚部的踢球、运球等的特写和定格,让人不由得惊叹:"耐克!人类力量和创造的源泉!"这句广告语契合了广告的主题,充分运用了"再现"手法来进行创作。

广告的再现过程分为三个阶段:"表象""意象""再现形象"。"表象"来自于对外部事物的初步直觉,是广告对象在人眼中所感知的直观形象。"意象"是情感、想象和审美理想对知觉表象的改造,是广告人心中塑造的广告对象的形象,即广告人的形象创意。"再现形象"是广告人以特定的符号将心中的意象外画出的具体形象,是从创意到表现的过程,即通过各种具体的表现手段来创造出广告作品。三种形象逐级远离具体的真实,使广告作品的再现完全不同于机械的模仿和复制。

索绪尔认为,语言符号按照一定横组合、纵聚合的关系组合起来,就形成了完整的意义表达。对于一个特定的人物符号系统来说,"体貌符号""服饰装扮符号"和"环境符号"按照一定的横组合、纵聚合的关系组合起来,就构成了人物符号的意义。

从体貌符号来看,不同的体貌符号往往约定俗成地带有不同的意义,意味着不同的社会角色、生活方式,并体现不同的生活态度。在不同类型的德芙广告当中,不同的体貌符号传播的信息不同,我们从德芙广告《珠宝篇》《明信篇》《心随篇》和《阅读篇》中的不同角色解读出不同的信息——白领的自信,少女的梦幻,舞蹈的灵动,阅读的悠闲分别由不同的人物传达。正是广告中这些人物不同的体貌符号带给我们不同的触动,对产品产生消费的欲望。

生活中少不了装扮符号,任何场合都会有它的存在。装扮符号作为广告中的表现因素,往往承担着交代人物身份,衬托、铺垫的作用。德芙广告中,我们通过装扮符号可以分析出产品的定位及受众群体,不同的装扮可以让消费者产生身份的认同从而产生消费欲望。

环境符号,按照加利的定义,指的是"在广告传播中能够表示一定意义,或表达某种情感的所有构成时空环境的因素"。环境符号往往起到暗示、衬托的作用。在不同的广告类型中,环境符号的出现为我们营造出整个广告所要表达的氛围。在德芙广告《心随篇》中,女主角身着长裙在空旷的屋子内翩翩起舞,随心来到窗前,继续舞动来到钢琴旁伸手按动琴键。这样的环境无论是外在环境还是女主人公内在的这份随心,两种环境符号都迎合了产品的主题,达到了宣传效果。

2.2.2 文案写作的任务

广告文案写作是一个创意实现的过程,在这个过程中,广告文案人员要在广告文案写作的特殊原则、特殊条件下,对广告创意策略和表现策略进行语言文字的表现。这个表现,是与其他制作和表现者一起,形成一个完整、有效的广告作品。这个广告作品,是直接与目标受众产生沟通的中介。因此,广告文案写作过程是一个发展创意、表达创意的过程,是一个运用语言文字与目标受众沟通的过程。

2.2.2.1 对广告信息进行合理组织

文案的生成是在市场调查所得信息的基础之上,从凌乱的商品资料中抽取主题、风格的过程。对文字的提炼创意是"旧元素,新组合"的过程。对广告创意而言,对信息的合理组织并不是随心所欲、任意妄为地胡乱拼凑,而是具有高度重视内在结构因素和总体概念的特点。事物本身也并不是单独抽离出来,而是和所存在的环境与模式融为一体,它的内部以及它和周围的事物之间都有一个正确的或约定俗成的结构关系。这个结构关系会在我们的记忆中持续地保留下来,形成特定的心理模式。创意就是要把这种逻辑上的正常结构和心理模式打破,核心的事物发生意想之外的重组,或将其置于新的环境之中。

根据创意的需要,先将事物进行符号意义的分解,使之成为再造的素材,待设计重组之后,一方面,部分要素可以唤起我们心中对原有事物所持有的特定结构模式,另一方面,又用一种新的规则去打破这种模式,两种不同的认知关系碰撞在一起,重组之后所产生的崭新含义和出人意料的表现形式会产生令人惊奇的创意能量,占据消费者的注意力。

2.2.2.2 将广告信息按照创意所规定的"创造性传达方式"以语言文字传达出来

广告是现代市场经济生活中最常见的商业文化现象,各种各样的广告通过多种媒体和多种途径向受众传播,形成了当代社会一大文化景观。而语言又是广告最直截了当的表达方式。广告语言的丰富不仅推动了商业社会的经济发展,也推动了语言文化的发展。从某种意义上看,广告语言发展的社会目的不在于语言本身,而在于经济的要求。通过语言加工一次次展示于社会的广告,其主要目的是让人们关注所宣传的商品、服务或消费观念,甚至社会生活、生产方式,最终激发人们的购买欲望,推动购买行为。大卫·奥格威就曾说过:"我认为广告佳作是不引起公众注意就把产品推销掉的作品,它应该把广告诉求对象的注意力引向产品。诉求对象不是'多美妙的广告啊!',而是'我从来没有听说过这种产品,我一定要买它来试一试'。"①总之,广告的表达要借助语言,但它要表达的并非语言本身,而是商品。如果广告不能将商品信息准确地传递给受众,那么无论从文学还是从修辞的角度来看,再好的广告语言都是毫无意义的。但是从另一个方面来看,没有语言对商品和市场生活的抽象及其抽象形式的表达,任何人都不可能在有限的时空内传递或接受如此大量充满想象空间和形象力的商品与服务信息。

2.2.2.3 使广告所包含的"创造性"在文案中得到完整体现

广告文案的"创造性",其文化内涵不仅是一种概念的表达工具,而且有其特殊的文化表达功能。事实上,现代广告在其商业运作中正在越来越广泛和深入地借助文化的推动力,甚至是谁能更多地在广告中借助文化力量,谁就更有希望赢得商业战争。在现代文明的社会中,利用广告语言来追求和获得文化效用与心理效用是增强企业市场竞争力,加速商品市场

---

① 大卫·奥格威:《一个广告人的自白》,中国物价出版社,2003年版,引言。

接受度的锐利武器。广告文案的创造性必须通过对民族接受心理的分析才能达到最大限度的商业接受度。

首先,民族传统。每一个民族都有自己的文明历程,这种历史的沉淀形成了特定的民族传统。与其民族传统相对应,语言也就有了特殊的社会约束性,这种约束性在很大程度上对广告语言的市场效能产生着巨大的影响。譬如,中华民族是一个礼仪之邦,比较注重人与人之间的关系和感情上的联系。尤其讲究"亲情""友情""尊老爱幼",讲究"礼尚往来"。因此,在中国市场上的广告文案表达中,强化"亲情""友情"就能够大大提高广告的说服力。一则"老生常谈"的感人广告——纳爱斯洗衣粉广告《懂事篇》,全国人民都被打动了:妈妈下岗,为找工作而四处奔波。女儿心疼妈妈,帮妈妈洗衣服。"妈妈说,雕牌洗衣粉只要一点点,就能洗好多多的衣服,可省钱了!"门帘轻动,妈妈无果而回,正想亲吻熟睡中的女儿,看见女儿的留言——"妈妈,我能帮你干活了!"妈妈热泪盈眶。尽管有人指责它是"用下岗工人的眼泪赚钱",但感动总比冲动来得持久醇畅。雕牌的巨大成绩让人不能不相信:亲情广告带来的是丰硕的回报,用朴素的情感传递品牌内涵,不但跳出宣传同质化的怪圈,而且让品牌深入人心。

其次,风俗习惯。由于自然环境、社会经济发展水平和历史过程的差异,各个国家和民族都会有自己独特的、习惯化的生活方式。在不同的风俗习惯中,广告语言必须"入乡随俗",否则难以达到广告的目的,甚至出现南辕北辙的结果。风俗习惯不仅表现为民间现象,还常常演变为政府法律行为。如中国的春节就是由习惯变为国家法定节日,也就成了广告宣传的"节日"和最大限度发挥功效的机会。"今年过节不收礼,收礼只收脑白金"的广告词有哪位中国观众不熟悉,包括广告的独特创意在内的广告词无不把中国人"送礼"这一世俗文化有效地传达。

再次,价值观念。指人们对待事物的不同看法和态度。在不同的社会状态下,人们的价值观念是不同的。这种观念的差异导致了人们在市场中的评价与行为上的差异,如人们会接受和欢迎某类信息,而厌恶和拒绝另一类信息。因而,广告的语言必须与所追求的受众群的价值观相吻合,才能获得较高的说服力和接受度。不同的价值观念会引发出不同的荣辱观、幸福观等,进而演化成为不同的消费心理倾向和购买欲。因此,文案表现的"创造性"同样受受众定位的制约和影响,考虑受众接受度是达到广告商业效果的有效手段。

2.2.2.4 使文案符合创意所限定的形象、格调、氛围

广告的叙述是对产品及相关理念的展示或呈现。叙述的视点不同,广告带给受众的心里就有所不同,广告使受众产生的情感、联想等也均有所不同。格调是语言表达的特点,广告语言追求打动人心,目的是把产品推销给消费者。广告语言的格调是由文体风格、修辞风格、个性特色风格、时代风格等交织在一起形成的。广告文案需要体现整个产品所打造的形象、格调和氛围。

2.2.2.5 提供完整的、与其他视觉要素和谐统一的广告文案文本

电视广告声画同步,视听合一,在众多的广告媒体中,电视可说是最具表现力和魅力的媒体,它以声光效果把产品信息和销售信息生动逼真地展现在受众面前,产生震撼人心的作用。

电视广告的表现形式有三种：画外音、人物语言和字幕形式。从其文案特点来看，由于电视本身的顺序性、瞬间不记录性特征使得广告中的字数是有限制的，其内容的表现也是不完整、非独立性的，所以，广告的文案需要与视觉要素一起构成完整和谐的广告。

耐克跑鞋30秒电视广告创意"定律是用来被打破的"，整个广告构成了文案与视觉的和谐和完整。伴随着一开始充满悬念的音乐，黑白画面闪入，在起跑线上，亚洲肤色的小腿肌肉有节奏地跳动，做起跑前的最后准备，还有穿在脚上的耐克跑鞋……此时音乐戛然停止，字幕打出："定律1·亚洲人肌肉爆发力不够？"

紧接着是镜头由远及近地拉向黑白栏杆，起跑线上蓄势待发的运动员，和枪响后的一连串起跑动作……音乐又一次戛然停止，字幕打出："定律2·亚洲人成不了世界短跑飞人？"

起跑后，音乐节奏骤然加快，运动员们一片争先恐后，耐克跑鞋再次出现，亚洲肤色的大腿肌肉更有节奏，刘翔的身影从侧面开始显现……音乐第三次戛然停止，字幕打出："定律3·亚洲人缺乏必胜的气势？"

但是此时此刻，音乐的旋律变得高亢，镜头下，刘翔在第四跑道一路领先，以绝对优势把对手抛在后面。再也没有疑问，字幕打出："定律是用来被打破的！"面对镜头的刘翔挥舞着拳头，庆祝自己的胜利，而同时见证这一胜利的是穿在刘翔脚上的耐克跑鞋。

▶【本章小结】

真正创造性的构思是形成精彩的广告文案的前提，优秀的创意又是以缜密的调查和分析为基础而产生的。本章从广告文案的创作原则入手，初步指明创意在广告文案中的重要性，并分析创意的生成条件。广告文案是达成广告目标和企业目标的手段，因此，本章从对广告文案在广告运作中的地位也做了详尽的分析，进而引出创意和文案的关系，即：创意是文案写作的主体依据、形象依据和风格依据，广告文案是对广告创意的符号化的表现。本章在编写中多处运用案例说明的办法更鲜明地阐释广告文案与广告创意的相关内容，便于理解。

▶【案例分析】

引发现代人的怀旧情怀，激发消费者的共鸣
——南方黑芝麻糊经典广告系列分析

许多的广告都只能是昙花一现，在消费者心目中不留痕迹，但有一些经典广告却仍然让消费者历历在目。南方黑芝麻糊的电视广告从早期到当下的电视广告都给消费者留下了很深的印象，是一则让人感动并让人久久不能忘怀的优秀作品。

广告大师詹姆斯·韦伯·扬曾说过："广告创意是一种组合，组合商品、消费者以及人性的种种事项。"南方黑芝麻糊新、旧两版电视广告的成功，可以说是对此句创作箴言的一个有力证明。

该品牌早期的广告我们都非常熟悉，是在一片橘黄色为基调的暖色中展开的：典型的南

方麻石小巷,桔灯摇晃,随着一声"黑芝麻糊咯"的吆喝,一个身着棉布布衫的少年推门探头出来,不停地搓手呵气,眼中充满渴望。慈爱的大婶把一勺浓稠的芝麻糊盛向碗里,男孩急不可耐地搓手,咬唇,一副馋猫的样子,大婶递过香浓的芝麻糊,他迫不及待地大口大口吃,完了还碰着碗舔了又舔,引得一旁碾芝麻的小女孩发出笑声。大婶怜爱他又舀一碗给他,男孩吃完,满足地抹了一下嘴角,此时画外音传来男声旁白:"抹不去的记忆,南方黑芝麻糊。"

当下延续了这一成功的广告表现形式的新版广告在艺术性方面虽不逊色于旧版,但其信息传达稍弱。新版广告的表现方法依然是回忆式,重归故里的老人从小孙子贪婪地舔食黑芝麻糊的动作中,看到了自己当年的影子,又想起了:"小时候,每当我听见黑芝麻糊的叫卖声,就再也坐不住了。"广告主题词是:"南方黑芝麻糊,抹不去的回忆。"这对于片中的老人,既指抹不去对南方黑芝麻糊的美好回忆,也指抹不去对童年的回忆。但对看过旧版广告片的受众来说,首先抹不去的可能是对旧版广告片的回忆。从整体上讲,新版广告片与旧版广告片还是一脉相承的。它的点睛之笔,就是用画中画的叠映方式,沿用了旧版广告片的两个镜头,使人感到诉求得以加强,突出了新版广告的主题。

当众多的食品广告在强调它的营养价值和多少百分比的维生素等的时候,南方黑芝麻糊不正面体现它的食用价值,反而走了一条差异化的路子。广告的前四分之三还没有出现产品的包装,而以怀旧的温馨镜头回顾了童年的一段美好回忆,热腾腾的锅,浓香的芝麻糊,男孩天真的吃相,大婶关爱的目光,无不令人联想,并使人相信,画面中那诱人的芝麻糊就是南方带给我们美味的享受。单从黑芝麻糊这一商品实物来讲,它是很物质化的、冷冰冰的,如果仅停留在陈述商品特点、功用的层面,则过于平庸。但是,一旦将这物质化的商品与人性(或者说,受众的情感)联系起来,就大有创意素材可挖了。南方黑芝麻糊电视广告正是从情感诉求入手,用回忆的手法,把消费者带到黑芝麻糊香甜可口的回忆之中,使一个平淡无奇的、物质化的南方黑芝麻糊,既有了生气,也富有人情味,从而达到了引起欲望、促进销售的目的。

▶【思考题】

1. 简述广告创意的原则。
2. 为你所在城市构思一则公益广告,采用你认为最佳的形式写出它的广告文案。
3. 列出三例表现情感诉求的广告。

▶【延伸阅读】

1. 邬晓光,张晓. 广告文案写作. 北京:机械工业出版社,2006.
2. [日]植条则夫著,俞纯麟、俞振伟译. 广告文稿策略——策划、创意与表现. 上海:复旦大学出版社,2001.
3. 周绍贤. 世界最经典的广告创意. 合肥:安徽科技大学出版社,2015.

广告文案标题的写作

导言

本章学习目标

通过本章的学习,明确广告标题的概念;了解广告标题在整个广告文案中的位置和作用;理解广告标题与广告语之间的差别;把握广告标题的本质属性;掌握广告标题的写作要点,能创作科学有效的广告标题;根据宣传产品、宣传目标等的要求,灵活运用恰当的广告标题表达方式。

本章难点

标题与广告语的区别;标题的本质属性;标题写作的要点。

课前导读

克劳德·霍普金斯曾这样强调广告标题写作的重要性:"在任何行业里,好广告的差别都不是很大。它们必须完整,而完整就意味着相似。它们之间最大的区别就在于标题。"广告大师大卫·奥格威认为:"标题是大多数平面广告最重要的部分,它是决定读者是否读正文的关键所在。读标题的人平均为读正文的人的5倍。换句话说,标题代表着为一则广告所花费用的80%。"广告标题是广告文案的一个重要构成要素,是广告文案内容的高度浓缩和概括。一则广告标题的好坏,直接影响着广告宣传的效果。

3.1 标题在广告文案中的地位及作用

3.1.1 标题概述

广告标题是广告文案乃至整个广告作品的总题目，在广告作品的整个构图中，始终处于最醒目、最有效的位置。广告标题将广告中最重要、最诱人的信息进行富有创意性的表现，以吸引受众对广告的注意力；通过昭示广告信息中的最佳利益点，使他们继续关注正文。

人们在进行随意的阅读和观看时，对标题的关注度非常高，特别是在报纸、杂志等选择性强的媒体上。大多数的读者都会先浏览广告标题，然后看广告正文中的信息。因此，广告文案人员在进行文案表现时，总是将标题的制作视为一个非常重要甚至是首要的工作。

广告标题还是文案与创意的纽带。精妙的标题可以一针见血，直指创意核心，让广告的创造性得以充分展现。

3.1.2 标题与广告语的区别

广告语，又叫广告口号，是企业和团体为了加强受众对企业、商品或服务等的一贯印象，在广告中长期反复使用的简明扼要、口号性强、表现商品特性或企业理念的句子。广告口号在整个广告文案中具有特殊的宣传作用，它以反复运用、精炼简洁、易念易记等特点，强化广告文案的宣传主题，具有画龙点睛之功。

广告语与广告标题很相近，经常被混为一谈，但二者的差别还是很明显的。

第一，表现目的不同。广告标题的目的是为了引起消费者注意，诱导其进一步阅读广告正文。而广告语是为了使消费者建立一种观念，为加强企业、商品和服务的一贯的、长期的印象而写作的。

第二，表现信息不同。广告语所表现的信息，一般是企业的特征、宗旨或商品的特性、服务的特征等，是企业、商品和服务观念和特征的体现。而广告标题则不一定表现这些信息，为了吸引消费者的目光，它可以使用广告语中同样的信息负载，也可以表现与广告语中的信息不相关的内容。在信息的负载面上，二者各显特色。

第三，表现风格不同。广告语着力于对受众的广泛传播，因此在表现风格上立足于口头传播的特征，口语化较强，自然、生动、流畅，给人以朗朗上口的韵律和明快活泼的节奏感，在遣词造句上，体现朴实但富于号召力的特点。而广告标题则要求语言新颖、有特色、能吸引人，因此可以是生动活泼的口头语言风格，也可以是稳重大气的书面语言风格。因为在广告中起到提纲挈领的作用，所以，它更倾向于书面语言风格的运用。

第四，表现位置不同。广告语可以单独使用，即使放在广告作品中，其位置也没有特殊的限制。而广告标题必须与正文放在一起，在设计上往往置于广告作品中最醒目的地方，通常与照片、插图等有机结合进行表现。

第五，表现时限不同。广告标题是一则一题，在每一则广告中，标题都是不同的，因此广告标题经常是一次性使用，表现时限短暂。而广告语却可以多次重复出现在不同的广告中，它是一个企业、商品或服务长期广告战略的体现,被广告运作过程中的每一则广告作品所运用,是该企业、商品或服务在不同媒介中广告作品的一部分。

3.1.3 标题写作的误区

在广告标题的创作中,应遵循一定的原则,如点明主题、引人注意等。如若忽视或违背这些创作原则,就会走入写作的误区,不能创作出优秀有效的广告标题。正如苏上达所言:"盖标题者,全幅广告之精辟也。标题而得其法,则全体广告大可生色,人人竞读之而不生厌。标题而不得其法,则以下任何优美之广告材料,必致埋没而无人过问。"

3.1.3.1 虚假最高级式标题

广告标题的创作要符合企业、商品和服务的实际。广告虽是夸张的艺术,但这种夸张并不是无根的炫耀,而是在企业、商品和服务实际能力与质量上的升华。目前有些广告标题虚假自夸,冒充"第一",并不能获得受众的欢心。

这种广告标题在手机广告中最为盛行。如乐视超级手机的广告标题——"极限,生来独孤求败";小米手机的广告标题——"迄今为止最快的手机""史上成本最高的手机"等。2015年9月1日,新的《中华人民共和国广告法》开始施行。值得一提的是,其中第九条明确规定广告中不得使用"国家级""最高级""最佳"等极限用语。而在此之前,广告语的"极限用词"并无相关法规约束,全凭手机厂商即广告主自身的职业操守决定,于是相同的"第一"被放在不同的手机名称前,令普通消费者难以辨别。

3.1.3.2 比喻不当式标题

比喻式广告标题是广告文案创作中一种常用的方法,由于它具有生动形象的特性,因而极富吸引力。但是如果比喻不当,喻体与本体之间关联不大,甚至没有可比性,也会产生不好的宣传效果,使人感到莫名其妙,影响受众对广告的理解,甚至会遭到受众的讥讽,影响受众对企业、商品或服务的品牌印象。

如某鞋的广告标题——"像雕像的基座一样坚固"。细想之下,似乎"雕像的基座"与"鞋"之间并无可比性。因此,这样的比喻只会使人无奈失笑,而并不会打动顾客。

3.1.3.3 强加于人式标题

这种广告标题盛气凌人,不可一世,随意把自己的意见强加于顾客。在这种强压之下,顾客应有的选择权利和自由被剥夺。而过分的吹嘘和强势的肯定往往物极必反,引起人们的抵触心理,使广告宣传走向反面的效果。

如某烫伤油膏的一则广告标题——"烫伤后的第一个念头"。人们烫伤后是否需要涂抹烫伤油膏,要视烫伤的程度而定。这是一个严肃的医学问题,而不能由功利性的广告来误导,否则后果不堪设想。再如某汽车修理中心的广告标题——"只有我们才不会将你引入歧途"。如此抬高自我、贬低他人的语气,不仅会遭到同行的反对,更会引起顾客的唾弃。

3.1.3.4 表达不具体式标题

这种广告标题没有具体的广告诉求,也没有具体的广告内容,如广告标题模式一般通用,因此这类标题往往由于空泛平庸而不能引起读者的注意。广告最有效的信息表现不足,自然也不能诱导读者阅读正文。

如某空调的广告标题——"全家的快乐",几乎可以运用于所有企业、产品和服务的广告宣传上,如此没有创新的广告,怎么能让顾客感受到广告的魅力呢?自然,广告的效果也就无从说起。

3.1.3.5 量化不准确式标题

广告标题中的数字、时间等要素如果量化准确,往往给人一种真诚之感,令人信服。但目前,一些广告标题往往故意模糊数字、时间等,给人以胡编乱造之嫌,大大降低了大众的信任度和广告的有效力。

如某化妆品的广告标题——"再添浪漫情趣,我一万次的唯一"。这里的"一万次"究竟是如何来的?是真的还是假的?相信顾客看到后都会有这样的疑问。因此,量化不准确的广告并不会得到顾客的芳心,相反,还有可能被他们嗤之以鼻。

3.1.3.6 文字游戏式标题

这种广告标题往往把产品的品牌或名称做简单的文字形式变化,或单调地重复告知,或单纯地拆解加减,并无太大意义。人们看到之后只会无奈发笑,嘲讽之后并无多大印象。这种广告标题对大众缺乏吸引力,产品的销售也不好,因此不合乎广告标题的创作要求。

如通达电器行的一则广告标题——"通达、通达,电器精华",由于没有表明产品的精华所在,因此给人一种简单平庸化的感觉。丹灵牌外用药的广告标题——"丹灵、丹灵,一搽就灵",同样因简单庸俗而缺乏号召力。再如宝王牌药类的广告标题"宝王——宝中之王",也由于缺少有意义的信息而显得乏善可陈。

3.1.3.7 否定式标题

广告标题意在开门见山,简单明了,直奔主题。而否定式的广告标题往往由于使用否定句式,却又要达到肯定的广告效果,不能直接有效地传递给读者广告信息。顾客需要花费一定的时间思索之后,才能理解广告的意图。因此,在生活节奏日益紧张的今天,很容易失去顾客的第二次目光。

如一则刹车制造公司的广告标题——"假如你不会停止,那你千万不要开始"。顾客的匆匆一瞥,往往只会把第一感觉的东西传入大脑,而"不会停止"便由于处在标题的第一句则很容易率先被顾客收入眼中,因此,不可避免地给人留下否定产品的第一印象。因此,如果运用了否定词,要注意在体现你所想达到的风格和创新的同时,顾客是否能够理解。

3.1.3.8 滥用成语式标题

合理恰当地使用成语,往往会给人留下深刻的印象,它可以利用人们对成语的熟悉和广告创作者的巧妙构思,赢得受众的满堂彩。但如果成语运用不合理,甚至不正确地死搬硬套,则会产生不良的广告效果。

如一则服装的广告标题——"衣名(一鸣)惊人"。这一广告标题是想通过"衣名"与"一鸣"之字的同音,达到异曲同工之妙,强调服装的独特之处。但是细想一下,便会心生疑问,难道产品的特征和优势仅仅在于其名称的惊人吗?顾客如何能放心其质量和服务呢?这种强行套用而不顾影响的广告,显然不妥。

3.1.3.9 贬低顾客式标题

这种广告标题把自己立于高高在上的位置,对消费者的智力不屑一顾,有点门缝看人之嫌,自然会引起顾客的不满和拒绝。纵使出发点是为了褒扬自己的产品,也并不能使顾客提起兴趣购买。

如某止痛药的广告标题——"疼痛时为什么没有想到它"。如此低估顾客目光、抱怨顾客智商的广告标题,自然会引起人们的反感。可想而知,会有多少人在这种批评贬低自己的宣传下购买该产品。

3.1.4 标题的本质属性

广告标题具有醒目、凝练和独特的特点,作用显著。它能够凸显广告主题,用高度概括的词句表达广告宣传内容和中心思想,使受众即使不读广告正文,也能获得广告的基本信息;它能够吸引读者注意,用精炼短小的字句、显眼的字体和醒目的位置,引起无意看广告的受众的注意;它能够诱导受众阅读正文,如果标题传递的是读者关心的信息,或标题引起了他们的好奇心,会使他们在一瞥之中产生继续阅读的兴趣。

但所有这一切并不是广告主的最终目的,获得利润才是商界永远追求的目标。因此,广告标题的本质属性就是促进商品销售。广告标题往往通过渲染广告的美妙意境和突出广告的重要信息,引起受众的注意,诱发他们产生愉悦的心理感受和强烈的消费欲望,达到明显的促销效果。

评价一则广告标题的标准,不仅仅只是创意优美,更重要的还是科学有效。大卫·奥格威曾说过:"我并不希望你觉得它很有'创意',我倒希望你觉得它很有意义而去购买那种商品。"因此,任何一个忽视促销力的广告标题都是非常不完美的,甚至是无效的。因为所有人,包括广告主和广告制作者都希望这则标题能够增加产品销量,增加广告主的收入。当然,如果这则标题在具备促销力的同时,还拥有精彩美妙的创意,那就最好不过了。

3.2 标题的写作方法

3.2.1 标题写作的要点

引人入胜的标题会使正文的阅读率成倍提高。因此,要吸引诉求对象,广告标题必须有足够的吸引力。这种吸引力蕴含在它的内容和形式上。

3.2.1.1 紧扣创意,点明主题,引人注目

广告标题是文案与创意的桥梁。优秀的广告标题要直指创意核心,让人们在较短的时间内领略广告创意的奥妙。同时广告的完整性也要求,广告标题要紧扣创意,使广告信息的传达一致有力,把创意的最巧妙之处融入标题。

同时,广告标题必须结合主题且主旨鲜明,而不能故作离奇之笔,与广告内容毫无关联。标题是广告内容的高度概括,要使人们看到标题就能理解广告的信息内容是什么,使顾客能在标题中对广告的信息主题有所了解,在匆匆一览之中,就能得到广告最主要的内容、最主

要的利益承诺以及整个广告表现的主题因素。

当然,引人注目是广告标题的另一个写作要点。标题的内容只有与消费者的心理需求联系起来,诱发他们的关心、好奇、喜悦等情绪,才能够充分地发挥广告的宣传效果。因此,标题在字体、位置等方面,都应考虑视觉化和艺术化,要能引起人的注意。

3.2.1.2 集中于一点

广告标题是广告主题的凝练。要彰显广告主题,广告标题的创作首先应做到诉求单一,即突出重点,把广告的主要诉求点凸显出来,不追求过多的信息量,更不要面面俱到,应使广告主题毫无疑问地做到唯我独尊。

很多创作者在商品的性能、特点、质量、售后服务等方面无从选择,往往不满足于广告标题中单一的信息传输,这样表面看来似乎多多益善,但由于读者抓不住重点,反而使广告的传播效果受到影响。因此,广告标题必须集中于广告主题这一点,鲜明有效地突出诉求主题,切中公众关心点,抓住消费者的消费渴望和消费理想,明确展示商品和促销的利益机会,直接做出利益承诺,刺激消费者的购买行为。

3.2.1.3 避免平铺直叙

广告标题应突出创意,力求新颖独特,才有吸引力,具有唤起注意、打动人心的力量。因此,广告标题要避免平铺直叙,避免使用笼统或泛泛的词语。平铺直叙虽然最能准确表述,但无助于吸引读者。因此在创作广告标题时,应寻找出人意料的角度,运用生动活泼、富于创意的语言,使顾客形成深刻的印象而过目不忘。

需注意的是,虽然广告语言要引人视觉、诱人听觉,但并不是说使用晦涩、拗口、新奇的词语就一定是成功的。关键是用词要贴切、精准,不生搬硬套,更不题不对文、故弄玄虚。只有这样,才能做到既准确传达广告信息,又凸显广告的独特魅力。

3.2.1.4 简洁凝练

为了让受众一看便知,一听便懂,广告标题的表现形式要简洁、明快,尽量多用短句,少用长句。因为长句子表现内涵太多,且出现关联词,会造成过分书面化倾向,使受众因怕累而自动放弃阅读。而语言简洁凝练,避免晦涩难懂和过于抽象的词汇,有助于体现产品的特性。

同时,从记忆规律来看,广告标题以 4~12 个字为宜。因为据调查分析,超过 12 个字的标题,读者的记忆度要降低 50%。而在 4 个字以下的广告标题,有时并不能完全表达一个意思。在此,我们虽不能做硬性规定,但还是要坚持简洁明快的原则。当然,广告标题字的多少还应以是否完整表述一个意思为准。

3.2.2 标题的创造性手法

成功的广告标题是创作者在深入透彻地理解了产品、市场和消费者之后而闪现出的灵感。尽管它没有一成不变的模式,但还是有章可循的。我们通过实践和研究,总结出一些颇为有效的常用创作手法。但需要强调的是,一则好的广告标题,往往不是孤军作战,而是几种创作手法的结合。

3.2.2.1 类比式标题

根据两种事物在某些特征上的相似,做出它们在其他特征上也可能相似的结论。这类标题即寻找诉求对象常见的事物,与广告诉求做贴切、生动的类比,突出企业、产品或服务的优点。这类标题通过本身独到之处的凸显,使消费者加深对品牌的认识,效果较好。但使用这种标题时一定要符合事实,不可贬低他人。

类比式标题可用于同类商品的对比。但有关广告条例规定,在与同类商品进行比较时,广告不能直指对方名称。因此,对比时采用泛比为宜,而不指名道姓。如某化妆品的广告标题——"在一片回归大自然之呼声中脱颖而出";某吸尘器的广告标题——"区别就在部分干净和全部干净"。两则标题的表述都采用虚比方式,没有明确打击竞争对手。

类比式标题还可用于不同类事物的比较。如 Quechua 帐篷的广告标题——"自然之美,科技亦能做到",通过自然与科技之间的比较,体现美的相通性,从而凸显该产品的技术含量,彰显其独特特征。

类比式标题也可用于产品本身前后的对比。如 iPhone 3G 的广告标题——"第一款击败 iPhone 的手机",彰显了自身的发展和创新。

3.2.2.2 新闻式标题

利用人们对新闻的注意及阅读新闻的习惯,以新闻的口气对产品做刺激性介绍。新闻式标题指采用新闻标题和导语的写法与形式,把广告信息当作新闻处理,以增强广告的可信性。由于它采用富有新闻意味的词句来表述宣传内容,直截了当地告知消费者新近发生的某些事实,因此,更容易吸引潜在顾客。大卫·奥格威曾说,具有新闻性的标题比没有新闻性的标题,会多出 22% 的人记住它。

这类标题多用于介绍新上市产品或生产企业的新措施,目的在于引起大众关心进而转读正文。但采用新闻式标题时需注意,广告信息的本身必须具有新闻价值,必须是真实、新鲜的事物和事件的产生或发现,必须有真正称得上新闻的广告内容,否则媒体将它作为新闻公布出来,而读者发现其并无新闻价值,会破坏读者对媒介的信任程度,同时也影响此类标题的公信力。

如耐克的广告标题——"全新耐克限量版隆重上市",其通过具体的产品信息告诉消费者,全新限量版已与公众见面,耐克迷们可以实现拥有的梦想了。再如雅诗兰黛唇膏的一则广告标题——"红唇依然是吸引男性的部位之一"。正文则写道:"据 Askmen.com 网站调查显示:性感红唇在'最吸引男性的女性身体部位'调查中高居第二位。"颇具新闻性。

3.2.2.3 疑问式标题

疑问式标题是借用公众的好奇心理,通过提出疑问来引起关注,从而促使消费者产生兴趣,启发他们思考,产生共鸣,留下印象。在创作时,广告人员必须找出产品、企业或服务最引人注意、大众极为关注或担忧的特征,从而提出疑问。标题字数不宜太多,应简洁易懂。所提的问题具有吸引力,诱导人们非要了解个究竟不可。这种标题,多用在理性诉求的广告中。

如茶品牌"华祥苑"的广告标题——"中国茶将进入什么时代?"作为国内茶行业的领航者,"华祥苑"这一发声旨在引发各行业对健康和生态的关注,对国民生活方式的关注,其用开放式的命题,倡导了茶饮文化注重生态、健康、环保和品质的时代回归。

运用疑问式标题时需注意:

(1)所提问题必须有具体答案,不能让诉求对象答"是""否"或者"有""没有"。如"你想更漂亮吗?"就是无效的提问,而"你知道什么食物能使你更漂亮吗?"就是有效的提问。

(2)所提问题应是消费者十分关心、想了解的问题。

疑问式广告标题有时也标示答案,即先提问,然后以答案的形式告诉公众广告宣传的重点。如雅诗兰黛睫毛膏的一则广告标题——"还在为晕染和卸妆而烦恼?雅诗兰黛'零晕染'睫毛膏",诉求目标突出且针对性强。

3.2.2.4　故事、叙事式标题

这类标题是指在标题中表述了一个简单而完整的故事情节,它类似于一则故事的题目,提示或暗示故事的发生和情节的展开,主要特点是能吸引受众阅读正文。它常常与其他形式的广告标题结合使用。若运用恰当,往往能收到很好的效果。

经典之作有广告大师乔治·葛里宾为箭牌衬衫写的广告标题——"我的朋友乔·霍姆斯,他现在是一匹马了"。从人到马的转变,着实让人们吃了一惊,自然会引起读者探究原因的兴趣,而答案当然会在正文中找到。再如一则鞋类的广告标题——"有些事不可能……,不过有些人还是做到了",也极富故事感。

3.2.2.5　命令、祈使、建议式标题

命令、祈使、建议式标题以引导式或催促式的语气劝说或暗示读者去做或去思考某些事情,它可以站在企业或产品的立场针对诉求对象说话,也可以以诉求对象的口吻说出,有着一定的敦促力量。

这类标题兼具利益性标题的优点,由于建议使用及促使购买的说辞铺陈,直接或间接地将使用该品牌产品的利益告诉读者,因此,此类标题就具有了动之以情、晓之以理的双重功能。如一则帽子的广告标题——"冬天出门,从头部暖起"。通过一个合理的建议,让顾客自然而然地对产品有一种亲切之感,增强了对品牌的印象。

写作该类标题时应注意:

(1)语气的分寸感。

(2)切勿写成贬低顾客式、强加于人式标题。

由于一般顾客的心理是不愿接受外来命令的,而喜欢自己选择所需的产品,因此这类标题在用词上要采取慎重的态度,不可使用强迫的语气,否则难以达到广告的效果。

3.2.2.6　悬念式标题

这类标题即迎合受众追根究底的心理特征,在标题中设立一个悬念,以吸引受众特别注意进而阅读正文的广告标题。它常用令人感兴趣而一时又难以作答的话语作为标题,使受众在寻求答案的过程中不自觉地产生兴趣,由于惊讶、猜想而引发进一步阅读。

悬念式标题经常采用提出问题的方式来制造悬念,利用人类天然具有好奇心的本能,一下子把读者的注意力抓住。当然,悬念和疑问有所不同。疑问的结果一般是受众可以预料的,而悬念一般是受众不能预料的,甚至是完全与受众的认知倾向、心理期待相反的事实。疑问式标题是让受众到正文中寻找答案,而悬念式标题是让受众到正文中探究真相。

如某照相机的广告标题——"我是谁?"让消费者在猜测、思考之余记住了产品和品牌,相当吸引人。再如2015年大众点评推出的一则创意广告,标题为"我们之间就一个字"。广告文案内敛低调,且一直没有品牌出现。广告的每一页都由一个字带出一段耐人寻味的文案,来畅述朋友之间的情分,引发大众对友情这一话题的深度思考。直到最后一页,广告才呈现出品牌名称,引导大众在想念朋友的时候,何不用大众点评聚一下,衔接可谓自然巧妙,水到渠成。这则广告悬念十足,标题真正起到了画龙点睛的作用。

悬念式标题应注意如下两点:
(1)悬念不要设置得过于离奇。
(2)悬念不能只是激起读者的好奇心,在设置悬念时,应加上新的信息。

3.2.2.7 反问式标题

即采用反问的句式表明或暗示宣传重点,以感性或理性的诉求方式打动顾客,使顾客在思考之余感受到产品或服务的重要性,进而对其产生好感和购买兴趣。

如一则唇膏的广告标题——"谁会注意毫无生气的嘴唇呢?"在反问中展现了唇膏的重要特点,也表述了该产品带给顾客的功能利益。再如采幽私处沐浴露的一则广告标题——"手和脸都分开洗了,你的私密部位,还在用普通沐浴露吗?"标题通过一个简单的说理和类比,使顾客意识到,私密部位的清洁,确实需要专业的沐浴露进行呵护了。

但反问式标题要慎用,因为有时很容易让顾客产生误会,使其犹豫不决或心生反感。因此这类标题的写作应站在受众的角度观察问题,不能给受众造成强迫感。

3.2.2.8 比喻式标题

这类标题把所做广告的商品或服务比作某种事物或现象,以便于公众理解和接受。由于它生动活泼、具体形象,因此颇能深入人心并促进购买。

比喻式标题的典型词句一般是形容词或副词,像、如、仿佛等词常常贯入其中。如一则化妆品的广告标题——"深透沁润,如花绽放"。但在一些情况下也可省去以上诸词,同样能表达比喻之意。如Dior唇蜜的广告标题——"'鸡尾酒'随身携带",把唇蜜比作鸡尾酒一般香醇诱人。

但这种广告标题的创作要求喻体与本体之间要有相似性和可比性,这样才能使它产生诱人眼光的作用。否则,将会给人一种风马牛不相及的感觉,影响广告效果。

3.2.2.9 寓言式标题

寓言式标题与比喻式标题不同,比喻多借助具体、鲜明的形象来表达题意,而寓言多借助人本身的知识、修养等,对广告标题进行合理的想象与发挥。

如一则丛书的广告标题——"与书为友,天长地久",寓意书是人们永久的精神食粮,是读者永远的朋友。再如养生堂天然维生素C的广告标题——"口服心服,自然健康美白菁华",同样是一则寓言式的广告标题。养生堂维生素系列一直强调其"由内提升"女性魅力的特点,这则标题不仅表明了产品的服用特点,而且强调了产品的实际功效,寓意深刻。

3.2.2.10 联想式标题

联想式标题是指采用联想、想象的形式来对商品的特征、企业的观念等进行表现的广告标题。它可以运用联想价值,增加广告主体的附加价值。在广告中运用联想,可引起消费者的关注,延长广告在消费者头脑中的反映时间,并影响其情绪与行为。

联想可分为简单联想和复杂联想。简单联想是把具有类似特征的现象、时空上接近的事物或相对立的现象联系在一起,包括类似联想、接近联想、对比联想;复杂联想又称关系联想或意义联想,它是指由见到某种事物而联想到它的意义及它与其他事物的关系等。广告创作中既要运用简单联想,又不能仅仅停留在简单联想上。简单联想容易使广告作品雷同,而只有进入复杂联想,巧妙地找出事物间的深层联系,才能产生与众不同的效果。

如海飞丝男士强根护发洗发露的广告标题——"男人,专心做大事"。它将男人不为头屑、发根脆弱而困扰的问题,联想到男人应有的行为方式——专心做大事。男人成就大事,关乎事业,关乎家庭,必备强健根基,认真态度,坚定信念,拥有自信和魅力,不被小事所困扰。广告宣传效果显著。

好的联想可以帮助消费者记住广告内容,激发购买欲望。但在应用时要注意,联想应自然、准确、巧妙。这就要求广告人员必须准确了解目标市场、广告对象、商品特性以及社会文化因素等,正确应用联想这一表现方式,实现好的广告宣传效果。

【本章小结】

广告标题是广告文案乃至整个广告作品的总题目。它将广告中最重要、最诱人的信息进行富有创意性的表现,以吸引受众对广告的注意力;通过昭示广告信息中的最佳利益点,使他们继续关注正文。

广告语与广告标题很相近,经常被混为一体,但二者的差别还是很明显的,如二者的表现目的、表现信息、表现风格、表现位置、表现时限都不相同。

在广告标题的创作中,应遵循一定的原则,如点明主题、引人注意等。如若忽视或违背这些创作原则,就会走入写作的误区,不能创作出优秀有效的广告标题。

广告标题的本质属性就是促进商品销售。而评价一则广告标题的标准,不仅仅是创意优美,更重要的还是科学有效。

【案例分析】

新百伦于2016年推出一则创意广告,标题为"每一步都算数"——"事过境迁终于明白,人一生中每一个经历过的城市,都是相通的;每一个努力过的脚印,都是相连的。它一步一步带我到今天,成就今天的我。人生没有白走的路,每一步都算数。"

"情怀"让代言人李宗盛和新百伦的品牌调性糅合在一起。广告以李宗盛个人传记式的独白,平静地娓娓道来他平凡却精彩的一生。用一个人丰富的大半生来映射品牌元素,更能凸显文化积淀,也显得更加富有诚意。广告标题"每一步都算数",既体现了李宗盛成功背后的艰辛跋涉,又彰显了新百伦有着百年文化积淀的历史感,使消费者充分感知广告所传达的理念。在广告泛滥轰炸的时代,这一温暖而有力度的广告标题,直达消费者的内心。

【思考题】

1. 诱导顾客阅读正文是广告标题的本质属性吗？为什么？
2. 简述广告标题和广告语在表现目的、表现时限上的差别。
3. 简述广告标题的写作要点。

【延伸阅读】

1. 高海友,宋华,龚学刚.广告标题创作与赏析.吉林:北方妇女儿童出版社,2015.
2. 袁胜军.广告学.北京:人民邮电出版社,2015.

4 广告文案正文的写作

导言

本章学习目标

广告文案的主体部分是广告正文,它是承载广告信息的主体,如果说标题是"眉目传情",那么正文就应该"心腹相见"。通过本章的学习,了解广告文案的基本功能;能根据不同类产品的特征及在市场上的不同时期写出适当的文案;掌握文案的基本写作技巧;能写出诉求点明确、支持点坚实、号召力强的文案。

本章难点

广告文案如何合理安排信息量;正文如何支持标题;文案写作技巧的掌握。

课前导读

本章从文案的作用及写作要求为切入点,继而探讨了如何安排广告正文的信息量,然后较细致地研究了文案写作的技巧,最后用广告大师的写作经验给我们以有益的借鉴。整章结构由浅入深,便于学习和阅读,本章在编写中坚持写作理论和实际案例相结合,便于理解和借鉴。

正文是广告作品中承接标题,对广告信息进行展开说明,对诉求对象进行深入说服的语言或文字内容。广告文案的核心部分就是广告正文,它是承载广告信息的主体。虽然也有没有正文的广告,但那种情况极少。在大多数广告文案中,广告正文都是非常重要的组成部分。标题只能传达简单明了、容易理解的信息,或者引起诉求对象对广告的兴趣。完整的广告诉求,要靠正文完成。如果说标题是"眉目传情",那么,正文就是"心腹相见"。标题的承诺,在正文里要有落脚点;标题的疑问,要在正文里找到答案;标题的悬念,要在正文里水落石出。

从某种意义上说,广告标题只是引导受众阅读正文的中介,读者对广告标题的关注,引发了进一步阅读正文的浓厚兴趣,在他们读了正文中对广告产品或服务的详细陈述之后,对广告产品的性质、功能等有了全面而深刻的了解,就极有可能产生购买欲望。可见,广告正文是广告文案取得效果的主要因素。

4.1 广告文案正文写作概述

4.1.1 正文的功能

4.1.1.1 支持标题

正文承接标题的话语,并且给标题的承诺以有力的支持。正文的开头段落或语句是正文与标题之间的连接点,应该自然承接标题的话语,以继续保持诉求对象的兴趣。如果标题对受众做出了某种承诺,那么在正文中需要对承诺的具体内容进行说明,必要时还应引用具体材料,如证言、实例等对承诺的真实性和可信性进行证明。

如大卫·奥格威为波多黎各写的著名的招商广告,该广告的标题是"现在'波多黎各'对新工业提供百分之百的免税"。为了说明标题的内容,作者在正文的第一段写道:

为了提高"波多黎各"生活水准而做的一项戏剧性的邀请,本邦政府现在正提供美国制造厂如此压倒性的鼓励,因而已有 300 家以上的新工厂建立在这个距佛罗里达海岸 961 英里的充满阳光的海岛上了。

最大的鼓励政策是对绝大多数设在"波多黎各"新厂的制造商都给以百分之百的免税。

例如:假如你的公司今年在税后净赚 53500 美元,你如在"波多黎各"净利则会是 10 万美元,只因为联邦的所得税法不适用于"波多黎各",而一切地方捐税也一概全部免除。

一项对一家俄亥俄州公司最近的分析显示,由于税金的免除与经营费的节省,把新厂设在"波多黎各"将把他全年的净利从 187000 美元增至 442000 美元。

在"波多黎各"公司中,你的股息如得到 5 万美元,而你在美国是净得 25000 美元——因为联邦个人所得税法也不适用于此地。

这段正文以用事实说理的方法承接标题的话语,把波多黎各招商的高招——免除所得税、地方捐税、个人所得税等优惠政策交代得一清二楚。还有什么比"不交税光赚钱"更吸引实业家们呢？通过正文让人感到标题不虚不枉，给正文有力的支撑，该文案给波多黎各带来许多新工业。

我们再看下面两篇广告文案：

少林素食，帝王钟情

据传说，唐太宗李世民赐少林寺僧人可以不戒酒肉。然而，世间的帝王不能改变佛家的戒律。聪明的少林僧人为了既不违背圣旨，又能严守戒律，于是将菜肴烹制成近似于荤菜的形色香味，并以荤菜取名。那一道道鱼虾鸡鸭，足以让食客真假难辨。

少林寺地处嵩山，深山中有许多珍奇异草，历代少林僧人在山中习武练功时，常常将它们采回来食用，年长日久发现这些异草不仅能使人筋骨强健，更有祛病除湿抗衰老的保健作用。据考证，历代来嵩山的帝王百官、文士墨客，都不忘来少林寺一品少林素斋。其中最有代表的要数武则天，几次来嵩山，对少林素斋情有独钟。

少林素斋馆位于少林寺内，欢迎品尝神奇的少林素斋文化。

该文案的标题是"少林素食，帝王钟情"，正文里讲到历代帝王，并且具体讲到武则天几次来嵩山，对少林素食情有独钟，与标题相呼应。

26 分贝，一个可能留到下世纪的静音纪录

创纪录的时刻，总能赢来全场的欢呼，但有一项纪录的诞生，却是悄然无声。

26 分贝！看似简单的数字，但却昭示着海尔人追求卓越的历程：从压缩机的更替，蒸发器的革新，到各种新技术的引进和严密的管理……海尔空调（小状元KFR—36GW）静音指标一降再降，每一项纪录都是在创造和突破中进步。

从此，海尔空调跨入更新"静"界，带动空调技术全面升级。

在该文案的标题"26 分贝，一个可能留到下世纪的静音纪录"中，作者运用了一个专业名词"分贝"，同时运用了让人激动的词"纪录"，激起了人们的好奇心，打开了期待的视野。正文一开始就紧扣"纪录"做文章。无论是体育比赛，还是其他的竞争项目，只要创纪录，总会满场沸腾，热闹非凡，这是常理。但该文案话锋一转，"但有一项纪录的诞生，却是悄然无声"，一下子又让人疑惑不解，为什么呢？再一次引起受众的好奇。在第二段中给出了答案，顺理成章，很好地与标题相呼应。

4.1.1.2 完整传达信息，进行深度诉求

正文传达完整的广告信息，并且进行必要的解释，广告的理性说服或者情感沟通，主要在正文中展开。如果标题已经发挥了吸引注意、唤起兴趣和产生欲望的作用，消费者就准备进一步了解该商品或服务。广告正文必须直接从标题的手中"接棒"。它可以强调该商品所能提供的利益，它必须诉诸消费者某些基本需求和欲望，并应说明该商品或服务将如何满足他们的要求。正文的写作务必从消费者本身利益的角度出发，精确地描述商品，切忌枯燥乏味，要以生动的文笔表现商品的优点。

捉老鼠与投篮

猫在捉老鼠的时候，奔跑，急行，回转，跃扑，直到捉到老鼠的整个过程，竟是如

此灵活敏捷,这与它的内垫脚掌有密切的关系。

　　同样,一位杰出的篮球运动员,能够美妙地演出冲刺、切入、急停、转身、跳投到进球的连续动作,这除了个人的体力和训练外,一双理想的篮球鞋,是必不可少的。

　　新推出的阿迪达斯两色底皮面超级篮球鞋,即刻就获得喜爱篮球运动人士的赞美。

　　因为,它有独创交叉缝式鞋底沟纹,冲刺、急停时不会滑倒。

　　因为,它有七层不同材料砌成的鞋底,弹性好,能缓解与地面的撞击。

　　因为,它有特殊功能的圆形吸盘,可密切配合急停、转身、跳投。

　　因为,它有弯曲自如的鞋头和穿孔透气的鞋面,能避免脚趾摩擦积压,维护鞋内脚部温度,久穿不会疲劳。

该文案的标题非常新颖,把猫的行为和人的行为连在一起,激起人们的好奇心,受众不禁要问:"猫捉老鼠和人投篮有联系吗？有何联系？"于是产生了欲知究竟的心理。正文抓住受众的心理,形象地描述了猫捉老鼠的过程。猫之所以能灵活地捉到老鼠,与它的内垫脚掌有密切联系。文案采用类比的手法,一位杰出的篮球运动员要想完成漂亮的投篮,也与脚上的鞋有密切的关系。写到此,再一次激起人们的好奇心,受众又产生了新的疑问:"运动员穿上什么运动鞋才能像猫那样灵活敏捷呢？"两次好奇心的激起,两个疑问的产生,受众的期待已经非常强烈。这时候,很自然地推出了要宣传的商品——阿迪达斯两色底皮面超级篮球鞋。受众又要问:"阿迪达斯好在哪里？有何理由让我购买它？难道穿上它就会像猫一样灵活敏捷？"这个问题必须回答,如果不认真回答,受众是不会购买它的,因为没有让人购买的理由。接下来文案就对所要宣传的商品进行深度诉求,充分展示商品的优势——

　　因为,它有独创交叉缝式鞋底沟纹,冲刺、急停时不会滑倒。

　　因为,它有七层不同材料砌成的鞋底,弹性好,能缓解与地面的撞击。

　　因为,它有特殊功能的圆形吸盘,可密切配合急停、转身、跳投。

　　因为,它有弯曲自如的鞋头和穿孔透气的鞋面,能避免脚趾摩擦积压,维护鞋内脚部温度,久穿不会疲劳。

有了这四个理由,让人对商品的优势信而不疑,桃李不言下自成蹊,岂有不购买的道理？

该文案将感性诉求和理性诉求有机地结合起来,用生动的标题,激起人们的好奇心,正文跟进对波诡云谲的标题进行理性解释。按照"猫能捉到老鼠是因为有厚实而富有弹性的内垫脚掌——篮球运动员投篮动作和猫捉老鼠的动作极为相似,但可惜人没有像猫一样的内垫脚掌——怎么办？——阿迪达斯两色底皮面超级篮球鞋能解决这个问题——何以见得？——因为……因为……因为……因为……"的逻辑顺序进行深度诉求。感性和理性相结合,既生动有趣,又严谨理智。

4.1.1.3 展现风格和营造氛围

广告中的每一创意都要求特定的风格和氛围,标题可以奠定广告风格的基调,而风格的完整呈现和氛围的营造,主要通过正文完成。请看雀巢金牌咖啡电视广告文案:

　　"妙极了,这儿有我最喜欢的三种东西。"

　　"是什么？"

　　"柔和的烛光。"

"好浪漫。"
"金牌雀巢咖啡。"
"只有它能与此相配。"
"最后一个?"
"……最后一个?"
"与你如此亲密共处。"
金色烘烤咖啡豆,更加浓郁,更加爽口。
雀巢金牌咖啡。

咖啡本身就有丰富的浪漫元素,广告文案紧密结合产品的特点,向受众传递的核心信息就是"雀巢金牌咖啡代表消费者喜爱的浪漫氛围",通过浪漫场景中的男女对话,又通过"这儿有我最喜欢的三种东西""只有它能与此相配"的消费号召,把浪漫情调营造得淋漓尽致。尽管没有直说"喝咖啡如何如何好",但营造出的浪漫情调,足以让人驻足。

4.1.1.4 培养购买欲望和行动号召

标题侧重于引起受众的注意和兴趣,正文则更深入一层,通过更为具体的信息和所采用的说服手段,诱导诉求对象采取行动。在企业和品牌形象广告中培养诉求对象的信任感,在产品广告中培养诉求对象的购买欲望,并号召诉求对象采取购买行动。

(正标题)慷慨的旧货换新
(副标题)带来你的太太,只要几块钱,我们将给你一位新的女人
(正文)为什么你欺骗自己,认为你买不起最新的与最好的东西?
在奥尔巴克百货公司,你不必为买美丽的东西而付高价。
有无数种衣物供你选择——一切全新,一切使你兴奋。
现在就把你的太太带给我们,我们会把她换成可爱的新女人——仅花几块钱而已。这将是你有生以来最轻松愉快的付款。
(广告语)做千百万的生意,赚几分钱的利润。
(随文)奥尔巴克 纽渥克 海耳塞市场,第34街帝国大厦对面。

这则文案是广告大师威廉·伯恩巴克为奥尔巴克写的平面广告《慷慨的旧货换新》,把奥尔巴克百货公司廉价的特征幽默地呈现给消费者,同时又不会给人以低档次的感觉。作者将诉求对象定为男人,由于其独特的构思和虽有些夸张但又不失真实的内容,引起受众极大的兴趣。文案抓住诉求对象的心理:想让自己的太太漂亮,为自己挣足面子,但又不愿意多花钱或者自己没有更多的钱。于是,文案针对这种实实在在但又不轻易说出口的男人心里,提出了强有力的行为号召——"到奥尔巴克百货去!"奥尔巴克既能让太太漂亮又少花钱,男人何乐而不为呢?

4.1.2 正文的诉求要求

4.1.2.1 解说详情,条理清晰

受众从广告标题或广告语中所激起的"期待视野"要在正文中获得满足,求取消解,得悉详情。我们就要借正文,陈词细述,提供最翔实、最有效的信息量。介绍得越详细、越明晰,

读者的兴趣和好奇才能得到巩固和升华,广告效果也越得以发挥。世界广告巨擘大卫·奥格威对广告文案的正文写作有这样的忠告:"你若是在为一种有各种特征需要加以介绍的产品做广告,那就写长文案,你介绍得越详细,销售量也就越多。"很显然,这里说的"长文",就是文案中的正文。但是,详细不是烦琐,不是啰唆重叠。详,指信息量的丰富;细,指条理明晰。不要卖弄文字而喧宾夺主,更应避免逻辑混乱,不可令读者望而生烦。

4.1.2.2 突出重点,照应标题

广告正文中要强调的重点,就是产品最重要的"销售点"。为避免在创作中陷于盲目摸索的困境,在创作前,首先要进行深入细致的市场调查,充分了解消费者的需求。在写作前可将商品的有关材料(如材质、色彩、设计、式样、时尚、坚固程度、大小、价格、用途、独特优点、价格、售卖条件)罗列出来,同时也把该商品可使潜在消费者获得哪些方面的满足(如彰显尊贵、提高身份、更为舒适、增进仪表、个人声望、情感需求、安全可靠)罗列出来,然后进行对照研判,寻找两者的相符之处,作为广告正文所要强调的"销售点"的依据。例如商品是衣料,商品的特点有一项"柔滑、无刺激感",正好配上消费者的需求"更为舒适",写作者便可据此建立"诉求"的基础,对促进销售会产生良好的效果。有时通过比照研判不止一个销售点,但并非每点都具有同等重要性,要根据市场调查的情况,选择最接近消费者的"销售点",给予特别的强调。

正文容量大,信息多,但并不等于平铺直叙,现象罗列,平均使用笔墨。应该突出重点,主题鲜明,尤其与标题相呼应。标题中的神来之笔,在正文中要有落脚点,令人信而不疑;标题中的承诺,在正文中应该让受众感到可靠,承诺不妄不虚,坚定读者的信念。

4.1.2.3 用词生动,简约易懂

正文以文字感人。广告正文不仅要辞藻优美,通畅流利,更重要的是语意准确,注意表达的准确性。在写作时,选取与广告对象相适应的语言,使不同层次的消费者产生认同感。如儿童广告,应形象活泼,易传易唱;对文化程度低的消费者,应通俗易懂,清晰明白;对专业人士可使用专业的名词术语,显得严谨准确。另外,在广告中多用主动句,少用抽象的词汇,在措辞上尽可能以具体数字代替抽象数字。

总之,广告是人们在"无意注意"的情况下看到的,因此,语言一定要生动形象,不能艰涩枯燥;广告是一种大众文化,面对的是"大众",因此,要简单易懂,一次阅读到位,并形成印象。

4.1.2.4 结合产品类的特征,及在市场上的不同时期

广告要根据所宣传的产品进行写作。高科技产品应严谨、周密;休闲娱乐类产品应贴近口语;刚上市,人们不熟悉的产品应详细介绍;人们熟悉的产品,不必进行详细介绍,可根据广告目的进行善意的提醒。

不同类型的产品,其文案写作表现出巨大的差异性。请看下面两则广告文案:

恺撒大饭店

上班、下班,这样的生活好像少那么一点点刺激,一点点兴奋!结伴参加"恺撒"的黄金假期,在清澈碧透的游泳池里,与家人大打水仗;在牛羊成群的山坡上,与三五好友大字一躺无比逍遥;在海边,成堆的沙包,建构着每个人对家的想象;在

蜿蜒的山路上,彼此追逐着,爽朗的笑声不绝于耳……当然,"恺撒"有的可不只这些!不过通常到了这里,大多的客人,不是陶醉在全家福的欢乐中,就是徜徉在三剑客的世界里而没有太多的时间。

全新 Contura 410
表现八面玲珑,助您八面威风

无论地处何方,如果身边总有部八面玲珑、挥洒自如的笔记本电脑相辅佐,必然让您无往不利。而功能完备、表现超群的全新 Contura 410 正是您梦寐以求的工作良伴。

它的人性化机身设计概念,充分体现在其提手、内置轨迹球及键盘等细节上,处处使您感到作为主人的从容洒脱。而其卓越功能,则更显英雄本色。它采用高效能的 586DX2/50 处理器,硬盘容量有高达 250MB 及 350MB 两种选择,还有便于扩展的 PCMCIA 插槽,满足您不断增加的需求。Local Bus 局部总线图形显示高达 4.4 百万 winMarks 清晰明鉴;更兼有不同显示界面的真彩色(TFT)或伪彩色(STN)选择,倍添工作效率。为配合未来科技发展,Contura 410 特设有升级功能,并且耗电量降至最低,再加上三年保修服务,如此出众品质,魅力怎能抵挡?

以上两则文案,第一个表现的是恺撒大饭店,一家集旅游、观光、休闲于一身的饭店。因此,文案充分配合饭店自身的特点,用轻松、自由自在、惬意的语言进行写作,文案的风格非常悠闲、放松。第二则文案针对的产品是康柏笔记本电脑,是高科技产品,人们在购买的时候要经过深思熟虑,要考虑它的诸多指标,因此文案使用了许多数字,并用一些专业的名词术语,充分配合高科技产品严谨、科学的特点。

同类产品,在市场上的不同时期,其文案表现也有巨大的差异性。请看下面两则广告文案:

"舒味思"的人来到此地

引见从英国伦敦"舒味思"厂派出的特使,制造师爱德华·惠特海。"舒味思"厂自1874年起即为伦敦的一大企业。制造师惠特海来到美国各州,是确查在此地所煮的每一滴"舒味思"奎宁柠檬水是否都具有本地厂所独具的口味。这种口味是长久以来由"舒味思"厂制作的全世界唯一杜松子酒及滋补品的混合物。

他带来了"舒味思"所独创的柠檬醇剂,而"舒味思"碳化的秘方就锁在他的小公事提箱里。"从头至尾具有毫厘不差地地道道的'舒味思'制法。"

"舒味思"历经百余年之经验,才把它的奎宁柠檬水造成现在这种半甜半苦的完美境地。但你把它和杜松子酒及冰块混合在高脚杯中却只需30秒钟的时间。然后,高雅的读者们,您将会赞美您读过这些文字的这一天。

附言:你如果喜欢这篇文字而没有喝过"舒味思",请以明信片通知,我们即做适当的安排。

函寄:……

恋爱不再是遥不可及的梦想

爱与被爱都需要付出：
从一点一点的接触中，我们逐渐懂得如何相处；
不过，不要轻言放弃，
拥有智慧，成人的世界里依然可以尽享生活的况味。
历久弥新(OLD IN NEW)
山多利老牌威士忌散发新的风韵；
年轮叠积的甘醇，原酒滴聚的菁华，
山多利老牌威士忌入喉更加温润。
新的老面孔，新的出发。

以上两则文案同样是宣传酒的，但内容的表达却截然不同。第一则文案是广告大师大卫·奥格威为总部设在伦敦的"舒味思"柠檬水厂的美国分部做的平面广告，针对舒味思奎宁柠檬水上市美国市场所写。对美国消费者来说，这种产品是新的，他们不了解，因此文案尽可能详细、周全，将酒厂的历史、酒的配方、酒的味道、饮用方法等非常详细地介绍给消费者。第二则文案宣传的是山多利老牌威士忌。这是一款日本的老品牌酒，是家喻户晓的一种酒，在二十世纪七八十年代的时候，有极高的市场占有率。只是最近几年由于同质化产品的增多，它的市场占有率出现了下滑。该文案结合产品在市场上的周期，没有进行详细的介绍，而是采用诗化的语言对消费者进行消费提醒，让当年曾"钟情"该种酒的消费者，继续"钟情"它。

4.2 正文的写作方法

4.2.1 正文的内容

广告可能面临各种各样的任务，但要写入正文的内容，不要脱离以下几个层次。

4.2.1.1 诉求重点

诉求重点是广告的核心信息，也是正文最基本的内容，俗称为"卖点"。在企业形象广告中，诉求重点常常是企业的优势或业绩；在品牌形象广告中，诉求重点集中于品牌特性；在产品广告中，诉求重点集中于产品或服务的特性和对消费者的利益承诺；在促销广告中，诉求重点是更具体的优惠、赠品等信息。

4.2.1.2 诉求重点的支持点或深入解释

为了使诉求重点更容易理解、更令人信服，正文需要提供更丰富的信息作为佐证，或者对诉求重点进行解释。在形象广告中，诉求重点需要历史、长期经验、消费者认同、以往业绩等信息作为佐证；在产品广告中，利益承诺需要以产品特性做支持点；在促销广告中，优惠、赠品之类的诉求需要更具体的描述以增加吸引力。如果广告目的不在于传达具体信息而在于情感沟通，情感性的内容也需要深入展开，以增强感染力。

4.2.1.3 行动号召

行动号召可直接表露,也可委婉表达。广告文案中是否需要行动号召,视广告目的而定。直接促销的广告,正文需要明确地号召购买、号召使用、号召参与。如果广告的目的是树立品牌形象或者是树立组织形象,则不需要明确的行动号召,只要树立起清晰完美品牌形象和组织形象,消费者一定会做出自己的选择。

我们通过以下案例,分析文案正文内容各要素及它们的衔接。

哥伦比亚咖啡,世界最浓的咖啡?

哥伦比亚安第斯山的高原是世界最香醇咖啡生长和收获的地方。

为什么哥伦比亚咖啡如此妙不可言?

是那肥沃的火山土壤,终年温和的气候,充足的雨水和温暖的阳光,使这里的自然条件得天独厚。富有经验的农民只选择那些最新鲜,气味最香的咖啡豆,他们用传统的手工法采摘咖啡豆。然后,他们将采下的最上乘的咖啡豆在清凉的山泉中清洗,在温暖的阳光下晾晒,他们要检查咖啡豆是否颗粒均匀。

这些超级咖啡豆经烘制后更加完美。然后,他们把咖啡豆运往世界各地的市场。咖啡树五年才能结果,但您无须等待五年的时光,因为哥伦比亚咖啡现在在中国的各大商店和餐馆中均有销售。

请选用真正的哥伦比亚咖啡豆制成的咖啡。当您第一口品尝它那浓郁的芳香时,别忘了哥伦比亚的农民。他们在和暖的阳光下在安第斯高原的土地上辛勤劳作。正是他们的劳作,使您能享受到世界上最香醇的咖啡——哥伦比亚咖啡。

咖啡是一种对环境非常挑剔的植物,它喜热怕冷却不耐阳光暴晒,受得住雨水却经不起罡风吹拂,还喜欢营养丰富的腐殖质土。所以最适宜咖啡生长的地方莫过于终年雾霭蒙蒙、年平均气温不低于20摄氏度、年降雨量不低于1200毫米的背阴山坡。于是,地处南北回归线之间的宽广地带成了咖啡最好的家园。哥伦比亚咖啡是少数冠以国名在世界上出售的原味咖啡之一。哥伦比亚中部被南北纵贯的三条山脉分割成数块谷地,其中中央和东边的山脉正是咖啡的主要产区。文案根据咖啡的特点,合理安排文案内容。

诉求重点——"哥伦比亚咖啡,世界最浓的咖啡"。为什么?有何理由让人信服?来看它的诉求重点的支持点——"是那肥沃的火山土壤,终年温和的气候,充足的雨水和温暖的阳光,使这里的自然条件得天独厚。富有经验的农民只选择那些最新鲜,气味最香的咖啡豆,他们用传统的手工法采摘咖啡豆。然后,他们将采下的最上乘的咖啡豆在清凉的山泉中清洗,在温暖的阳光下晾晒,他们要检查咖啡豆是否颗粒均匀。"

行为号召——"咖啡树五年才能结果,但您无须等待五年的时光,因为哥伦比亚咖啡现在在中国的各大商店和餐馆中均有销售。""请选用真正的哥伦比亚咖啡豆制成的咖啡。"

文案的诉求重点在标题里提出来,正文从自然条件和采摘炮制两个方面对诉求重点进行支持。咖啡的生长需要独特的自然条件,包括纬度、温度、湿度、土壤等。高品质的咖啡豆,除了自然种植条件之外,采摘炮制也是非常重要的,二者缺一不可。诉求重点的支持点正是从这两方面展开的,这两方面正是造就优质咖啡不可或缺的。文案的最后还不忘赞美辛勤劳作的哥伦比亚农民,使文案充满温馨浪漫。

我们再看沃尔沃(VOLVO)汽车进入中国市场的报纸广告文案：

放心，VOLVO 汽车已来到中国

满载生机勃勃的荣誉，携带近70年的安全设计史，今天 VOLVO 汽车已来到中国，以其珍惜生命便是财富，热爱生活，勇于挑战的豪气，准备驶入您的生活。

这是一部令您放心的车，入乡随俗，特别针对中国道路行驶而制造。它不仅安全可靠，性能卓越，更巧妙地将安全性能与汽车动力完美结合，助您在人生路上安心驰骋。VOLVO 汽车的外观大方，安稳轻松地为您增添风采。每一部驶入中国大地的 VOLVO 汽车，都将享有瑞典 VOLVO 汽车公司所建立的服务档案，完善的维修网络为您提供原厂零配件与高质量的售后服务。现在尽可以放心了。

这篇文案是瑞典 VOLVO 汽车在中国的入市广告之一。一般来说，入市广告首要目标是打响品牌知名度，并给潜在顾客留下一定的品牌印象。它的诉求重点不在于某一具体型号汽车的具体功能特性及其相关利益承诺，而在于一个清晰的品牌印象。在这篇广告文案中，VOLVO 品牌名称先后重复了五次，目的很明确，就是让人记住。这篇文案的诉求重点就是"放心"二字。"放心"其实有两层意义，表面意思是指现在中国人可以放心了，因为大家盼望已久、世界著名的 VOLVO 汽车已来到中国，有机会使用了，请放心；另一层含义就是"这是一部令您放心的车"，VOLVO 汽车要给人"放心"的印象，是值得信赖的朋友。而诉求重点的支持点就是：入乡随俗，特别针对中国道路行驶而制造，安全可靠；性能卓越，更巧妙地将安全性能与汽车动力完美结合；VOLVO 汽车的外观大方、安稳轻松。汽车是高风险产品，同时也是高科技产品，人们在购买的时候一定会考虑售后保障。因此，该文案的行动号召就是："每一部驶入中国大地的 VOLVO 汽车，都将享有瑞典 VOLVO 汽车公司所建立的服务档案，完善的维修网络为您提供原厂零配件与高质量的售后服务。现在尽可以放心了。"

4.2.2 正文的信息量

正文要提供完整信息，进行深度诉求。正文的信息主要在诉求重点、支持点、行动号召三个层次上展开。但我们会看到，在不同的广告文案中，正文的信息量会有很大的差别，有的广告文案非常详细地介绍商品的方方面面，给受众具体明确的商品信息；有的广告文案则描述产品的印象，不提供具体的信息；有的向受众讲述一个完整的故事，商品的特性不具体讲述。正文提供完整的信息，只是要把一个诉求重点讲完整、说清楚，让诉求对象能够明白，并不等于提供大量的硬性信息。至于正文要围绕一个诉求重点提供多少具体的硬性信息，则由产品的生命周期、广告目标、诉求重点的复杂程度决定，在此基础上合理取舍、集中笔墨、突出重点。

那么，正文的信息量如何决定呢？正文的信息量大致有三种情况。

4.2.2.1 围绕一个诉求重点，以丰富信息建立认知

(1)需要技术、功能等多方面信息才能建立起消费者认知的复杂新产品。对于一些高科技的产品、性能复杂的产品、消费者陌生的产品，在写作广告文案时，要不厌其详，介绍得越详细，消费者越满意。

(2)诉求对象需要深入了解才能决定购买的产品或服务。一般来说风险性高的产品，风

险可以有多种,有安全方面的风险、财产方面的风险、机会方面的风险。对于一些消费者不了解并且高风险的产品,如汽车、住房、家用电器、电脑、保险、旅游等,要进行详细的解说,向消费者提供详尽的信息。

(3)诉求对象缺乏了解的企业、产品。在产品的导入期,消费者对产品缺乏了解,为了使消费者尽快了解产品,并采取行动,就需要对产品进行详细介绍,用丰富的信息,建立消费者对它的认知。

请看下面这则杜邦Tyvek纸张杂志广告文案:

(引题)非常非常轻

(主题)强化最最重要的海报信息

(副题)Tyvek却拥有最轻的质感

　　　Tyvek印刷的招牌和布旗最能将创意发挥得淋漓尽致

(正文)Tyvek是杜邦公司所研发成功的一种革命性材质,特别适合作为海报、布旗和户外看板。它非常特殊,轻得难以想象,处理和设计都十分简易,而且坚韧、抗撕裂、防水且耐用持久。更棒的是,Tyvek的高科技加工处理还能帮助您展现质感高级与色彩鲜明的不凡印刷效果。

这则广告的诉求重点是"一种革命性材质",标题选择了最突出的产品特性——质感之轻,正文围绕这一诉求重点,从用途、处理和安装、坚韧防水的特点、卓越的印刷效果等方面对革命性做了全面介绍。

再看新加坡克拉码头的旅游广告文案:

在我们的古老店铺里,却拥有世界最新奇的事物

在克拉码头,古老的不只是店铺。这里的一切都散发着同样古老的气息。早在两百年前,这个地方已经一片繁华。在那个年头,所谓的美芝路还是一块沙滩,所谓的莱佛士,还是一个实实在在的人,而不是酒店的名字。现在,这群古老的货仓摇身一变,成了一间间别具一格的店铺。这里店铺可真不少,走过了餐馆,就是店铺,走过了酒廊,又是店铺,走过了游乐场,依然还是店铺。

对了,就是这些店铺

这里足足有176间各式各样的新奇店铺,对于那些已经厌烦了寻常无趣的购物中心的人士,总可以在这里找到一些惊喜。首先,这里有的是服装,在我们的时装店里,您一定能找到目前时尚的服装。如果您找不到所要的款式,最大的可能就是这种款式已经不再流行。Coco Chanel就说过这么一句意味深长的话,"时装总会过时的",不是吗?

佩佩戴戴的奇特饰物

如果您想让自己装扮得更精致高雅,只需遵守一条简单的规则,那就是:随意试戴所有的饰物,站在镜子前看个清楚,直到完全称心如意再来结账就是了。

克拉码头有古意十足的项链,更有以珍贵金属制作、现代风格浓烈的精品。这里有适合各个年龄人士的手表,还有充满民族气息的饰物,任您挑选。还不满足吗?好吧,为什么不看看最最新奇的立体影像首饰呢?

这类首饰可望而不可即？没这回事，它们将成为您身上最漂亮的点缀。

美化您的家居

您也可以在这里找到所需要的任何家庭用品，无论是美观实用的，或者是纯粹用于装饰的，总之，应有尽有。这里有最新式的电子设备、音响以及录像产品，您甚至可能找到一些适合在睡房中使用的物品（别想歪了，我们说的是闹钟）。

好东西多得是，还有用最佳品质的布料定制的服装、令人赞叹的雕塑品，以及满墙的旧海报、新海报、图画和镜子。

可别忘了孩子那一份

如果您一时把孩子给忘了，当您找到他们时，他们或许正在忙着射击外星人和捶打小怪物（还好，这只是游戏机罢了）。

带孩子们到克拉码头逛逛吧，这里有几间纯粹售卖儿童服装的店铺，只要几分钟，您就可以将他们装扮成英俊的宇宙英雄，足以和外星人一决胜负。

河上的旧物

克拉码头甚至还有一些售卖古董的古老店铺，所卖的东西有钓鱼的浮台，也有古老的宣传海报，你只要细心寻找就必有所获。如果能够在一百年后再来到这个地方，您或许还能找到一张克拉码头的旧广告，说着购物大码头的陈年往事。

前往的方式也有无穷乐趣

星期一至星期三我们的店铺由中午开放至晚上9点半，星期四至星期天则延长至晚上10点半。此外，每日上午11点半至下午4点（星期天除外），如果您持有任何一间商店或餐馆所签发的固本，即可免费停车。我们亦备有河上的士，每日朝11时到晚11时，每10分钟一趟，由莱佛士坊地铁站（渣打银行出口）出发。虽然它们的外表是古老了些，但别担心，河上的士可是我们的最新创举。

（广告语）知的多，该知的还要更多。

这是新加坡克拉码头的旅游广告文案。旅游，特别是境外游，旅游者会有种种顾虑，旅游目的地是否安全，价格如何，景点能提供哪些旅游项目，交通是否方便，等等。因此，旅游广告就需要向消费者提供详细的旅游信息。该文案从古老而新奇的店铺、可购买到美化家居的用品、也可买到奇奇特特的小饰物、还有专卖儿童用品的店铺、河上的旧物、前往的方式也独有情趣六个方面对克拉码头进行了全面的介绍，充分满足旅游者需要丰富信息的心理需求。

4.2.2.2 围绕一个信息的完整说服

（1）复杂程度不高、功能简单、容易了解、消费者并不陌生的新产品。有些产品虽然是新的，但不复杂，如新的化妆品、洗涤用品、美容服务等，消费者对这一类产品并不陌生，广告文案就可以围绕该产品的某一突出特点（卖点）进行诉求，不宜面面俱到详细解说。

（2）诉求对象已有一定了解的企业，广告可以适时、适地地针对不同的诉求对象，选择一个突出特性或者利益进行说服，无须提供大量的硬性信息。

（3）诉求对象关心点集中，不需要大量信息就可以购买的产品或服务。如日用消费品，风险性不高,消费者也不陌生,不需要用大量的硬性信息对产品进行详细介绍,只用突出产品的优势就可以了。

请看下面这则 Diploma 奶粉平面广告文案:(广告画面为一只纽扣和一个扣眼)

试图使他们相会?

亲爱的扣眼:

你好,我是纽扣。

你记得我们已经有多久没在一起了?

尽管每天都能见到你的倩影,

但肥嘟嘟的肚皮横亘在你我之间,

让我们犹如牛郎与织女般的不幸。

不过在此告诉你一个好消息,

主人决定极力促使我们的相聚。

相信主人在食用 Diploma 脱脂奶粉后,

我们不久就可以天长地久,永不分离。

人们对奶粉不陌生,因此文案没必要对奶粉的性质、作用、食用方法、成分构成进行介绍。所以,该文案就针对"Diploma 是脱脂奶粉,食用之后不发胖"这一产品特性进行诉求,采用拟人化的手法,诙谐有趣,受众莞尔一笑,记住了 Diploma 脱脂奶粉。

4.2.2.3 很少硬性信息的正文

(1)旨在建立消费者对品牌的印象。有些广告的目的是为了建立品牌的形象,这类广告就不需要硬性信息,广告要围绕创意。

爱迪达新郎

这一对新人,在步入礼堂之前,还在继续一点不伤喜气的小争执。新娘看见穿上"爱迪达"套装的新郎,显得特帅,又有朝气,令她更加爱恋。但她,嘴巴上却不认输地说:"哪有结婚不穿西服的人?"

新郎知道她口是心非,就狡猾地说:"好吧,如果你觉得不好看,我马上就去换西装。"

新娘有点紧张地拉着他说:"但是……"这时,结婚的进行曲响起了……

"好了,好了,我们进去吧。"说着,新郎轻轻地按了她一下,他们踏着庄严的音乐,迎向祝福的掌声,步入礼堂。

"哈哈,爱迪达新郎!"有个小家伙叫起来了,同时其他来宾也叫起来了,他们一方面感到新鲜,一方面觉得好奇,因此,爱迪达新郎这个新名词,此起彼落,变成了一句赞美词。

退出礼堂,回到小房间,新娘撒娇地投入新郎的怀抱,轻轻地捶着新郎说:"讨厌,你这个爱迪达新郎,抢尽了人家的风头!"

根据广告战略和广告创意,本广告的目的是建立爱迪达的品牌形象——休闲活泼而不失庄重典雅。鉴于此,广告文案没有就它的材质、做工等做深入的诉求,而是通过婚礼场面、新郎、新娘、来宾的对话,在轻松的场景中,爱迪达的品牌形象深深烙在消费者的脑海中。

(2)旨在对消费者进行消费提醒。对于消费者有一定了解或者有一定品牌知名度的产品,适时、适地地进行消费提醒,其实就是"刷存在感"。

ATT 直拨美国中文台 10180

  过年是返乡回家的时候,无论多远都要想方设法全家团聚。

  过年是惦记亲友的时候,无论多难都要穿越千里互诉衷肠。

  合家团圆的时候,总是特别思念远隔重洋的游子,想知道他们是不是在吃团圆饭。所以无论如何,过年,一定要把思念送到他们的身边。

  如果你的亲友远在美国,请即时接通美国中文台 10180。因为只要一声真情的问候,远在美国的亲友就能分享到全家团圆的喜悦。每当思念在美国的亲友,随时随地,用任何程控电话接通直播美国中文台 10180,千里情谊为你联系。

  (广告语)千里情谊一线相牵。

ATT 直拨美国中文台 10180,在我国已经有好长时间了,一些消费者,特别是有亲朋在美国的消费者,对它并不陌生。中华民族是一个重亲情的民族,我们常说"每逢佳节倍思亲",该广告发布的时间是在春节之前,旨在进行消费提醒。

4.2.3 正文的结构

4.2.3.1 开端

  开端又称引子、引言,位于标题之后,正文的起始,可以是一句话,也可以是一段话。它在标题和正文之间起承上启下的作用,在文字上做到既能衔接标题,又能为后文的展开扼要地提出问题。由于消费者看广告正文首先接触的是正文开端,因此,它处于最先被阅读者阅读的位置,在正文写作中占有重要地位。能不能吸引读者把全文读完,很大程度上是依靠出色的、使人不能不继续读下去的开端。开端的写作应注意:

(1)文字生动精炼,要有感染力和吸引力,必须引人入胜。

(2)不能追求奇、异、僻。

  正文的开头可用承题式,即承接标题信息,并将之进行放大;描写式,即以生动的语言和文学性手法对事物进行描绘,还可以通过具体情景的描绘,给文案创造一种氛围;设问式,即提出问题,并引出一种回答,这种方式能很快激起目标消费者的阅读兴趣;总括式,即以总结的口吻、全局的眼光,对事物进行介绍或者以概括性的语言说明产品或企业的整体水平,先给受众以总体的印象;比喻起兴式,即以艺术、文学的比喻手法引发两种事物的联系,进而指向所要介绍的对象;悬念式,即以制造悬念为手段,以引起受众探究真相或结局的兴趣,而后进行解释;新闻式,即借鉴新闻消息的开头方法,突出新颖的信息。

  正文的开头方法很多,还有吁请式、因由式、烘托气氛式、叙事式等。

4.2.3.2 主体

  主体是正文的核心部分,是开端的延伸和展开,要回答或说明标题、开端中所提出的问题。相对于开端而言,主体写作时既不能和标题、开端相重复,又不能和标题、开端相脱节,是整个广告文案的主要部分。广告主题的体现、读者"期待视野"的满足,都将在主体部分完成。其任务是根据广告的主题,突出产品或服务的特性及优势,用有说服力的证据或丰富的信息,对产品或服务进行详细的解说或展示。这部分要按照说明问题的复杂与否及文字结构的特点,可以整段,也可以分成几个段落写作。

4.2.3.3 结尾

结尾是正文的结束部分,或称结语,它可以是正文的最后一段,也可以是最后一句。其作用是以最精练的语句再次点明商品独具的特点,促使人们采取购买行动。广告正文一般都有结束语,但也有少数广告是没有结尾的,即主体部分已把该说的都说清楚了,无须画蛇添足,也可自然收结。如宋万里《诚斋诗话》:"诗已尽而味方永,乃善之善也。"

我们根据一则广告文案,分析一下开端、主体、结尾的衔接。

在地下,也有天堂

不用怀疑,在地下10公尺的恒温地窖,就是爱酒人的天堂。无数饱满多汁的葡萄,经过榨汁、去梗、提纯、过滤的多重工序后,才有资格在古朴而昂贵的橡木桶里,脱胎、换骨、发酵、酝酿。在这漫长的等待中,他们都坚信在地窖的入口镌刻的格言:"没经过地窖,就上不了天堂。"

20世纪80年代研制中国第一瓶干红、干白和香槟发气泡葡萄酒,到2002年产销量位居全国首位,长城葡萄酒一直是中国葡萄酒业的绝对骄傲。

长城葡萄酒,不但源自享誉世界的黄金产地,更出自有时间为证的酿造经验和独具一格的储藏工艺,让好酒之间没有距离,只有共同的酒香。

地道好酒,天赋灵犀!

这是一则企业与商品形象相结合的广告,该文案的第一段是开端部分,紧扣标题,解释了"地下""天堂"的含义,说明制造葡萄酒的条件和工艺,这一部分最后再一次用格言"没经过地窖,就上不了天堂"回应标题。第二、三段是正文的主体部分,承接开端,宣传长城葡萄酒在过去取得的成就,同时介绍长城葡萄酒的优点。第四段是结语部分,既概括了长城葡萄酒的魅力,又委婉地发出了消费号召。

4.2.4 正文的写作技巧

4.2.4.1 客观直陈式(事实式)

一种以事实来说明诉求内容的表现形式,不借助任何人物之口,直接以客观口吻展开诉求。

可以从任何角度提供信息,可以直接陈述事实或阐释观念、进行比较,可以引用权威证言和消费者证言、列举单个消费者的使用经验和消费者的普遍反映,也可以使用图表、数据,不受人物身份的限制。从形式上看,这种手法似乎很没创意,其实不然。广告是否有创造性,体现在它有没有一个独特的核心概念,而不在于正文的波诡云谲。无论广告的创意多么花哨,当它要在正文中展开诉求时,也要以容易理解的外在形式说诉求对象听得明白、看得懂的话。如果文案人员在写作正文时能够准确把握创意概念,即便是客观陈述,也能让创意的力量充分发挥。

客观直陈式在写作上比较正规、刻板,为了使客观直陈式生动形象,可采用如下技巧:

(1)揭己之短。立足于让消费者全面了解商品,直言商品的某种不足或存在的问题,显出坦诚的态度,让消费者产生好感。

(2)以短托长。不从正面说产品如何如何好,具有什么优点,而是运用衬托的修辞手法,以小衬大,以轻托重。

(3)代曲为直。对于一些不便于直接说用途、疗效的产品,不直截了当,而是含蓄地说出。如治疗狐臭的产品西施兰:"使用本产品后,您的秘密将只有西施兰和您本人知道。""使用本商品后,将恢复您的尊严。"

(4)幽默风趣。幽默是一种智慧,在表现方式上有含蓄或令人回味深长的特征。在文案中运用幽默的表达方式,让读者轻松地记住商品或服务。

穿"哈特威"衬衫的男人

美国人最后终于开始体会到买一套好的西装而被穿一件大量生产的廉价衬衫毁坏了整个效果,实在是一件愚蠢的事。因为在这个阶层的人群中,"哈特威"就日渐流行了。

第一,"哈特威"耐穿性极长——这是多年的事了。

其次,因为"哈特威"剪裁——低斜度及"为顾客定制的"——衣领,使得您看起来更年轻、更高贵。整件衬衣不惜工本的剪裁,因而使您更为"舒服"。

下摆很长,可深入您的裤腰。纽扣是使用珍珠母做成——非常大,也非常有男子气。甚至缝纫上也存在着一种南北战争前的高雅。

最重要的是"哈特威"使用从世界各角落进口的最有名的布匹来缝制他们的衬衫——从英国来的棉毛混纺的斜纹布,从苏格兰奥斯特拉德地方来的毛织波纹绸,从英属西印度群岛来的海岛棉,从印度来的手织绸,从英格兰曼彻斯特来的宽幅细毛布,从巴黎来的亚麻细布,在穿了这么完美风格的衬衫后,会使您得到众多的心理满足。

"哈特威"衬衫是缅因州的小城渥特威的一个小公司的虔诚的手艺人所缝制的。他们老老小小的在那里工作了已整整114年。

您如果想在离您最近的店家买到"哈特威"衬衫,请写张明信片到"C.F.哈特威"缅因州·渥特威城,即复。

广告画面中的人物形象设计别出心裁,惹人注目。穿着"哈特威"衬衫的模特戴着黑色的眼罩,左臂弯曲握拳抵住腰部,自信的气质彰显出衬衫的高贵、典雅。这幅广告的画面重点在衬衫形象上,着力向人们展示衬衫的款式和档次,这是广告的诉求重点。文案采用客观直陈的方式,第一段就很能打动男士的心,着重说明了一个男士追求着装效果方面的敏感心理:衬衫对西装具有重要的衬托作用。紧接着引出了"哈特威"衬衫。然后从耐穿、剪裁的独特、衣领的考究、下摆长、纽扣、缝制等方面详细介绍"哈特威"衬衫。又从"哈特威"衬衫所用的布料、生产的历史悠久、手工艺人的虔诚几个方面进一步介绍,使受众从不同的方面了解到"哈特威"衬衫的优势。

客观直陈式一般情况下较为理性,往往采用严谨朴实的语言进行介绍,但也有一些采用感性诉求客观陈述式的文案,我们看下面一则广告文案:

像母亲的手一样柔软舒适的儿童鞋

孩子的脚像富有生命的精致小桥,每一步都需与地面十分吻合。

"凯兹"鞋正是这种吻合的体现,它不像其他鞋那样,像把孩子的脚塞进了不舒服的鞋模里。"凯兹"童鞋是特为孩子们设计的,前面留有适当空隙,使脚趾自如伸展。

那些狭小的鞋,不但挤压、摩擦双脚,还会形成拇指外翻引起疼痛、红肿。

不适合的鞋还会使脚形成多种疾病,例如鸡眼、毛囊炎等。

与僵硬的牛筋鞋底不同,"凯兹"鞋柔软和富有弹性,穿了它,孩子的双脚会得到像母亲手心般的舒适的呵护。

今日的"凯兹"童鞋,款式新颖,由多纹尼龙、加厚羊皮、印花皮等多种材料制成。加垫后跟、绚丽的花边、柔软的内底以及时髦的鞋面,穿在孩子们脚上,看起来就像一辆小小赛车,舒服而充满生机。

"凯兹"童鞋,犹如孩子跟随母亲一样,紧跟孩子的每一步,去畅游想象空间。

这是一则感性诉求的直陈式广告文案,母亲和婴儿,本身就是人类情感的主人。他们优美的手脚结合构成的画面,不但引起美感,同时怜爱之情油然而生。在感性诉求的同时,从鞋的设计、材质、款式等方面详细地进行介绍,多角度提供信息。

在广告正文的撰写中,根据产品的特点和主题的要求,需要对广告产品进行外部形态、内部构成、性能功效等做出简明扼要的介绍和解释。于是,就形成了类似于说明文的正文,这种正文的形式,也可归于客观陈述式。如:

《中学生学习报》是一份辅导中学生学好各科知识的综合性业务报。它将帮助中学生打好基础,发展智力,培养能力;引导中学生走向社会,走向自然。它以初中学生为主要读者对象,兼顾高中学生需要。1982年10月创刊,每周一期,每期四开纸一张。

现将《中学生学习报》有关栏目内容介绍如下:

一、课程辅导:重点放在各科课程的学生成绩"分化点"上,放在那些多数学生难以掌握的章节和小栏目。本栏文章旨在帮助学生树立攻关的信心,掌握公关的方法,引导学生顺利解决这些难点。本栏之下还将开设"公关""师生问答""小诊所""周周练"等小栏目。

二、我最入迷的:本栏目着眼于培养学生学习各种课程的兴趣,用入迷者的经验谈,引发其他学生学习某科或某科的某些章节及对某类问题的兴趣。

三、趣闻、趣谈:寓知识于故事,给知识以趣味。本栏包括"语言修辞趣谈""逻辑妙用""语录奇趣录""游踪""史海趣闻"等小栏目。

四、学习卡片:包括精当的提要,珍贵的资料,一得之见、思想火花等。

五、良师益友:本栏旨在沟通学生之间、师生之间、专家学者与学生之间的联系,包括经验交流、问题讨论、方法介绍、希望勉励等。

六、复习指导:重点在于提出要求,找出规律,点拨方法,举一反三。

七、古今中外:旨在开阔学生的视野,指导课外阅读和课外活动。本栏包括"书林探宝""人物故事""智力世界"等小栏目。

八、文科十万个为什么:这是一个固定的连续性专栏,针对学生中普遍存在的问题,深入浅出地讲解文科知识。

九、中学生园地:刊载各校推荐的学生的好作文、好文章。

该广告正文首先对《中学生学习报》的性质做出了判断:它是一份辅导中学生学好各科知识的综合性业务报。接着又对它的主要功能给以简洁的说明:可以帮助中学生打好坚实的基础,发展智力,培养发现问题、解决问题的能力,并能积极有效地引导中学生走向广阔的社会和美丽的大自然,为他们的成才创造良好的条件。这只是该杂志的指导思想和理想目标,显得较为"原则",那么,有哪些具体措施实现这一目标呢?接着,从九个栏目的设置目的、主要内容等方面对该报纸进行了详细的介绍,使读者对其产生了完整而深刻的印象,确信它能完成它的主要功能,从而激起订阅的愿望。

4.2.4.2 主观表白式

以广告主的口吻展开诉求,直接表白"我们如何如何"。这样的正文,在表述企业观点、态度以及在产品和服务上所做努力方面有更大的自由度。主观表白式广告的前提是要有好的创意,并按照创意概念为"主观表白"找到独特的角度和有吸引力、有说服力的内容。

美国 DDB 广告公司在 20 世纪 60 年代为 S&W 罐头所做的一系列平面广告:

我们添加的唯一的东西就是盐

(画面为一条大鱼,身上套着 S&W 罐头标志)

我们公司的鲑鱼没有必要添加油料以增其滋味,因为它们都是特别肥大的鲑鱼。这些健康的鲑鱼,每年溯游到菩提山之北的长长河川。如果我们在蓝碧河选不出理想的鲑鱼怎么办呢?我们会耐心地等到明年。为什么?因为不是完美的,不会被 S&W 装入罐头。

从 50 颗大粒的桃子里,S&W 精选出 5 颗

(画面为一堆平铺开的桃子,中间有 5 个空白)

光是最好的还不行。S&W 挑选桃子的条件是:全熟,又圆又肥大。多汁而甘甜是理所当然的。

以此标准挑选出来的桃子,自然不多,而能贴上 S&W 标签的,更是经过精选后的少数。我们坚守此要求:S&W 不会把不完美的东西装入罐头。

一颗 S&W 豆子的际遇

(画面为一颗豆子经过重重检查进入罐头,正文的每一句话,对应一个检查程序)

这是叫作"完美"的特别品种,
在西部广阔丰沃的土壤中育成。
在它非常鲜嫩时就要采摘,
它外皮的柔软度要经过测试,
它的成熟度要用我们的圆熟度计来证明,
它如砂糖般的甜美要由我们的老手亲尝。
当它在这些方面都无懈可击,这粒豆子才能获得 S&W 的标签(这是无上的责任)。

但是,如果它是不完美的,就不会被 S&W 装入罐头。

这些番茄仅供饮用

(画面为一只大的饮料杯中装着几只番茄)

我们把炖菜用的番茄和饮用番茄区分开来。不少优秀的罐头业者,从收获的番茄里,选出较好的做菜用番茄,剩下的才拿去制番茄汁。这是很实际的做法。我们的做法就不太讲究实际。我们把加州番茄当作制汁用番茄来种植,一直等番茄长到柔软甜美,汁液饱满。这是旷日持久、耗费金钱的做法。但这也是S&W的方针。我们认为,这是把完美的制汁用番茄制成完美的番茄汁的唯一做法。它若非完美,就不会被S&W装入罐头。

我们把大鱼放生

(画面为一位渔夫惋惜地看着一条被吊起来即将放生的大鱼)

小金枪鱼,简直就像小羊、小豆子、嫩玉米粒一样柔嫩。因此,S&W绝不用大金枪鱼制作罐头。您把S&W的罐头打开,一定会发现里面是多汁的小金枪鱼。那如果捕到的都是大鱼呢?很简单,S&W就不把它装罐。为什么?因为,如果是不完美的,就不会被S&W装入罐头。

第一则广告文案的宣传重点是产品的健康无害化处理,后面四则宣传的重点是对原材料的严格把关,采用递进的句式结构一层层递进。"为什么?"答案一步步呈现,客观真实地告诉受众我们是如何做的,"桃李不言,下自成蹊"。最后用一句短促有力的句子沉着地结尾,使产品诚信健康的形象深入人心。

注意:这种表现形式,力避"我们关注您的需求""我们诚心诚意为您服务"之类空洞的说辞和难以取信于诉求对象的自吹自擂。忌王婆卖瓜、诋毁别人。

4.2.4.3 代言人式

以代言人的口吻向诉求对象说话。这是电视广告最常使用的方式,广告可以选择各种身份的代言人。

《REDBOOK》杂志电视广告文案:

(年轻妈妈讲述)记得有一天我在超级市场买东西,琳达当时4岁。她把货架上最下面的一只橙子抠了出来,剩下的橙子滚得满地都是。我看着超市营业员,他也看着我,我说:"这要是我的孩子,我非杀了她。"然后我跑过通道拐角,转到挨着的另一条通道,叫过琳达,抓起她逃出了那家店,以后再也没去过。

(展示杂志,画外音)世界上最有趣的母亲就是年轻妈妈们。坦率地说,《REDBOOK》杂志就是写给年轻妈妈们看的。

杂志的定位是专供18~34岁女性阅读的杂志,是给"年轻妈妈"的杂志。广告选择了一个普通的年轻妈妈作为代言人,她诚实地讲述自己的经历,向诉求对象生动展示出杂志读者的特点。

下面是一则代言人式的电视广告文案:

(画外音)请主妇们注意听这个人的发言,这位是詹姆斯·比尔德。

(詹姆斯·比尔德讲述)这是"海克"没有经过漂白的面粉。让我告诉你们"未经漂白"意味着什么。它的意思是:没有被触摸过,没有被特别加工过,没有欺骗你们,没有被胡乱改变样子,没有被弄脏,没有被用手无聊地拨弄过,没有被修正,没有被美化。有人认为一般的面粉也都是这样的。他们绝对正确。他们"认为"他们得到了同样的结果。但"你"要买"海克"未经漂白的面粉,就是包装袋上有一个小男孩的面粉。"现在",你才真的在做饭。

广告中说话的这个人是美国著名的食品专家詹姆斯·比尔德,他采用符合他身份的说话方式,即严肃的、说教的,甚至有些生气的,这样做可以很大程度上增加广告信息的权威性、可信性和说服力。在消费者心目中,专家的建议可信度高,而当他采用严肃的口吻证言时就更加不容置疑了。

注意:

(1)代言人的形象必须真实、自然。专家型代言人,可以显得严谨、理性;选取消费者做代言人,形象应平实、朴素,说话如叙家常,娓娓道来;面对少儿的卡通形象,不妨活泼、新奇。

(2)代言人以诚实的态度说话。必须让代言人说自己了解的事实,说符合自己身份和个性的话,让代言人恰如其分地体现情感,并为代言人设计恰当的语言环境。专家可以介绍产品的技术、工艺、功用,但不能代表企业阐释理念;企业员工可以介绍生产过程的细节,但不能具有企业总裁的思考高度;消费者知道自己如何使用产品,从产品中获得了哪些利益,但对产品做超出自己经验的介绍就不合适;名人可以示范自己的消费行为或者推荐产品,但让名人评判产品却未必令人信服。

4.2.4.4 内心独白式

以虚构的人物或者广告中的角色内心独白的方式展开诉求。在平面和广播广告中,独白可以采用虚构的"我"的口吻,电视广告中的独白则出自广告的主要角色,并且以画外音和字幕的形式出现。

这种形式不直接向诉求对象说话,独白者可以回忆自己的经历、表明观点、抒发情感,可以有鲜明的个人色彩和情感色彩,这种形式容易引起诉求对象的共鸣。

中华汽车电视广告文案(一)

(画外音)如果你问我,这世界上最重要的一部车是什么?那绝不是你在路上能看到的。

30年前,我5岁,那一夜,我发高烧,村里没有医院。爸爸背着我,走过山,越过水,从村里走到医院。爸爸的汗水,湿遍了整个肩膀。我觉得,这世界上最重要的一部车是——爸爸的肩膀。

今天,我买了一部车,我第一个想说的是:"阿爸,我载你来走走,好吗?"

(广告语)中华汽车,永远向爸爸的肩膀看齐!

中华汽车电视广告文案(二)

(画外音)印象中,爸爸的车子很多,大概七八十部吧。我爸爸没什么钱,他常说:"买不起真车,只好买假的,我这辈子只能玩这种车啰!"

经过多年努力,我告诉爸爸,从今天起,我们玩真的。爸爸看到车后,还是一样东摸摸、西摸摸,他居然对我说:"我这辈子只能玩假的,你却买真的!"

爸,你养我这么多年不是假的,我一直想给你最真的。

(广告语)中华汽车,真情上路。

这两则电视广告文案,产品是汽车,却是从父子亲情入手的。我们常说"父爱如山",父亲的爱是深沉的,儿子对父亲的爱也是不轻易说出口的。因此文案采用内心独白的表达方式,叙述了父亲摸黑背我走山越岭上医院的情况,由此将父亲的肩膀比作"世界上最重要的一部车",30年后儿子买了一部车,就想载父亲来走走——"阿爸,我载你来走走,好吗?"朴素的语言,亲切感人,让人感受到深挚的父子亲情。

我们再看"7-ELEVEN"24小时连锁便利店企业形象电视广告文案:

年轻人:清晨四点,整个城市好像只有那个角落让人觉得明亮且温暖。

店员:我记得那天冷冷的,好像还在下雨,他站在那里喝咖啡,心情好像很坏的样子。

年轻人:只不过喝他一杯咖啡而已,他就像老朋友一样陪我聊了好久。

店员:我只不过是问问他是不是工作不顺,他就好像好久没跟人说过话一样,一说就说个不停。

年轻人:我好像第一次跟一个陌生人讲那么多话,也在这个角落里,第一次感觉到许多人竟然可以那么单纯,那么认真地活着。

店员:嘿,刮刮胡子吧!

店员:常来喔,别忘了这个方便的好邻居喔。

年轻人:那个早晨,觉得自己的脸那么清新,那个角落真的特别明亮,特别温暖。

这个文案中的年轻人与店员都是内心活动的表白,以回忆的方式,把那个年轻人到"7-ELEVEN"24小时连锁便利店喝咖啡时,所遇到的友好温馨的服务做了大致的描述:开始怎样去那里,中间的过程如何,怎样离开那里,感觉如何……而这些又是通过两个人将各自所见所闻用独白的方式予以展现,如果消费者将其连接起来就成了一个有头有尾的故事。

注意:

(1)基调、氛围一般要求娓娓动听,亲切感人。因为内心独白与交流对话不一样,它是内心活动完全真实的反映,不掺杂任何虚伪和矫情,所以必须给人以情真意切、直诉肺腑之言的美好印象,才能真正使广告文案收到良好的效果。

(2)无论是一人式独白还是两人式独白,通常要求要陈述比较完整的心理过程,要通过对内心活动的表白,让细节形成一个有序的情节链。

(3)独白私密性很强,不适合加进关于企业和产品的"硬"信息。

4.2.4.5 对白式

通过广告中人物的对话与互动展开诉求。这种形式自然亲切,容易让人在不知不觉中接受商品信息。对白式广告能较好地融入感情因素,达到以情动人的效果。人和人之间的对话,能互相沟通,了解对方。这种手法,常用于生活片断式和故事式的广播、电视广告中。

我们看下面一则对白式广告:

女孩:爷爷,您回台湾带这么多东西呀?

爷爷:对,好园园,快别动,快别动,这箱子可是爷爷的宝贝!

女孩(撒娇):我是您的宝贝,我要看看箱子里是什么宝贝!要看嘛!要看嘛!

爷爷:好！好！乖园园,看吧！(音乐起)
　　女孩:孔府……
　　爷爷:"孔府家酒"。
　　女孩:全是"孔府家酒"啊!
　　爷爷:对,你知道孔府吗?
　　女孩:知道,在孔夫子的家乡曲阜。
　　爷爷:园园真聪明。
　　女孩:我们幼儿园老师说,孔子是大教育家,妈妈说孔子是大圣人。
　　爷爷:对呀,中国不管是大陆还是台湾,谁不知道孔夫子啊！这酒出在孔子的家乡,名气这么大,酒味这么香,在台湾的爷爷、伯伯、叔叔们谁都想尝一口,爷爷也想时不时地喝上两盅,所以带这么多,还不够呢!
　　女孩:妈妈说,您年纪大要少喝白酒。
　　爷爷:对,对,这酒度数低,喝几杯醉不了,就是醉了,也是醉在家乡的清水里,也是醉在民族的自豪中啊!
　　旁白:飘洒中华芳香,深藏民族自豪。孔府——家酒。

这是宣传"孔府家酒"的广告,通过爷爷和孙女的对话,把孔府家酒的特点进行了充分展示,整篇洋溢着对民族文化的自豪之情,对家乡亲人的依恋之情,对祖国统一的渴望之情。

再看下面一则广告文案:
　　小张:哟,老杨,叫您半天,您怎么听不见啊?
　　老杨:噢——是你啊。唉,现在耳朵不好使了,你要不大声嚷嚷,我还真听不见呢。
　　小张:那您真该买一个助听器。
　　老杨:啥?不好买!
　　小张:我说个地儿您去瞅瞅,就是王府井大街127号的北京助听器专营店。那儿经营的品种很多,有气导式、骨导式、眼镜式,还有双耳机式和半导体收音两用机式,这两天正办展销哩。昨儿我还给我姐的孩子买了儿童专用助听器呢。
　　老杨:听你这么一说,我是得抽空瞧瞧。你说,像我这样的老年性耳聋买哪种合适?
　　小张:你还别说,我岳父也是耳聋,昨天我和我媳妇还真认真看了一遍。有一种7293U型耳背式助听器,体积小,也挺省电,是丹麦和厦门的一家合资企业生产的,叫"达那福"牌,适用于老年性听力减退;另外像日本件广东组装的乐音牌助听器、瑞士件广东组装的力斯顿牌助听器和天津名牌老厂生产的天津牌各种型号助听器等,也都可以供您选择,究竟买哪种更合适,关键看您属于轻度、中度还是重度耳聋。对了,那儿还有一种无锡产的收音助听两用助听器,把扳纽往上一拨,就能收听广播;往下一拨,就能助听,一物两用,也挺不错的。
　　老杨:看来,这家商店助听器品种真不少,不知道价钱贵不贵?
　　小张:有贵也有贱。少则几十元,多则几百元。不过话说回来,不管您买哪一种,这家商店都负责定期保修,而且备有相应的配件。如今买东西,不就是花钱买个放心嘛,您说是不?

老杨:是这么个理儿,冲你这一说,我明儿就去买。

这是助听器专营商店的广告,文案通过小张和老杨的对话展开了广告内容,借小张之口将产品的种类、价格、售后服务等广告信息传达出来,人物语言轻松、家常,且京味十足,像邻里之间在拉家常。

注意:对白应该真实、自然,符合人物的身份个性,符合广告中的语言环境。切忌"话剧式"的对话,不要过分戏剧化。

4.2.4.6 故事式

将正文写成一个完整的故事,描写有吸引力的故事情节,塑造鲜明的人物形象,这种手法适合于平面广告,故事性内容可以有效保持读者的阅读兴趣。但正文不宜过长,往往是以某人遇到困难而感到苦恼开始,以找到解决办法而圆满结束,目的是告诉人们在遇到同样困难时,采取同样的方法。

请看张小泉剪刀的广告文案:

张小泉剪刀相传已有三百多年历史,乾隆皇帝南巡,对它颇加称誉。当时杭州剪刀业兴盛,因此有"青山映碧湖,小泉满街巷"的诗句。

传说,张小泉母亲在山脚一泉眼洗衣时生下他并掉进泉水里,便给他取名张小泉。

说起张小泉剪刀,还有一段有趣的传说。大井巷里有口大井,当年井水黑漆如泥浆,臭气熏天,人们无法食用。老辈人说此井通钱塘江。江里有两条修炼成精的乌蛇正钻入这口清凉大井交尾下蛋,乌蛇口吐毒涎,井水无法食用。

张小泉听说此事,买回两斤雄黄加入两坛老酒中,喝干一坛,另一坛往自己身上一倒,从头顶淋到脚跟,手提大锤跳入大井,潜入井底,看见两条漆黑发亮的乌蛇,颈交颈盘在那里。他一连三锤,锤锤砸在两条乌蛇相交的"七寸"上。然后手提大锤,拎着蛇尾出了水面。当小泉及三个儿子把死蛇拖回家时,才发现两条蛇梆硬如铁,原来它们修炼成了钢筋铁骨。张小泉花了三天三夜在纸上画样,在蛇颈相交处安上一枚钉子,把蛇尾弯过来做成把手,将蛇颈上一段敲扁,磨得飞快,这就打出了第一把剪刀。

第二天,他把这把剪刀挂在铁匠铺外当招牌,又仿造打出大大小小的剪刀来出卖。小泉死后,三个儿子和徒弟自立门户,都挂起"张小泉剪刀"招牌。因此名气越传越远,天下闻名,相传至今。

张小泉剪刀正是以这美丽的故事传说,才在久远的历史年代中,逐步传开,广告用故事形式,使产品深入人心。

注意:产品必须合理介入并扮演重要角色。

4.2.4.7 证书体

为了说明广告宣传事实或许诺正确可靠,需要搬出权威方面的鉴定、领导机关颁发的获奖证书、用户对产品的评价或"老字号"产品的优势等。这种广告正文形式常用于名牌产品或知名度较高的产品的宣传。

请看下面两则广告文案：

古井贡酒

古井贡牌古井贡酒，是中国最早的八大白酒之一。它以"色情如水晶,香醇似幽兰,入口甘美醇和,回味经久不息"的独特风格,蝉联第二、三、四、五届"中国名酒"称号,荣获金质奖。1988年荣获巴黎第十三届国际食品博览会金夏尔奖,被誉为"酒中牡丹"。

同仁堂药店

在三百多年前,浙江宁波府有个走街串巷的卖药郎中,名叫乐尊育,正是他在公元一千六百六十九年创建了同仁堂。数十年后,同仁堂的药剂以配方独特、选料上乘、工艺精湛、疗效显著获得了向清皇室供应药品的特权。同仁堂的近百种传统中成药,以"不省人工,不减物力"、货真价实、制作精细的传统特点在众多的百姓中极负盛誉。如今百年老字号同仁堂更以讲药德、守信誉的美称而名扬四海,享誉八方。

第一则广告运用古井贡酒获奖的情况作为证明材料,增强受众对该酒的信任度。第二则广告通过翔实的历史沿革,描绘出北京同仁堂药店三百年灿烂辉煌的漫长历史画卷,其能保持长久不衰,与该药店讲究药德、不省人工、不减物力、恪守信誉的经营作风和货真价实有关,平添了人们对同仁堂这个老字号的爱戴与信赖。

注意:文中援引的获奖情况、事实材料必须具体明确,不能含糊其辞,否则,就会给人以胡编乱造的印象。如第一则广告中的"蝉联第二、三、四、五届'中国名酒'称号,荣获金质奖。1988年荣获巴黎第十三届国际食品博览会金夏尔奖"和第二则广告中的"浙江宁波府有个走街串巷的卖药郎中,名叫乐尊育,正是他在公元一千六百六十九年创建了同仁堂",这两则广告中的事实具体明确,令人信服。有些广告用"荣获无数赞誉""获得许多奖励""很久以前"等"虚词",不仅不能增加广告的可信度,反而会让人反感,给人留下说谎话、骗人的印象。

4.3 广告正文的写作顺序

为了使广告正文能够被读者顺畅地阅读下去,可以参照以下几种形式的文案写作顺序。

4.3.1 心理学上的顺序

心理学上的顺序,就是我们所说的"AIDCA"顺序,从引起注意(attention)到发生兴趣(interest),继而产生欲望(desire),取得信任(conviction),最后采取行动(action)。

怎样做番茄豆酱

我们并不保密,夫人。如果您有条件的话,我们将教给您如何烹制番茄豆酱,就像尼康公司的罐头豆酱一样可口。

做法:取密歇根州特产的精选黄豆,再用手工选出饱满的、白色的,要颗粒均匀。这样选出的精豆,要比普通豆的价格高出6~8倍,但它们的确是优质的。

然后把精豆用水泡一夜,再煮至半熟。

下一步您就难于做到了:这些豆要用流动蒸汽煮——这条件您就不具备了,因为蒸汽温度要高达摄氏245度。

不能用干燥的气烘烤,因为这样一来豆子就变脆了。

另外,豆子加热时应该按小批量进行,我们就是装在小罐里加热的,这样才能保证炉子的最高温度达到每一颗豆粒。不然的话,有的生豆就不易消化,它们还容易发酵并产生气体,自己家里煮的豆子就带有这种毛病。

然后用番茄汁加豆里同煮,我厂的可口豆酱就是这样制成的。

值得注意的是,要把豆子煮成豆沙但外形不变。这时把加热的罐头浸在冷水里,豆酱突然遇冷而连同调料一起凝固。

这样烹制出的豆酱才是完全容易消化的。每一颗豆料都经过同样的蒸煮,但连豆皮也不能蹭破一丁点儿。这样的豆子又烂又结实,因为它们仍旧完整成形。

加进的番茄汁对您来说也是难得的。它是采用熟透但完整的鲜番茄制成,采摘时番茄汁就不知道是什么做的了。如果是用青番茄做的,那就缺少滋味;如果是罐头厂用下脚料做的,那里面的好东西全都失掉了。

所以一般市场上出售的番茄酱,其价格比我们所用的要低5倍。

我们的看法是:您自己家里煮的豆往往成了一锅烂粥——上面硬,中间生,底下烂,既不完整,也不松软,甚至难以消化,您做的豆酱很容易发酵并产生气味。这一切其实并不是您的错,只不过因为您的家里并不具备我厂的烹制条件而已。

看来,最好的办法还是让我们为您烹制吧。我们这里提供这道菜——新鲜又可口,马上就能吃。

想一想吧!既然能从尼康公司买到现成的番茄豆酱,那又何必自己动手呢?尼康豆酱是大自然为人类提供的最佳食品——其养分高达48%。作为食品,其价值比肉类还高,但价格仅为肉食的三分之一。您每星期至少应该食用三次尼康豆酱。

假如您自己把好端端一锅豆酱做砸了,这对您自己,对全家人会是多大的损失啊!

不信就把您自己做的和尼康豆酱一起让全家人尝尝,问问他们哪个好,任凭他们选择。如果他们都选用尼康豆酱,那您可就省了大事了。再计算一下您每月的菜金,也会节省不少。

乍一看这篇文案的标题和开头,似乎是教人们怎样做番茄豆酱的,很能吸引读者的目光,引起人们的注意。在随后介绍做法的过程中也把自己的生产"秘密"一一道出,让读者发生兴趣。这一部分表面上是教,是揭秘,实际上是向消费者传达了这样几个信息:我们的原料上等,价格也高于普通黄豆6~8倍;工艺要求苛刻,过程复杂,别人无法达到;营养易消化,新鲜可口,属即食品;价格便宜,为消费者省钱,也可以省时省力。通过这些理性的诉求取得消费者的信任,最后采取行动。这样的诉求方式不仅很完整地传达了广告诉求点,同时也让受众容易接受,新颖别致,很自然地取得了很好的宣传效果。

4.3.2 解决疑难式的顺序

一般采用这样的内在顺序：
(1)某人有某些烦恼。
(2)本公司的产品能解决您的烦恼。
(3)为什么呢？证据是……
(4)请尽快购买。

汽车音响好不好，一到山谷就知道

在山谷凹地行车，接收效果通常不好。声波撞到山壁反射回来，一次又一次。结果造成声音强度在几米之内剧烈波动：从声音太强，到什么都听不见。山里就是这样。

不过别着急：百灵牌收音机基本解决了这一难题。它能使音强保持稳定，因为它能大容量储存声音，从而具有宽幅音强自动调节功能。过强的声音信号被自动降低，过弱的信号自动提高。整个过程在几秒内完成，听众全然觉察不到。百灵牌有5个快速选台按键，经过了112次效果测试，还可以与交通广播解码器相连。该解码器方便您从众多电台中找到专门报道您所处路段交通情况的电台，是驾车人士广播信息系统的组成部分。

百灵牌收音机是与广播技术研究所和广播电台合作开发而成的，它是一个完美的系统，一切为了您在道路上安全行驶。

汽车行驶在山区汽车音响忽高忽低，这是开车一族包括乘车者常常遇到的烦恼——百灵牌收音机能解决这一问题——能大容量储存声音、有5个快速选台按键、可与交通广播解码器相连——它是一个完美的系统，一切为了您的安全。

4.3.3 问答式的顺序

先提出受众关心的问题，然后做出科学合理的回答。采用这种文案结构，一定要进行认真细致的市场调查，研究受众的心理，所提问题一定是受众最关心的问题，这样才能吸引受众。

如推介《财富》杂志的广告文案：

你如何激发人的积极性而不是把他们像臣民一样对待？如何才能改变一个深受传统观念束缚的机构？你能在不妨碍任何人的同时创造出成果吗？对于任何管理人员来说，这些都是难题，都是很多国家和公司避而不谈的题目，更不用说商业杂志了。但是，现在有一种出版物不回避这一系列所有管理人员必将面临的问题，这种杂志就是《财富》。这是一种洞察上层决策者心理的出版物：《财富》告诉这些行政管理人员如何领导、支持、鼓励他们的部下，如何设法履行自己的职责。每期杂志还向读者提供一些新观点、新策略和新思想（如最近一篇文章中所见到的"Windsor Inc."）。因此，有那么多管理人员信赖《财富》杂志就不足为奇了。它帮助他们始终在同行业中名列榜首。

文案一开始连续提出三个问题,紧紧抓住管理者的心理。所提的问题都是现代管理者最深层心理的秘密,可以极大地引起受众的兴趣。在受众期待的目光下,紧接着给出了答案,满足了受众的期待。

4.3.4 逻辑推理式的顺序

用充分的论据或严密的推断来说服消费者,高科技产品或者高风险的产品适合用这种方式。逻辑推理式分为立论型和驳论型。立论型就是用理论、事实、数据等确凿无疑的论据,从正面论证某种观点的正确性;驳论型侧重于驳斥某种错误的观点证明自己所持见解的正确性。如果说立论型是一种直接论据的话,那么驳论型则是一种间接论证。

以台式的价钱获得真正服务器的功能

一般中小型公司,为了节省开支,以台式微机作为服务器,但使用后才发现诸多不便,后悔莫及。现在康柏为体恤客户,解决这项难题,特别推出低价位的 ProSignia VS,让您以台式的价钱,轻易购得一真正的服务器。

超强的功率:顾名思义,个人电脑只供个人使用,速度慢且扩展能力有限,但 ProSignia VS 都是特别为提供网络服务而设计,它的 32 bit ELSA 扩展总线及 Fast-SCSI-2 局部总线在数据传达上要比一般台式电脑的 16 bit EISA 总线及 IDE 控制器更加快速敏捷,难怪一般台式电脑要俯首称臣。

超级智慧型容错及防错处理:一般台式电脑若出现故障,只能束手待毙等待外援,但 ProSignia VS 特有内置运行记录及 ASR 自动快速复原功能,就是电脑出现故障后,将服务器自动启动,找寻记录档案,分析问题所在,然后做出修正。ProSignia VS 还具有一般台式电脑没有的防错功能,秘密在于特选的 InsighiMamager21 网络管理软件,Proliant 储存系统及能支持 RAID Levels 0,1,4,5 的 SMQRT SCSI 陈列控制器。

聪明简易的安装程序:特设 SmartSmart 智能型安装程序,让您轻易地设置硬件及安装网络操作系统,使您在网络管理中,轻松踏出成功的第一步。

超强记忆容量:ProSignia VS 还配备高达 128MB 的内容量。更可先配 256KB 的高速缓冲,应付任何复杂软件,依然绰绰有余。

这篇文案先提出一个论点,即康柏 ProSignia VS 电脑相当于台式机的价格,但却具有高档次服务器的功能。然后,作者从四个方面进行论证,即康柏 ProSignia VS 具有超强的功率、超级智慧型容错及防错处理、聪明简易的安装程序、超强记忆容量。由于论据翔实、条理清晰,因而使论点具有无可辩驳的正确性,并使消费者心服口服。

买对的,不是选贵的

买麦粉时,多花一点儿钱值得吗?其实……

这正是厂商利用消费者"贵"就是"好"的错误心理,故意抬高价钱以谋取更大利润的一种手段。说"多花一点儿钱,不也是值得的吗?"这句话,谋取暴利的企图就很明了了。我们不否认,好的东西可能会贵些,但是贵的东西却未必就一定好!如果您一时失察错以为贵的东西就是好,不求其对不对,只问其贵不贵,您不是正中了商人图利的下怀吗?

好的麦粉,粉质细腻,营养均衡,卫生可靠,而且价格公道。您在买麦粉的时候,应该注意品质是否纯正,营养是否均衡,价格是否合理,包装是否完整,新鲜而不过期。简而言之,就是买对的,不是选贵的。

花钱,要有代价,否则,多花一点儿钱也是冤枉的!

子母牌V麦粉,爱力麦粉。

这是中国台湾"爱力牌"麦粉发布的第一篇"驳论式"广告文案。文案通过反驳"贵的就是好的"这一观点,来证明"贵的东西未必一定好"这一见解的正确性,并进一步落实到爱力牌麦粉价格不贵但质量却很好这一广告主题上去,收到了显著的传播效果。

4.3.5 故事体的顺序

将产品或企业的来历、特征等通过故事情节的展开逐步让消费者了解,从而达到广告宣传的目的。这类广告文案有事件始末,有登场人物,有时间顺序,通过不断展开的情节吸引读者看下去。往往按照"开端——发展——高潮——结局"的故事顺序安排文案内容。

按故事来分可将这种方法分为两种基本的类型:

(1)传说故事型(包括神话故事)。企业借某一地区有关的人文、景观、风俗习惯、土特产品来历的传说,宣传与之相关的商品、劳务等方面的广告。

(2)生活故事型。以现实生活为基础,将文案写成贴近生活的故事。

传说故事型(兰丽绵羊油广告):

一双手展开了一个美丽的传奇故事

在远古,一个很遥远的国度,有一位非常讲究美食的国王。在皇家御厨中,有一位技艺高超的厨师。他所做的大餐小点深受国王的爱好。有一天,国王突然发现餐点差了,将厨师找来一问,原来厨师那双巧手突然变得又红又肿,这双手当然做不出美好的餐点来。国王立刻让御医为厨师医治,可惜无效。厨师不得不离去。

可怜的厨师流浪到森林中一个小村庄,帮一位老人牧羊。他经常用手抚摸羊身上的毛,渐渐发觉手不痛了,后来他又帮老人剪羊毛,手上的红肿也渐渐消失了。他欣喜地发现自己的手好了。

他离开老人返回京城,正碰上皇宫贴出告示征聘厨师。于是他蓄长了胡须前往应聘,所做的大餐小点,极获国王赞赏。他知道自己的手已恢复了过去的灵巧。当他被录用时,剃了胡须,大家才发现他就是从前的大厨师。

国王召见他,问他的手是怎样治好的。大厨师想了想,大概是用手不断整理羊毛,无意中获得治疗的吧。

根据这条线索,国王让科学家详加研究。结果发现,羊毛中含有一种自然的油脂,提炼出来,有治疗皮肤病的功能,国王命名其为兰丽。

兰丽绵羊油广告创造了一个富有传奇色彩的故事,突出了产品的效用,吸引了人们的注意。以故事的说明性来达到广告的宣传目的,这种方式可使信息易于让受众了解。

生活故事型(大众汽车公司在新加坡的广告,图案是撞得不成样子的汽车,触目惊心):

妈妈,我不是故意的

一九九四年十月十五日,星期六,凌晨两点。

车子由高智勇驾着,他今年十七岁,血气方刚。车上另有一名前座乘客及一名后座乘客,他们都是智勇常聚在一起玩乐的好朋友。

车子是向妈妈借来的,妈妈从来都没拒绝过他,只是每一回总是再三叮嘱智勇得小心驾驶,毕竟智勇还是个"新手"。车子正朝牛顿小贩中心奔驰。

大伙肚子都饿极了,准备到那儿大吃一顿。一个左转来到杜尼安路时,意外发生了。

经过一轮剧烈的冲撞之后,车子惨不忍睹,在那一霎时间,智勇以为一切都完了。

幸好,那是福士伟根

是吉人天相也好,是大难不死也好,奇迹般地,智勇等三人皆平安无事,毫发无损。自行打开车门后,面面相觑,目瞪口呆。智勇这时最担心的是如何向妈妈交代。闯了大祸,妈妈一定不会原谅他,毕竟那是她心爱的车。

听妈妈怎么说

"当智勇来电通知我时,知道孩子们都没事,也就放心了,以为只是个小意外。后来,看到心爱的车子时,我简直不敢相信自己的眼睛。我一点也不生气,谢谢福士伟根,救了孩子们一命。"

福士伟根,安全上路

生命可贵,岂可儿戏。德产福士伟根深明此理,因此在设计及制作每一部车子时皆以您的安全为首。超过30种不同的冲撞测试,以确保万无一失。车身结构的加强措施,前后左右的安全防撞区与防撞杆给予更大的保障,驾驶座安全气袋在紧要关头能化险为夷。

事实证明,福士伟根的安全措施绝非纸上谈兵。其高度驾驶乐趣更为同行所津津乐道,一经驾驶,必有所悟。

故事有具体的时间:一九九四年十月十五日,星期六,凌晨两点。人物:高智勇、智勇的妈妈、智勇的好朋友。地点:杜尼安路。事件:智勇借妈妈的车去吃夜宵,发生意外,汽车经过一轮剧烈的冲撞之后,惨不忍睹。结果:智勇和朋友安然无恙,毫发未损。在故事中,大众汽车合理介入,并扮演重要角色,通过故事表现出大众汽车的安全可靠。

4.3.6 以退为进式的顺序

强调没有这种产品会出现什么样的结果,通过反向的层层递进,增强文案的说服力。如博世公司的广告:

没有BOSCH的汽车

不知您是否想过,假如您的汽车没有启动马达,没有燃油喷射系统,没有点火系统,也没有安全气囊和安全带;或者索性假设您的汽车没有任何BOSCH产品,即没有自动变速箱,没有汽车大灯,没有挡风玻璃刮水器,没有发电机和 ABS 防抱死刹车系统,没有 BOSCH 汽车电话和导航系统,甚至没用 Blaupunkt 音响,那么您的爱车还剩下什么呢?

空空如也。

大概您再也不能开车,而只能推车了!

(广告语)博世——领导科技创新。

在文案中提出各种假设,让受众感受到博世对于汽车的重要性,没有博世,爱车只能空空如也!

4.4 广告大师的写作经验

4.4.1 乔治·葛里宾的忠告

(1)在美术指导的帮助下,创作一幅能吸引读者去读文案标题的图画。

(2)创作文案标题,使它能吸引读者去读正文第一句话。

(3)创作正文的第一句话,使它能吸引读者读正文的第二句话。

(4)继续这样的步骤,直到你确信文案能吸引读者读完最后一个字为止。

4.4.2 大卫·奥格威写作正文的经验

(1)不要旁敲侧击,要直截了当。避免"差不多""也可以"等含糊不清的语言,因为这些语言通常会被误解。

(2)不要用最高级形容词、一般化字眼和陈词滥调。要有所指,要实事求是,要热忱、友善,使人难以忘怀,别惹人厌烦。

(3)你应该常在你的文案中使用消费者的经验之谈。比起不知名的撰稿人的话读者更易于相信消费者的现身说法。名人的献身佐证也能吸引很多的读者,如果广告文案写得非常诚实,也不会引起读者的怀疑,名人的知名度越高,能吸引的读者也就越多。

(4)向读者提供有用的咨询或者服务。用这种办法写成的文案比单纯讲产品本身的文案多招徕75%的读者。

(5)我从未尝试写过文学派的广告,我一直觉得这类广告很无聊,连一点事实也没提供给读者。我同意克劳德·霍普金斯的观点:"高雅的文字对广告是明显的不利因素,精雕细刻的笔法也是如此。它们喧宾夺主地将读者对广告主题的注意力给攫掉了。"

(6)避免唱高调。雷蒙·罗比凯写过有名的格言:"任何产品的无价要素是这种产品的生产者的诚实和正直。"

(7)除非有特别的原因要在广告中使用严肃、庄重的字,通常应该使用顾客在日常交谈中使用的通俗语言写文案。

(8)不要贪图写那种获奖文案。我得了奖,我当然很感激,但是那些效绩很好的广告却从来没得过奖,因为这些广告并不要把注意力引向自己。

(9)优秀的撰稿人从不会从文字娱乐读者的角度去写广告文案,衡量他们成就的标准是看他们使多少新产品在市场上腾飞。

▶【本章小结】

广告文案的主体部分是广告正文,它是承载广告信息的主体。正文的功能是:支持标题、完整传达信息、进行深度诉求、培养购买欲望和行动号召、展现风格和营造氛围。广告可能面临各种各样的任务,但要写入正文的内容,不要脱离以下几个层次:诉求重点、诉求重点的支持点或深入解释、行动号召。正文的诉求要求:解说详情、条理清晰、突出重点、照应标题。正文的信息量的安排可遵循如下原则:围绕一个诉求重点、以丰富信息建立认知、围绕一个信息的完整说服、很少硬性信息的正文。正文的表现形式有:客观直陈式(事实式)、主观表白式、独白式、对白式、故事式等。为了使广告正文能够被读者顺畅地阅读下去,可以参照以下几种形式的文案写作顺序:心理学上的顺序、解决疑难式的顺序、问答式的顺序、逻辑推理式的顺序、故事体的顺序等。

▶【案例分析】

就是这面茶招子,解决了茶掌柜的问题

从前,茶掌柜常为茶招子伤脑筋:既要光鲜亮丽,向过往行人打招呼,又要质轻便于悬挂,特别要耐得起风吹雨打,传统的布或PVC等印制素材,总是无法做到。因此,尽管时代进步,茶掌柜的烦恼依然存在,直到现在。

请您用手来感受这一页,试试看要用多大的力量,才能撕破它?这就是杜邦泰维克,无论印制任何海报、旗帜,挂在风雨艳阳下,始终亮丽招摇。

当然,杜邦泰维克的优点还有很多,下页见真章。

强韧耐用,一般人为力量撕不破。

受潮或浸湿后仍然保持原有的强度。

重量轻,方便悬挂,比同样大小的牛皮纸轻一倍以上。

印刷精美,耐久不褪色。

完全燃烧后,仅会剩下水和二氧化碳,最符合环保要求。

请带着这份纸样,告诉你的客户,泰维克好在哪里……

这是登在台湾《动脑》杂志上的一则广告,充分利用杂志可以加入特殊纸张的特点,该广告就印在广告所要宣传的产品——杜邦泰维克纸上,"下页见真章"之前的内容在杂志夹页的正面,之后的内容在夹页的背面,标题"就是这面茶招子,解决了茶掌柜的问题",人们不禁要问:"茶掌柜有什么烦恼?""为什么这种纸能解决茶掌柜的烦恼?""这是什么纸?"接下来,正文就从做茶招子需要光鲜亮丽、质轻便于悬挂、耐得起风吹雨打三个方面,对茶招子的材质提出要求,紧接着引出广告的诉求重点"杜邦泰维克是做茶招子的首选材质"。那么有什么理由说"杜邦泰维克是做茶招子的首选材质"呢?这就需要支持点支撑诉求重点,该广告

从强韧耐用、受潮或浸湿后仍然保持原有的强度、重量轻、方便悬挂、印刷精美、耐久不褪色、最符合环保要求六个方面进行诉求，这六个方面就是诉求重点的支持点。最后一句"请带着这份纸样，告诉你的客户，泰维克好在哪里……"是行动号召。

▶【思考题】

1. 结合实际案例谈谈文案正文如何承接标题的话语。
2. 如何写好代言人式广告文案？
3. 结合文中案例《妈妈，我不是故意的》，讨论如何写好故事型文案。
4. 结合文中案例《汽车音响好不好，一到山谷就知道》，分析解决问题式广告文案的内在逻辑顺序。

▶【延伸阅读】

1. 张岱年，方克立. 中国文化概论. 北京：北京师范大学出版社，2004.
2. 宋玉书，王纯菲. 广告文化学. 长沙：中南大学出版社，2004.
3. 乐剑峰. 广告文案：广告人的自我修炼手册. 北京：中信出版集团，2016.

5 广告语及随文的写作

导言

本章学习目标

了解广告语的特点;充分理解广告语写作的一般原则和具体原则;熟悉广告语写作的步骤;能结合企业的历史、企业的理念,写出较精彩的企业形象广告语;能够结合产品的特点写出具有特色的产品广告语;能根据正文的内容和风格写出有助于产品销售的广告随文。

本章难点

广告语的发想方向;广告语的写作技巧。

课前导读

广告语是企业为了加强受众对企业及商品的一贯印象,在广告中长期反复使用的简明扼要的、口号性的、表现商品特性或企业理念的句子。广告语写作既要遵循一般原则,也要恪守具体原则。随文是对正文必要的补充,是广告诉求最后的推动。在特定的广告活动中,广告作品中还有与正文的衔接更为密切的广告准口号。

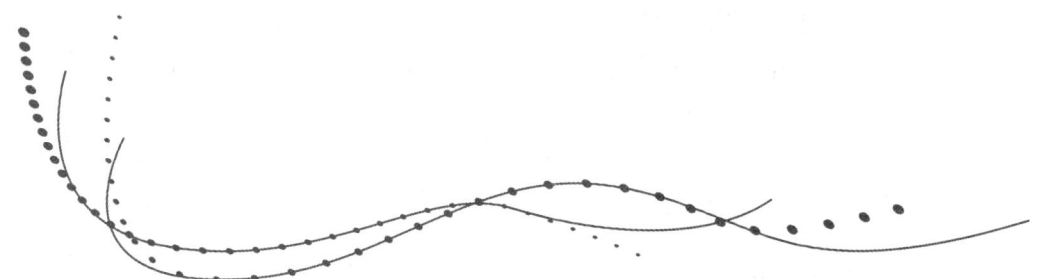

广告语又称广告口号、广告警句,它是用富有感染力的语句组成的,简练明确,鼓动性强,其目的是为了加强诉求对象对企业、产品或服务的印象而在广告中长期、反复使用的简短口号性语句。它基于长期的销售利益,向消费者传达一种长期不变的观念。在某种意义上,广告语就像企业的商标一样,是企业营销的一个重要标志。一个企业或一种产品长期使用一个口号,有助于消费者辨认企业及其产品,通过反复宣传,必然留下深刻的印象和记忆。当消费者看到或听到某一口号时,很容易想起这是哪个厂家或哪种产品。因此,有人把广告口号称为广告主题或企业营销宗旨的"语言的标志"和"文字的商标",并把它视为与商标、厂标一样重要。

在信息时代,广告已深入社会生活的各个方面,它用简练、生动的语言,集中而形象地表明商品的特色和性格,表达消费者的愿望和要求。它用富有感情色彩的语言来吸引受众、感染受众,不仅使人们了解其商品、信任其商品,同时也成为一种社会文化。

5.1 广告语特性

5.1.1 广告语与广告标题的区别

广告语和前面讲到的标题都是广告中引人瞩目的词句,两者之间具有一定的联系但也有明显的区别。

5.1.1.1 二者的传播目的不同

广告标题是配合不同时期产品推销的需要,其目的是吸引和引导诉求对象继续接触广告内容,注重即时的作用;广告语传达长期不变的观念,注重对消费者观念和品牌形象的长期效果。

5.1.1.2 二者的适用范围不同

广告标题只在一则具体作品中使用,与广告具体内容密不可分;广告语一旦确定下来,要在较长时期内持续使用,适用于任何媒介、任何形式的广告。如:海尔电器的广告语"海尔——真诚到永远",只要是宣传海尔产品的,电视、广播、报纸、杂志、网络,甚至于包装箱上、手提袋上、名片上等,都用这一广告口号。海尔洗衣机、海尔冰箱、海尔空调、海尔小家电,也都用这一广告口号。可见,广告语要比广告标题使用的范围更大,适用于对企业所有产品的整体宣传。

5.1.1.3 二者的使用时间不同

广告标题是短期使用,根据需要经常变换,例如商品具有好几种优点,就不妨从各个角度,分别写成几则广告,陆续发布;但广告语是相对固定的,具有较长时间的连续性,尤其是成功的广告语,更不宜轻易改变。

5.1.1.4 二者的内容不同

如果说广告标题是"眉目传情",那么,广告正文就是"心腹相见",标题的承诺、标题的疑问、标题的悬念,要在正文中得以解决,因此标题与正文密不可分;广告语传播长期观念,与广告具体内容不紧密相关。

5.1.1.5　二者出现的位置不同

广告标题一般出现在平面广告最醒目的位置和广播电视广告的开头;广告语一般在广告结束的位置。

5.1.2　广告语的特性

5.1.2.1　简短有力的口号性语句

一条广告语,无论说什么和怎么说,都必须是简短有力的口号性语句。不简短,就不便于重复、记忆和流传;软弱无力,就无法坚定自信地传播关于企业或产品的观念。

5.1.2.2　单一明确的观念性信息

广告语只传达单一明确的观念性信息,不做解释和说明。广告语中的观念,通常是关于企业或产品的核心观念。如诺基亚的广告语"科技以人为本",传达的是诺基亚坚持以人为本,让科技为人服务的观念,实际上是企业为赢得消费者认同而为自己寻找的关键性说辞。

5.1.2.3　长期广泛地反复使用

广告语在不同时期的广告活动和不同媒介、不同内容的广告作品中长期使用。一条成功的广告语,可以连续使用数年甚至数十年,不能轻易改变,除非企业或产品的核心观念发生变化。

5.2　广告语写作的原则

5.2.1　广告语写作的一般原则

写作广告语的目的,就是针对产品、市场、目标消费者以及市场难题、竞争对手的具体情况,根据广告策略,寻找一个说服目标消费者的理由,并根据这个理由用形象化的语言,通过视、听表现来影响目标消费者的情感与行为,使消费者从广告中认知该产品给他带来的利益,从而促成购买行为。因此,广告语的核心在于提出理由,继而劝服,以求促成行动。什么样的广告语才能担此重任呢?对厂商来说,最基本的就是要和商品概念吻合,在用字上则必须含意确切、通俗易懂、短小精悍、朗朗上口,以达到"三认"(认知、认同、认购)为目的。广告语还必须与时俱进,尽可能地反映时代风貌、文化内涵,并有可能成为时下流行语。

5.2.1.1　简洁凝练

古人常说"惜墨如金",撰写广告语也往往如此,必须做到"三言",即言辞达意(讲究准确)、言简意赅(以一当十)、言不虚发(注意效果)。广告语应简明扼要,抓住重点,没有多余的话。不简短就不便于重复、记忆和流传。广告语在形式上没有太多的要求,可以是单句,也可以是对句。一般来说,广告语的字数以 6~12 个字(词)为宜,一般不超过 12 个。这样的例子我们随处可见。能够在社会上广泛流传的广告语基本上都是很简短的。如:

　　让我们做得更好　(飞利浦电器)

Just do it　（耐克）

　　头屑去无踪,秀发更出众　（海飞丝洗发水）

最少的还有一个词的,比如 IBM 公司的" Think ",都是非常简练的。正是应了那句话:"浓缩的都是精华!"

5.2.1.2　明白易懂

广告语应使用诉求对象熟悉的词汇和表达方式,使句子流畅、语义明确。应避免使用生词、新词、专业词汇、冷僻字词,以及容易产生歧义的字词,也不能玩文字游戏,勉强追求押韵。西铁城表曾经使用过这样一则广告语"质高款新寰宇颂,国际名表西铁城",由于过于追求音韵的平仄起伏,使这句广告语给人的整体感觉十分晦涩,是西铁城公司的一个失败之作。而有一些公司的广告语则因其浅白、贴近生活流传甚广。比如非常知名的雀巢咖啡广告语"味道好极了",仿佛是一个亲人或者朋友带着会心的微笑向你推荐他的最爱,浅显易懂又十分亲切。类似的例子还有娃哈哈儿童营养口服液广告语"妈妈我要喝"等,听起来就像每天发生在我们身边的一点一滴的事情,既宣传了产品又便于流传。

5.2.1.3　朗朗上口

广告语要流畅,朗朗上口,适当讲求语音、语调、音韵搭配等,这样才能可读性强,抓住受众的眼球和受众的心。我们不难发现,许多广告语都是讲求押韵的,比如"维维豆奶,欢乐开怀""好空调,格力造""头屑去无踪,秀发更出众"等,俯首皆是。

5.2.1.4　新颖独特,富有情趣

要选择最能为人们提供最新信息的广告语,要在"新"字上下功夫。如新产品或老产品的新用途、新设计、新款式等。广告语的表现形式要独特,句式、表达方法要别出心裁,切忌抄袭硬套,可有适当的警句和双关语、歇后语等,迎合受众的好奇心和模仿性,唤起心灵上的共鸣。比如某电话机的广告语"勿失良机",巧妙地利用了"机"字的双关;又如前些年流传甚广的"万家乐,乐万家",前后两句运用顶真与回环,既包含了品牌名称又朗朗上口,"乐万家"的蕴意又十分温暖人心。雕牌洗衣粉的广告语"妈妈,我能帮您干活了",既与产品功能相符又体现了母子间的深情。

5.2.1.5　主题突出

一条广告语可以选择不同诉求点,但总要突出某一方面。比如神州热水器的广告语"安全又省气",让人很轻易就记住了热水器的与众不同之处,且抓住了消费者对品质方面的特殊要求。又如诺基亚的一条广告语"科技以人为本",虽然这句话并不是诺基亚最先提出来的,但却向消费者展示了该公司的创业理念,使受众对该公司产生一种亲近感,从而对其产品的质量、售后服务等有了信赖感。

5.2.1.6　嵌入品牌名

如果能把公司、产品或服务的名称自然地嵌入广告语中,在宣传中不断地出现,将会大大提高公司或产品的知名度及广告宣传的效果。正大集团在中央电视台二套综艺节目中的口号"爱是正大无私的奉献",巧夺天工,既体现了深刻的内涵,又镶嵌得天衣无缝。

5.2.2 广告语写作的具体原则

5.2.2.1 在内容方面

(1) 不能以大话取胜。广告语言是传播广告信息的主要工具之一。促使广告力图为目标受众所理解接受并产生预期的反应,就需要广告语在时间、地点、数字、质量、品牌、功效等方面写得准确到位,给受众一种真实感。广告与写作切不可没有内涵,只是大而空的话。例如关于尊师重教的话题,如何具体地表现? 如何将概念性的东西具体化、形象化? 有这样一则广告:一块黑板,黑板上只有一句话,"没有老师,你就读不懂这句话"。尊师重教是中华民族的一个优良传统,但画面中并没有"尊师重教"的话语出现,一块黑板,一句简单的话,就把这个中华好风尚表现得淋漓尽致。

又如邦迪创可贴《韩朝峰会篇》广告,广告画面为韩、朝首脑会晤双方共同举杯的照片,广告语"邦迪坚信,没有愈合不了的伤口"。广告抓住韩朝峰会这一历史事件,借势造势,把邦迪创可贴用来愈合伤口的特点进行提升与延展,赋予它更丰富的人情内涵。在这里,它能愈合的不只是肉体的伤痕,还有内心的、精神上的。产品不是停留在表面的功能上,而是深入一个很高的思想精神领域。犹如一位饱经沧桑的智者,不但在用慧眼观察这个纷繁的世界,而且对所有的一切有着超越平凡的思考。作为一个产品,能将国际性事件和自己关联起来,这在宣传策略上向前迈进了一大步,对于品牌的树立和拓展,将起到重要作用。该广告所宣传的产品如此"小",赋予的含义如此"大",把产品和事件巧妙地联系起来。内涵丰富,令人深思,耐人寻味,从而使受众对产品产生深刻而难忘的良好印象。

(2) 不能空洞无物。广告诉求是为促使消费而设计的,即为什么要购买? 这就存在一个利益点的问题。广告语必须有明确的利益点,切忌空洞无物,不切合产品实际的空谈。公众普遍关心的利益点主要有:

1) 健康长寿。对于人们本身来说,健康是第一追求,也是人们的终生渴望。一般可利用医药、卫生用品、营养食品、体育用品等进行诉求。如黑妹牙膏的广告语"清新健康每一天"和美媛春口服液的广告语"女人健康就是美"。

2) 爱心关怀。爱护他人、关心别人是中华好风尚。人的感情是丰富多彩的,有母子情、父子情、夫妻情、朋友情、同学情等。广告语必须善于挖掘产品内在所包含的情感元素。如好利来蛋糕广告语"真心送关怀,岁岁好利来",巧妙地把商品定位在"关怀"和"岁岁"两词上,提醒人们年年有生日,岁岁送蛋糕,恰如其分地烘托了主题。

3) 经济地位。经济是人们生活的物质基础,随着经济水平的日益提高,人们对物质生活的追求也就更加热切,对商品的档次和质量要求也会相应地有所攀升。这就为高档商品、名牌产品创造了充满希望的商机。如何满足消费者这种求高、求美心理,是广告语的关注点。如金利来的广告语"金利来,男人的世界",人们对金利来领带、西服素来推崇深色贵族式的庄重,早已成为经济地位、权贵显赫的象征。尤其是广告语带给人们的就像音乐里的主旋律、摄像中的聚焦那样使人们更深刻地记住广告本身。

4) 儿童成长。父母关爱子女的健康成长是天经地义的事,聪明的厂商一直把目光投向儿童商品市场。产品不断翻新,花样百出,广告语也充满亲切温馨,深入人心。如雀巢儿童成长奶粉的广告语"成长只有一次",一句简单通俗的话,就吸引无数父母的关注。

5)道德教养。德为立身之本,也是立国之本。对厂商来说。向消费者提供优质产品和真情实意的广告,是商业道德的具体表现。当然,商业广告也可利用自己的优势,向各种不正之风发起挑战和进攻。许多公益广告为此倾注了热情,立下了汗马功劳。如节约用水的广告语"请用你的手,拭去我的泪滴",爱护草坪的广告语"人间知音难觅,天涯芳草难培",这些晓之以理、动之以情的广告语时常伴随人们左右,对弘扬社会正气大有裨益。

6)民族精神。中华民族在五千年的历史长河中,培育和发展了许多优秀可贵的民族精神:勤劳俭朴、艰苦奋斗、坚持正义、反对邪恶、不畏艰险、自强不息、乐于助人、勇于奉献等,都是可歌可泣的优秀品质。国人为之自豪,世界为之敬仰,这些可贵的民族精神不仅是文学作品所要讴歌的主旋律,而且也是广告作品所要宣传的基本点。如中国银行的企业形象广告语"止,而后能观",画面是一片丰饶无际的麦田,一个憨厚的汉子畅快于金秋丰收时,向世人展示中国人不卑不亢、大气而不霸气的民族气节。同时也渲染出中国银行财雄势大以及中国人理财的智慧,交织出一个浑实却不失飘逸的中国银行形象。

除此之外,在写作广告语时,也可以从怀旧情怀、自尊自强、追逐时尚、浪漫爱情、美丽人生、自我价值、家庭伦理、吉祥如意、尊老爱幼、诚实守信等方面挖掘。且不可写成"我们关注你的健康""我们竭诚为你服务"等空洞的套话,更不应该将产品名称加上无实际意义的前缀或后缀,或做顺序的颠倒等文字游戏。

5.2.2.2 在文字、音韵方面

(1)不能是只能看、不能读的哑巴语言。广告语旨在树立品牌形象,要长期使用,要在宣传该产品的各种媒体中使用。因此,写出来的广告语,要做到"意美、音美、形美",要适合在不同的媒体中使用。这就要求广告语既有美好的含义,读起来又悦耳动听。广告语要避免佶屈聱牙,避免使用同音异义的词语。

(2)不能使用生僻的词语。广告语不能简单等同于文学语言,文学语言是观念性的,广告语言则是物质性的。词汇表现的是抽象的思想,广告语表现的是具体的感受。广告语是一种专门的语言,有特殊的感化力。它的内涵属于商业范畴,目的是为了推销产品和服务,具有明显的商业性和实用性。文学作品是人们出于爱好而自愿花时间去阅读的,而广告的受众则不愿花费精力和时间自动去接受,一般来说是处于被动状态下接受信息。因此广告语必须能在瞬间引起人们的注意,生僻的词语不会产生让人过目不忘的效果。

(3)不能勉强追求对仗和押韵。虽然对仗形式的广告语比较朗朗上口,但广告语不能不考虑实际内容,而一味追求严格的对仗和押韵。广告语必须"言之有物",在保证"言之有物"的前提下,可追求对仗和押韵。

(4)不能过多使用虚词。广告语很短,应该字字珠玑,在用字、用词上以一当十,不能使用没有实在意义的虚词,对于可有可无的字词坚决删掉。

5.3 广告语的写作过程与写作技巧

5.3.1 广告语写作的第一步:决定在广告语中说什么

5.3.1.1 企业形象广告语内容的实际来源

(1)企业的历史。

1)企业存在的历史。上海中华牙膏以其在人们心目中的老品牌做优势,推出"四十年风尘岁月,中华在我心中"的广告语,强调它历经四十年风雨而不倒,畅销全国,并利用人们长期信赖"中华"这个久负盛名的优质牙膏牌子的优势,来展开怀旧的情感攻势。中国工商银行的广告语"八十年叶茂根深,造福于国计民生!"表明中国工商银行历史的悠久,值得信赖。

2)企业生产或服务的长期性。1915 年,茅台酒荣获巴拿马万国博览会金奖,享誉全球,先后 14 次荣获国际金奖,蝉联历届国家名酒评比金奖,畅销世界各地。1935 年 3 月 16 日,红军攻占茅台,为了欢迎红军,当地群众捧出茅台酒。1949 年的开国大典,周恩来确定茅台酒为开国大典国宴用酒。从此每年国庆招待会,均指定用茅台酒。在日内瓦和谈、中美建交、中日建交等历史性事件中,茅台酒都成为融化历史坚冰的特殊媒介。

茅台酒见证了历史的兴衰,"国酒茅台,相伴辉煌"虽然没有明确表明茅台酒存在的历史悠久,但一句"相伴辉煌"足以表明茅台酒历史的厚重。

3)丰富的经验。浙江蜂之语蜂业集团有限公司由杭州天地保健品有限公司、杭州蜂之语健康食品有限公司、桐庐蜂之语滋补酒业有限公司、桐庐蜂之语旅行社有限公司、杭州天地工艺礼品有限公司等五家企业组成。2000 年蜂产品行业有了风起云涌的变化,跟风产品大量涌现,竞争的态势不可同日而语。其中,桐庐出产的"蜂之宝"就是最直接的模仿者,它借用相同的产地和近似的产品名来混淆视听,一度误导消费者。还有"哈药六"推出的皇浆咀嚼片更是来势生猛,它的终端渗透力强得惊人,广告在众多媒体狂轰滥炸。为适应竞争的需要,品牌的核心广告语改为"蜂业专家,养生榜样",一直沿用至今。诉求增加了科技性和行业专家的内容,以领先的市场接受度压制对手,用专业水准化解攻势。

4)企业对社会的贡献。正大集团是泰籍华人创办的知名跨国企业,正大集团的两位创始人和第二代经营者都有着血浓于水的中国情结,多年来一直关心和支持中国的发展。中国实行改革开放后,正大集团积极响应中国政府的号召,率先进入中国投资,并始终坚守"对国家有利、对人民有利、对公司有利"的"三利"原则。正大集团在北京大学、复旦大学、北京农业大学设立培训中心,培养企业人才。正大尊重合作伙伴,在合作中,主要起用原企业人才并合作愉快,显示出正大集团谢国民董事长的理念:"世界的人才,世界的知识,世界的市场,不分国界。"多年来,正大集团与改革开放的中国共同成长。广告语"爱是正大无私的奉献",诠释了"有利于国家,有利于顾客,有利于股东,有利于员工"的企业理念。

(2)企业的理念。

1)企业的目标。在蓝色巨人经营处于低谷时,IBM 提出了"IBM,四海一家的解决之道"这一颇具煽动性的口号,希望不仅成为一个名副其实的跨国企业,而且真正成为为高科技电子领域提供一条龙解决方案的企业。"IBM,四海一家的解决之道"既是对电子商务的特点的高度概括,也彰显了企业的远大目标。

鄂尔多斯集团的广告语"鄂尔多斯温暖全世界",同样表明了企业的目标。鄂尔多斯羊绒制品的产销能力达到 1000 万件以上,已占到了中国的 40% 和世界的 30% 以上,产品质量、市场占有率、出口创汇、销售收入连年居全国绒纺行业第一名。"鄂尔多斯温暖全世界"表现了该企业放眼全球的企业战略。

2)企业的宗旨。诺基亚公司的广告语是"科技以人为本"。诺基亚被称为最具人情味的大公司不是毫无理由的,技术不是诺基亚的优势,人性化才是诺基亚与其他公司相区别的最大特性。"科技以人为本"似乎不是诺基亚最早提出的,但它却把这句话的内涵发挥得淋漓尽致。事实证明,诺基亚能够从一个小品牌一跃为移动电话市场的大品牌,正是尊崇了这一理念,从产品开发到人才管理,真正体现了以人为本的理念。因此,口号才喊得格外有力,因为言之有物。同时,"科技以人为本"令诺基亚避开了与竞争对手在技术上的比较,直接着眼于消费者的心理需求,给冷冰冰的科技加上了一抹人性的光彩。

3)企业的服务原则。"给你一个五星级的家",这是广州碧桂园的企业形象广告语。碧桂园已成为广州房地产界的一个神话,套用一句老话:"说一句好听的话并不难,难的是让这句话一直好听下去。"长期的坚持,使"五星级的家"成为碧桂园品牌的内涵。五星级,是优越的居住质量和信誉的高度概括,对消费者而言则是提供了一个选择的标准,谁不想自己的家是五星级呢?

4)企业对消费者的承诺。"我们一直在努力!——爱多 VCD。"因为有追求,因为有爱,所以"我们一直在努力",这就是爱多要告诉我们的。该广告语有力地提升了爱多的企业形象。成龙的一路奔跑,一路呼唤"平凡的人给我最多感动""让真心的话在你我的心里流动",既从人性的力量来唤醒每一个人努力的潜意识,又从科技的侧面体现爱多努力让科技同步到达每一个家庭的企业理念。虽然时过境迁,但我们不应该忘记曾经努力过的爱多。

又如威廉·伯恩巴克为奥尔巴克百货商场写的广告语"做千百万的生意,赚几分钱的利润",向消费者承诺,我们不是暴利的,而是微利的。

5)企业对社会的承诺。"长虹,以振兴民族工业为己任。"长虹公司把军工企业巩固国防、保卫祖国的传统理念和崇高使命同市场经济服务社会结合在一起,得出本公司的管理哲学,即必须将公司的生存与发展和国家利益、社会利益结合在一起,以此为依据制定出公司的目标体系。公司最高目标:长虹以产业报国、振兴民族工业为己任。

除此之外,企业形象广告语也可把企业的规模、企业的重要产品、企业的技术优势、人才优势、设备优势等方面作为企业形象广告语的发想点。

5.3.1.2 决定企业形象广告与内容的几个技巧

(1)对于新兴企业,传递企业现在所具有的优势,往往会给受众以"某企业是同类中的后起之秀"的印象。

(2)对于历史悠久并且仍具有活力的企业,在广告语中传达历史悠久的信息,容易赢得受众的信任。

(3)对于大型、集团化企业。这些企业对社会具有巨大的影响力,因此在广告语中传达该企业对社会的贡献和对社会的责任,将会收到好的效果。

(4)对于跨国企业。这些企业进入外国市场时面临的最大困难就是外国消费者的不信任。因此在企业形象广告语中表达对当地文化的认同、对当地消费者的善意是获得受众好感的一种很有效的手段。

5.3.1.3 产品广告与内容的实际来源

(1)产品的特点。

1)性能的特点。"只溶在口,不溶在手"是著名广告大师罗瑟·里夫斯的灵感之作,堪称经典,流传至今。它反映了M&M巧克力糖衣包装的USP(unique selling proposition,即"独特的销售主张")。当时有着这样一个背景:其他的巧克力有一个致命的缺陷,那就是极易融化,并且融化后会沾得到处都是。而M&M巧克力很巧妙地给它加了一层米纸,这样就很方便了。这句广告词极大地突出了产品特点,具有独特性,又切合了人们的需求心理,所以成为经典也就不稀奇了。

2)材质的特点。"草原的牛奶会说话",这是伊利纯牛奶的广告语。牛奶会说话?说什么,怎么说,拿什么说?这些都是让人费尽思量的问题。在一条广告语的背后,凸现的是产品材质的与众不同,以及引领品牌的策略路线。俗话说:纲举目张。广告语贵在提纲挈领,不但要打草惊蛇,还要引蛇出洞,以"草原的牛奶会说话"带出对牛奶好品质的介绍,一步步地逐渐深入,把牛奶的话好好说下去,"说什么"就不言自明了。

3)质量的特点。"农夫山泉有点甜",换一个角度去看瓶装水,换一个角度去理解瓶装水就会找到差异。在纯净、时尚都不再新鲜的情况下,必须独辟蹊径才可以迅速建立品牌。说到水的质地,很多人都会想到"清爽""甘洌""清甜"之类的词语。而农夫山泉正是选择了水质这一差异点。与乐百氏相同的是,两者都说出瓶装水普遍具有但却无人提起的特点,很多水都经过几十次净化,很多水的口感都"有点甜",可惜没有人想到这一点。

4)制造过程的特点。"乐百氏纯净水,27层净化",可谓中国近年来最经典的广告语之一,也许是中国当代最经典的一个理性诉求广告语,已经成为营销界的重要案例。在同质化相当严重的瓶装水市场,乐百氏凭借"27层净化"这一USP有效地与其他产品区别开来。在差异化的道路上乐百氏的选择是回到产品本身,单一的主题令人印象深刻,讲出了最简单也是最基本的理由——纯净水因何而纯净。虽然"27层净化"并不是一个独特的概念,但乐百氏却是第一个提出来的,并把这个概念发挥到极致,形成品牌概念独享。

(2)使用产品或接受服务所能获得的利益。

1)产品或服务对消费者实际需要的满足。运动与休闲娱乐,成为今天人们的最高享受。广州奥林匹克花园就是站在现代人的层面上,喊出了"运动就在家门口"这一着实让人振奋的口号,表现了该楼盘最重要的利益点,这就是健康悠闲的生活。

2)产品或服务对消费者心理需求的满足。如流传甚广的人头马酒广告语"人头马一开,好事自然来"。又如习酒的广告语"习酒是喜酒,喜事喝习酒"。再如手表广告语"一刻拥有,好运当头"。这些都是用吉利词语向消费者祝福的广告语,它们利用人们的求吉利心理,亲切地拨动消费者的心扉,动之以情,悦之以利,人人都爱听,并会不假思索地把这些商品当作吉祥之物买下来,送人或自用都会有好兆头的。

(3)产品或服务所包含的情感和观念。情感性的内容包括:产品或服务的象征意义、产品或服务所代表的某种情感。

"好东西和好朋友分享",这是麦斯威尔咖啡推出的首创礼盒新产品的广告语。这句温馨的广告语,达到了真善美的境界。传统的礼品广告,大都使用"送礼大方、经济实惠"等字眼,而"好东西和好朋友分享"则把礼品广告提升到心理的层次。因咖啡除了提神、享受之外,更有交谊的功能,可以说是一种"推心置腹"的饮料。这种既卖商品又卖感情的佳句,营造了四海之内皆兄弟的热情,更造成了大家告诉大家,成熟久远的广告流行语。

丽珠得乐胃药广告"男子汉系列",以平常心,写平常人,说平常事,提出"其实,男人更需要关怀"这一广告语。它说出了普通男人的心声,看似在说理,实则是抒"情"。情理交融,即达理,又通情,感人至深。

在化妆品广告充斥市场的激烈竞争中,大宝SOD蜜化妆品坚持平民化定位。其广告语"朋友记心间,大宝天天见",忠贞不渝地传递着大宝对消费者的关爱。与时下充斥广告画面的优雅高贵的高品位生活方式相比,大宝显得更亲切、更平易、更接地气。它朴素自然,从不故作姿态,过分吹嘘,以其一贯的平民化风格走进百姓生活,并赢得众多平民百姓的喜爱。

观念性的内容包括:产品或服务所代表的消费观念、消费时尚。

事实证明,经典的广告语总是丰富的内涵和优美的语句的结合体。"钻石恒久远,一颗永流传"是De beers钻石的广告语,这句广告语,不仅道出了钻石的真正价值,而且从另一个层面把爱情的价值提升到足够的高度,使人们很容易把钻石与爱情联系起来,这的确是最美妙的感觉。这不仅仅是一句广告语,而是在与人探讨爱情的真谛。

"百事可乐——新生代的选择",极力倡导企业文化所提倡的精神,使百事的"新一代的选择"和推崇"快乐自由"的风格广泛地被人们尤其是青年人所理解和接受。

5.3.1.4 决定产品广告与内容的几个技巧

(1)对于有一定知名度的老品牌,在广告语中强调它的一如既往或是推陈出新都会收到比较好的效果。

(2)对于新兴产品,获得消费者的信任并促使他们购买的最有效的手段就是明确地告诉受众"我是新的"。

(3)对于消费者购买时会面临较高风险的产品,在广告语中对受众承诺某些方面的"安全""可靠""放心",是一种明智的选择。

(4)对于高科技产品,技术的先进和性能的卓越应成为广告语的出发点。

5.3.2 寻找广告语的形式

同样的内容可以有不同的表现形式,在写作广告语时要认真斟酌,在多种可能的表现形式中,找到最能表现企业形象,反映商品特点,同时又对广告受众有较大吸引力,并且好记易传的那一句话。

5.3.2.1 广告语的结构

广告语可以采取以下几种简洁、有力的口号式结构:

(1)简单单句。一个独立的简短句子,前后均没有任何附带语句,因句子容量有限,一般不包含企业或品牌名称。如"为了美好的明天""让我们做得更好"。

(2)简单双句。两个相互关联的简短句子,这种形式的句子容量较大,一般可以包含企业或品牌名称。简单双句有对仗和不对仗两种形式。对仗形式如"不在乎天长地久,只在乎曾经拥有"。不对仗形式如"车到山前必有路,有路必有丰田车"。

(3)企业或品牌名称加简单单句。在简单的单句前加企业名称或品牌名称作为前缀。如"海尔,中国造""非常可乐,中国人自己的可乐"。这种结构,便于突出企业或品牌的名称,加深受众对企业或品牌的印象。还有一些广告语本身不包含企业或品牌名称,但在电视广告中以画外音出现时,常常加上企业或者品牌名称作为后缀。如"要做就做最好——步步高"。

5.3.2.2 广告语的风格

广告语是简短的口号性语句,但不等于一味大喊大叫的口号,写作广告语时,可根据企业或品牌的特性以及广告语的内容,选择不同的风格。

(1)写实型。写实型广告语往往一语道破天机,以符合产品或服务的客观实际的笔调,再现广告产品的形象和性能,并以此引起消费者的密切关注。这种形式的广告语不事张扬,但可以显示企业或品牌身着自信的气质。

如宝洁公司飘柔洗发水广告语"头屑去无踪,秀发更出众",该广告语以白描的手法真实再现了飘柔洗发水去除头屑、创造秀发的突出效果,使消费者对广告产品产生了向往之情。

又如诺基亚手机广告语"科技以人为本",表现诺基亚坚持以人为本的企业理念,处处为消费者着想,把消费者放在第一位,使消费者爱企业,进而购买诺基亚手机。

写实型广告语,常见的方式是将商品名称和厂商名称写进广告语,让消费者一目了然。如《时代》杂志的广告语"阅读《时代》,就能理解时代",极力将自己的产品名称做主打广告语,以正面形象不失时机地传递着产品,内容突出、鲜明。

(2)抒情型。要传达情感性信息时,广告语可以用文学性的语言风格营造氛围。抒情型广告语就是通过文案创作者直抒胸臆的直接抒情或通过形象间接抒情的方式来达到以情感人、以情促销的广告语。

如南方黑芝麻糊广告语"一股浓香,一缕温暖",黑芝麻糊冒出的浓浓香味,使人情不自禁地怀念起往日美好的岁月,进而内心涌出一丝温暖。广告正文的怀旧又引起不同消费者的不同怀旧之情,但无论何种怀旧,总会产生一股珍爱、一种感动,进而对感动之源——南方黑芝麻糊产生难以磨灭的记忆。"威力洗衣机,献给母亲的爱"所体现出的是血浓于水的亲情。"不在乎天长地久,只在乎曾经拥有"又像是和消费者在探讨爱情观。

(3)口语。口语生动活泼,语气鲜明,适合生活化产品,在口语化广告中,适度引用俗语,可以使广告语更加容易记忆。如雀巢咖啡广告语"味道好极了",娃哈哈儿童营养液广告语"喝了娃哈哈,吃饭就是香",口语化的表达,通俗易记。

(4)宣言。一些企业的广告语使用郑重语言,做宣言式表达。如飞利浦电器广告语"让我们做得更好",长虹电视广告语"长虹,以振兴民族工业为己任",海尔电器广告语"真诚到永远",这类广告语表明企业服务社会、服务消费者的决心,表达出自己的真诚,从而树立起负责任、有担当的组织形象和品牌形象。

5.3.3 修改广告语初定稿

广告语一旦发布,要长期使用。因此,广告语初步选定之后,还要认真修改,直到它完美无瑕,无懈可击。

首先,要对广告语的内容进行审核,看看它是否符合广告策划,是否适合广告对象和广告主题,如果不适合,再精彩的句子也要放弃。

其次,检查有没有语言上的毛病,看看有没有语法上的错误,有没有表意不清楚或不准确的地方,有没有错别字,有没有可以省略的文字,能否使句子整齐、押韵。

5.3.4 广告语的撰写技巧

5.3.4.1 用感情传递信息

感人心者,莫先乎情。广告语只有淡化商品味,浓化人情味,给人输送脉脉温情,以情动人,才能扣人心弦,引人关注。如何做到以情动人?感化!感化是文学语言的一种特殊功能,广告语同样需要感化的力量。广告语离开了感情因素,任何笔调都显得苍白无力,不可能打动人。以情动人,是广告语写作中永远不可忽视的元素。广告是一种心理渗透,一则广告语能否引发消费者积极的心理效应,很大程度上取决于广告内涵与消费者感情轨迹的融合度,这也是广告语创作成功与否的关键。成功的广告语必须依据此法则,用真情传递信息。

5.3.4.2 巧妙借用双关语

双关语指在一定的语言环境中,利用词的多义和同音的条件,有意使语句具有双重意义,言在此而意在彼的修辞方式。双关可使语言表达得含蓄、幽默,而且能加深语意,给人以深刻印象。广告人对双关语并不陌生,常常将其作为写作广告语的利器。如美的集团的广告语"原来生活可以更美的",利用"美的"的双关语,既体现企业名称,又强调美的生活,非常巧妙。又如公益广告"天堂说话就到",则巧妙地利用"说话"的双关意(一是表达语言,二是表达时间概念),以此来警示司机开车勿打手机,勿与人谈话,不然会造成生命危害。

5.3.4.3 巧用关联

广告语切忌生搬硬套,选用的事件必须与企业产品的内涵或外延存在一定的联系,以此作为广告语写作的切入点。如"孔府家酒,让人想家",其成功之处就在于营造了中国传统的文化氛围,把产品与浓厚的亲情紧密地联系在一起,让人感受到家的温暖。又如大都会保险公司的广告语"当晚霞消失的时候",是一个很含蓄、富有联想的句子,且意味深长:人生不管经受多少成功与失败、富贵与穷达,都会同即将消失的晚霞一样,有自己的终结,从而提醒人们要对自己的生活做出长远的打算。

5.3.4.4 恰当地使用口语、俗语

广告语来源于生活语言,反过来又充实和丰富着我们的日常生活,一则广告语取得成功的最高境界应该是能否在社会上迅速流传开来。

口语接近生活,趋于自然,读起来容易上口,且易被记住,在日常生活中被使用的频率较

高。如果在广告语中恰当地运用口语,往往可借他人之口扩大自己的广告宣传效果。

俗语在用词上比较讲究,且深入人心,如果在广告语中巧妙地、反传统地改变一下俗语里的一个字或几个字,就会收到意想不到的宣传效果。2000年度"广州日报杯"报纸广告大赛的广告语"是骡子是马,拉出来溜溜",一句人们颇为熟悉的俗语,表达广告精英们总认为自己是千里马,在比赛中,虽不乏良马,说不定也有一些"骡子",清晰地传达了大赛的信息。

5.4 广告随文的写作

随文又叫附文,是广告中传达购买商品或接受服务的方法等基本信息,对广告内容做进一步的补充说明,促使或者方便诉求对象采取行动的语言或文字,具体而言,是向受众说明、介绍广告主、商品及有关附属信息的文字部分。它是整个广告文案的有机组成部分,具有重要的推销作用。随文的写作旨在强化企业、商品的某些特征,提供联系方法或进一步促使受众购买产品。假如正文介绍了某企业获得了各种荣誉,那么随文一般都会附上有关获奖证书、证件的复印资料,这样,可增加受众对产品的信赖感。随文一般出现在印刷广告的最下角,在电视、广播广告中往往出现在结尾,也可以以游动字幕的形式出现。随文并不是可有可无的,它所提供的联系方式、购买方法等基本信息,是对正文必要的补充,是广告诉求最后的推动,好的随文对于将诉求对象的购买欲望变成购买行动有极大的帮助。

5.4.1 随文的内容

5.4.1.1 购买商品或获得服务的方法

如果产品通过特别销售点(如指定商场、指定销售商)销售,或者采取特殊销售方式(如直销、邮购、网络销售等),应在随文中明确说明;如果是服务产品的广告随文,应该列明服务机构的名称、地址、联系办法、联系人,如果有必要还应标明乘车路线。

如果广告版面比较大,随文可列出每个销售商的联系方法,给出直接反应的表格。小版面印刷广告容量有限,随文应尽量简洁。

5.4.1.2 用于与诉求对象交流的热线电话、网址

为了便于与消费者联系,及时了解消费者的信息,应在随文中标明服务热线、咨询热线、销售热线、投诉热线等。如果企业或产品拥有网站,应明确标明网址,鼓励诉求对象访问网址以获得更多信息,借以扩大产品或服务的知名度。

5.4.1.3 权威机构的认证标识或获奖证明资料

为了增强产品或企业的可信度,有些证明材料是必不可少的,如广告主过硬的获奖证明资料(例如在同行业中获得过国内外奖项的)、获得过的重要证书(如专利认可证、卫生许可证、国际ISO认证等)。其中的有些内容或许正文中已提及,但随文中如有相关的复印材料,对受众就更有说服力了。

5.4.1.4 其他

随文内容还可以标明产品的价格、优惠办法、银行账号、回购单、赠券、抽奖办法等。

5.4.1.5 企业标识内容

企业标识内容是广告所宣传的企业或机构等广告主方面的信息,如企业名称、企业专用字体、专用颜色、企业的标识等,特别是做企业形象广告时,这部分内容必不可少。

5.4.1.6 商品标识内容

商品标识内容是广告宣传的产品方面的附加信息,包括产品的商标、商品名称等。这些要素也都是广告产品的关键信息,直接关系到产品能否长驻受众心中。

5.4.2 广告随文的类型

广告随文根据其表现形式的不同,大致可分为常规式、表格式、附言式、标签式等几种形式。

5.4.2.1 常规式

常规式广告随文是围绕广告战略目标、广告对象,选择若干项随文内容一一列出。几乎所有的广告文案都离不开随文,当然,塑造品牌形象的文案除外。因为随文关系到产品与受众能否实现进一步的交流,甚至个别广告为了节省费用,文案中只有广告标题和广告随文或只有广告语和广告随文,这种情况在电视广告中存在的较多。一般来说,随文内容涉及企业或商标名称以及联络方式(广告主的地址、电话等),而联系方式几乎可以说是必不可少的。

5.4.2.2 表格式

有时,为了使随文的内容表达得更为清楚,使受众一目了然,并使广告文案显得有所变化,随文的内容就以表格式的形式出现。例如,一些单位的广告随文中经常出现"消费者意见表"等,这种随文比较醒目,有利于回收、统计消费者的反馈意见。再如"生命源"针对本产品能帮助患者排除体内垃圾的作用,从"人群""中度表现""重度表现""重要原因"四方面,设计了一张"体内垃圾在肠道过夜常见表现对照表"作为随文的一部分,受众对照该表,一下子就可以检查自己是否有"不良表现"。显然,这张表对于促进受众根据自身情况,采取相应措施,即买"生命源"起到了较好的作用。

5.4.2.3 附言式

附言式广告随文往往以"特别提醒""好消息""惊喜"等词语领起,向受众提供与广告内容相关的一些附属信息。

例如,某保健品公司的"金箍棒 L-乳酸钙冲剂"的广告随文中有一条"惊喜":"现在购买金箍棒 L-乳酸钙一瓶,送育儿 VCD 一张,数量有限,欲购从速!"它通过向受众附送另一样产品的介绍来鼓励消费者积极采取购买行动。

写附言式广告随文尤其要把创意放在首位,否则,人云亦云的附言式广告随文则不能引起受众的兴趣,也不能起到促使受众购买产品的作用。同样是以"好消息"作为附言的,某单位的广告随文就更胜一筹,即"隆重举行减肥优惠价及寻找 100 名各种减肥失败者活动,并郑重承诺:减肥反弹不收钱"。该附言式随文使人读后感到广告主的诚意并让人对产品产生一种信任感。

也可将随文写成委婉的、具有亲切感和人情味的简短附言。如:

在母亲节到来之际,请带上我们亲爱的妈妈,乘 2 路、39 路……公交车,在……站下车,往南走 20 米,某某商场(专柜),为我们亲爱的母亲备有节日礼物。

如果您希望了解关于……的更详细的信息,可以按照下面的地址给我们写信,我们将寄上……

我们在……为您备有关于……的更加详细的资料。

我们的特别优惠(或其他内容)活动在以下店铺中进行,欢迎您就近光顾。

如果您在……日之前购买……产品,我们将有特别的礼品奉送。

广告大师大卫·奥格威为英国"舒味思"饮料上市美国市场写的广告文案随文是这样的:

附言:如果你喜欢这篇文字而没有喝过"舒味思",请以明信片通知,我们即做适当安排。函寄纽约××街××号舒味思收。

附言式随文显得亲切、随和,毫不生硬,又有促进销售的力量,如果是感情诉求的征文,用委婉附言式的随文,和正文保持风格的一致。

5.4.2.4 标签式

标签式广告随文是在广告文案中设计一张简短的标签,以虚线或方格等形式标明,它可以是一张回邮单,也可以是其他内容。标签式广告随文的作用主要是进一步促使受众与广告主进行联系或对广告信息做出相关的反馈,一般以获得赠品或抽奖的形式来鼓励受众参与。

5.4.3 写作要求

广告随文具有推销的重要作用,因此,那种重视广告标题、正文、广告语的写作而忽略广告随文写作的认识和做法是十分不明智的。广告随文应始终围绕着广告主题、广告目标,独特而清晰地传递与广告内容相关的信息。要写好广告随文,应符合以下几方面的要求:

5.4.3.1 有选择地陈述有关信息

广告随文包含较多内容,但无须把所有的随文内容一一写出,罗列过多,会使关键信息得不到突出,广告宣传效果反而不好。因此,在写作中,应根据广告主题突出几条关键的与广告主题相关的附加信息。

5.4.3.2 要根据正文的内容与风格拟写

因为随文是正文的补充,所以正文已经写过的内容,随文就不要重复。文案必须传递的信息,标题、正文又不便写入的,则写入随文。既然随文是附在正文之后的信息,那么它与正文就是一个前后连贯的整体,因此在表现风格上也应该保持一致。如果正文采用感性诉求的方式,那么随文就应采用温婉附言的形式;如果正文是理性诉求的方式,随文则应该严谨质朴,与正文风格保持一致。

5.4.3.3 积极创意,号召行动

创意应贯穿于整个广告文案中,包括随文。好的广告随文能增加受众对产品的亲和力,能召唤他们对产品进一步关注,直接诱导、促使他们购买,并使人产生耳目一新的感觉。例

如,在随文中写上"收集若干张此产品的广告纸就可免费领取一份产品",是许多广告文案写作者惯常的做法。但某营养液的广告随文与此相比就更胜一筹,它的随文是这样的:"凭不及格考试成绩单,可免费领取××牌营养液一瓶。"显然,这样的随文很容易使受众在大同小异的各种广告随文中感到一种与众不同的东西,从而加强对广告产品的进一步关注,促使人们购买产品。

5.5 广告准口号

广告语是宏观、长期、反复使用的,代表企业形象或品牌形象,一般不会轻易变更。它是基于企业长远销售利益,向消费者传达一种长期不变的观念。广告语的使命就决定了它着眼点"高""远",因此,产品广告语对同一品牌下不同型号、不同类型的产品的表现就不够精准、贴切。企业形象广告语,关注的是企业形象,而它对企业生产的多种产品的表现就不够具体、明确。

于是,在特定的广告活动中,除了广告语之外,可以结合具体的广告目标,对广告语进行适当的、有效的补充,在形式上,采用广告口号的形式,一般把它称为"广告准口号"。它最早出现在香港和台湾的广告作品中,被用来当作广告"主题口号"的补充。

需要说明一点,广告语就是广告主题口号。在本节中,似乎用"主题口号"更合适,它和"准口号"更相配。但考虑到其他章节用的是"广告语",考虑到教材整体的一致性,故本节把"主题口号"仍称为"广告语"。

5.5.1 广告准口号与广告语(主题口号)的区别

广告语和广告准口号都是标语式的广告口号,都是以简练的语言和口号的形式,表达企业文化、经营理念、销售特点、品牌优势等,从语言形式上是难以区分的。它们的差别主要体现在:

5.5.1.1 通过系列广告表现出来

系列广告文案是指在同一次广告活动中,基于同一创意概念创作,用于同类媒体的集中刊播广告信息相同或紧密相关的两个以上的广告形式。在系列广告中,广告语是不变的,而广告准口号是各不相同的。

比如康柏电脑的系列广告:

广告语:"从现在起,每部康柏电脑背后,都有强劲售后服务支援。"广告准口号:"媲美康柏授权服务中心的服务速度。"(《飞豹篇》,画面为飞奔的雪豹)

广告语:"从现在起,每部康柏电脑背后,都有强劲售后服务支援。"广告准口号:"媲美康柏授权服务中心的细心态度。"(《袋鼠篇》,画面为母袋鼠呵护胸前的小袋鼠)

广告语:"从现在起,每部康柏电脑背后,都有强劲售后服务支援。"广告准口号:"媲美康柏授权服务中心的网络分布。"(《狡兔篇》,画面为漫山遍野的兔子洞)

系列广告通过"强劲售后服务支援"的创意概念,利用《飞豹篇》《袋鼠篇》《狡兔篇》从

"服务速度""细心态度""网络分布"三方面诠释康柏电脑的"强劲售后服务支援"的具体表现。

又如圣元奶粉的系列广告：

广告语："有牛奶,就有可能。"广告准口号："没有无法实现的奇想。"(《金字塔篇》)

广告语："有牛奶,就有可能。"广告准口号："没有不可能的任务。"(《比萨斜塔篇》)

广告语："有牛奶,就有可能。"广告准口号："没有无解的谜团。"(《复活节岛篇》)

通过"有牛奶,就有可能"的创意概念,利用《金字塔篇》《比萨斜塔篇》《复活节岛篇》三张平面广告,表现圣元奶粉让谜不再是谜,将不可能变为可能,暗示圣元奶粉使孩子的未来不可限量。

5.5.1.2 通过拥有多品牌的企业表现出来

一般来说,广告准口号常常是特定品牌的广告口号,不同于企业的广告口号。在一个拥有多种品牌的企业,常常以企业广告语统领品牌的广告准口号。

我们分析一下宝洁公司的企业广告语和其产品广告准口号。宝洁的产品有洗发护发、护肤美容、个人清洁、口腔护理、妇女保健、婴儿护理、家居护理等,产品都具有使消费者干净、卫生、美丽、自信的品牌特点。宝洁公司的广告语就以企业的宗旨为发想方向,提炼出"世界优质产品,美化你的生活"的广告语。

这个广告语表明了宝洁公司是一家生产优质产品、美化消费者的企业,是生产国际大品牌的企业,仅此而已。它靠什么美化消费者？它生产的产品有啥优越性呢？于是,通过具体产品的广告准口号,把产品的优势、给消费者带来的好处表达出来。

以宝洁公司生产的洗发水为例,宝洁旗下的洗发水有伊卡璐、沙宣、海飞丝、飘柔、潘婷。虽然都是洗发水,但每一种的功能是有区别的。飘柔的产品特点是柔顺;伊卡璐的产品特点是香气;潘婷的产品特点是养护;海飞丝的产品特点是去头屑;沙宣的产品特点是造型。

为了表现出产品之间的差异性,在宝洁公司广告语统领之下,每一种洗发水都有广告准口号。

拥有健康,当然亮泽。　　（潘婷）
一闻倾情。　　　　　　（伊卡璐）
我们的光彩来自你的风采。（沙宣）
头屑去无踪,秀发更出众。（海飞丝）
飘柔,就是这么自信。　　（飘柔）

这些广告准口号对"世界优质产品,美化你的生活"起到解释、说明、补充的作用。

5.5.2 广告准口号在广告中的存在形式

5.5.2.1 广告语、广告准口号二者兼有之

在一篇广告作品中或者在一个系列广告中,既有广告语,又有广告准口号,广告准口号

对广告语进行补充、解释、说明。一个关注宏观,一个关注微观,相辅相成、相得益彰。

5.5.2.2 只有准口号

在广告中,没有广告语,只有广告准口号。比如戴尔电脑的系列广告,四则广告有四个不同的广告准口号,没有广告语。

至强动力,飞跃巅峰。　　(《山峰篇》)
澎湃动力,架筑未来。　　(《桥梁篇》)
固若磐石,持久稳定。　　(《长城篇》)
非凡动力,稳定可靠。　　(《石狮篇》)

广告准口号表现了戴尔电脑四个方面的优良特性。无论在平面广告还是电视广告中,只有广告准口号,没有广告语的广告作品有越来越多的发展态势。

5.5.2.3 突出表现准口号

在有些广告中,不管有没有广告语,作者都突出表现广告准口号,把准口号放在最明显、最醒目的位置,强调准口号的作用,把准口号的作用发挥到极致。如果作品中,既有广告语,又有广告准口号,往往把广告语的字号限制得很小,并放在不醒目的位置,而把广告准口号的字号放大,放在显著位置。

5.5.2.4 只有广告语

在有些广告作品中,广告语已经将广告的主题表达清楚了,就无须再用广告准口号进行辅助解释。

总之,广告准口号不同于一般的广告语,它比较灵活,与正文的衔接更为密切。写作广告准口号时,一定要明确准口号的作用,不仅不能与广告语重复,还要对广告语进行具体的阐释与补充,并体现出整体的和谐风格。二者相辅相成,共同表现出广告的主题。

➡【本章小结】

广告语又称广告口号、广告标语,是为了加强诉求对象对企业、产品或服务的印象而在广告中长期、反复使用的简短口号性语句。广告语的写作要遵循的一般原则:简短易记、突出特点、富有个性、号召力强、嵌入品牌名、关注社会流行语。广告语写作还要遵循具体原则:在内容方面,不能以大话取胜,不能空洞无物。在文字、音韵方面,不能是只能看、不能读的"哑巴语言",不能使用生僻的词语,不能使用方言、方音,不能勉强追求押韵,不能过多地使用虚词。随文又称附文,是广告中传达购买商品或接受服务的方法等基本信息。在特定的广告活动中,除了广告语之外,可以结合具体的广告目标,利用广告准口号对广告语进行适当的、有效的补充。

➡【案例分析】

1. 海尔电器广告语"海尔,中国造"

国产家用电器一向被认为是质低价廉,即使是出口也很少打出中国制造的牌子。海尔在中国家电走向成熟的时候,果断地打出"中国造"的旗号,增强了民族自豪感。就广告语本身而言,妙在"造"上,告诉世人:中国不再只是"世界工厂",我们有能力"造"! 简短有力,底气十足。

2. 中国联通广告语"情系中国结,联通四海心"

联通的标志是一个中国结的形象,本身就具有浓烈的民族特色,充满亲和力。联通把自己的标志和品牌名称自然地融入广告语中,从外表到精神做到了和谐统一,反映了企业的精神理念。

【思考题】

1. 谈谈广告语和广告标题的区别。
2. 结合民族文化,谈谈华文广告语有哪些基本诉求点。
3. 结合案例,谈谈广告语写作的具体原则。

【延伸阅读】

1. 胡晓芸,张健康.现代广告学.杭州:浙江大学出版社,2007.
2. 穆虹,李文龙.实战广告案例.北京:中国人民大学出版社,2005.
3. 方蔚林.现代广告文案写作.北京:高等教育出版社,2015.

广告文案写作的修辞技巧

导言

本章学习目标

通过本章内容的学习,使学生了解广告修辞的基本概念,修辞在广告文案写作中的主要作用。熟悉广告文案写作中常见的两类修辞格,掌握各种修辞格在广告文案写作中的使用技巧及注意事项。

本章难点

广告修辞的综合运用。

课前导读

广告是一种劝服的艺术。广告通过诉诸人们的问题、欲求和目标并提供解决问题的办法来促使人们的行动。而广告的这种劝服借助的主要工具就是语言符号,所以语言符号运用得好坏直接关系到广告的效果。修辞手法的合理恰当地运用,会使广告文案有出色的语言表现力,能使广告对受众产生强大的冲击力和渗透力。因此对广告人来说,重视对语言艺术的锤炼,大胆学习并有效地运用各种富有表现力的修辞知识和修辞格式是十分必要的。

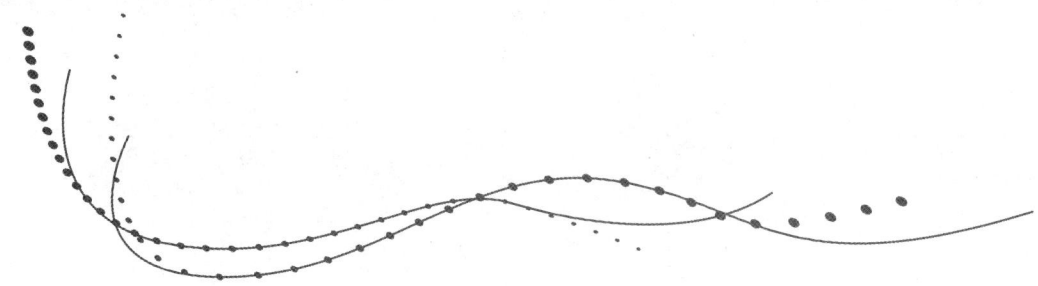

6.1 广告语言修辞概述

广告大师李奥·贝纳说过:"文字是我们这一行业的利器,文字在意念的表达中注入热情和灵魂。"[1]这句话充分体现了语言在广告中的重要性。汉语本身就是世界各种语言中历史最长、修辞现象最完美的语种之一。汉语语言的运用离不开语言的修辞。广告的语言修辞就是对广告用语在表达方面的反复锤炼。

语言修辞技巧在广告诞生之日起就跟广告结下了不解之缘,随着广告活动的不断发展与日趋规范,广告语言的修辞问题也日益引起人们的不断关注。广告语言的修辞有其特殊性,不仅要符合语言的写作规范,带给广告语言形式上的美感,还要符合消费者的接受心理,满足社会公众的要求。

6.1.1 修辞在广告文案中的功效

修辞在广告语的创作中具有不可估量的作用,主要体现在以下几个方面。

6.1.1.1 使广告语言简洁凝练,朗朗上口

一个企业,一种产品,往往是一个综合的多侧面的组合体,要用有限的语言恰如其分地表现其独特的个性和功能。选用恰当的修辞可以使语言凝练,言简意赅地描述出产品特性,便于受众接受,产生良好的传播效果,一语中的,给人留下深刻的记忆。

比如:

神州行,我看行。(神州行广告语)

怕上火喝王老吉。(王老吉广告语)

你本来就很美。(自然堂广告语)

6.1.1.2 使广告语言生动幽默,趣味无穷

对广告者来说,不管是树立形象还是推销商品,其最终目的不外乎让消费者接受他的观点,购买其商品。但是广告者与受众始终是一对"矛盾",要达到说服目的,只知一味天花乱坠地介绍,陈词滥调地吹嘘这好那好,只能让受众产生逆反心理,拒绝你的推销。而多姿多彩的修辞手法可以把推销语言变得幽默生动,让受众在一笑之下,愉快地接受"劝说"。

如一则孕妇服装广告语:"挺身而出,展示女性最美的曲线。"该广告语妙引成语,形象而又幽默地描述了服装的特征,没有烦琐的介绍和说服,却能"无声胜有声",让人们在微微一笑之后领悟了商品本身所要表达的全部意义,收到意想不到的效果。

又如:

凡向鳄鱼池投掷物品,需自己取回。

你的香烟,我的石油,注定我们不能相爱——吸烟者禁入。

6.1.1.3 使广告语言情感丰富,魅力尽现

人是有感情的高级动物,在任何环境里,充满人情味的话语最容易打动人。干巴巴的广

---

[1] 转引自丁伯铨.广告文案写作教程.上海:复旦大学出版社,2002.

告语言只能使人感到乏味,当然也很难让受众去接受了。而丰富的修辞却能使同样的语言表达出不同的意境,使之充满情感,以情动人,从而提高人们的心理接受程度,达到广告的目的。

德芙巧克力过年"年年得福"的广告语,用朗朗上口的语言将在外流浪奔波的人的思乡情绪融入了自己的广告中,看到这样的广告,浪子的心怎能不微微一颤?

还有劲酒的广告语"劲酒虽好可不要贪杯哦",口语化的表达就像爱人亲切的嘱咐,充分地展现了企业的人文关怀,在喝酒的同时,不忘提醒您注意自己的身体健康。

又如一例童鞋广告语"像妈妈的手一样温柔",用比喻的手法成功地勾起人们的母爱之情,从心灵深处打动受众,在不知不觉中以情动人。

再如一则眼镜的广告文案这样拟人,"轻轻地吻上你的眼睛",将冷冰冰的眼镜活化成充满爱意的"情人",用这种给予一份关怀,直透受众心理的拟人手法,最终达到以情促销的目的。

总之,修辞的运用充分地将人类的各种情感融入广告之中,从而获得了消费者的认同。

6.1.2 广告文案运用修辞的原则

广告文案人员在运用修辞的技法时,要在认识到修辞有效性的同时,又要意识到修辞运用中可能出现的问题,在写作中予以足够的重视。

(1)修辞的目的是为了更有效地传达和沟通。要认识到运用修辞写作文案的目的是更有效地沟通,因此,修辞的运用不能违反广告文案语言的真实、生动、简洁、准确等语言要求,要避免过度修辞所致的沟通障碍:运用夸张,达到了虚假的程度,"某某某,五十亿人的家庭医生";运用比拟,让人琢磨不透,制造沟通障碍;谐音广告文案泛滥,破坏汉语言文字的规范性和严整性,且不必要地引起受众的反感情绪。这些问题,都是因为广告文案人员对修辞的目的没有一个确切理解的缘故。美国广告大师马克斯·萨科姆曾说过广告文案要简洁,要尽可能地使你的句子缩短,千万不要用长句和复杂的句子。大卫·奥格威也曾说过:"优秀的广告人从不会从文字娱乐读者的角度去写广告文案。"①

(2)修辞手段要运用到位。修辞所产生的语言和句式表现要达到更具新意、更生动、更形象的效果。如果在修辞中出现比喻不恰当、双关义模糊、排比无气势、对偶不工整、比拟不形象等现象,其修辞的运用不仅不能使文案更有效反而适得其反。

(3)注意修辞运用与广告信息、广告受众之间的关联性。广告信息中的事物与某种修辞方式之间必须有密切的关联,如果不能与广告信息产生关联,即使在形式上很有特点的修辞手段,都不能运用,以免产生与传播广告信息无关的形式而喧宾夺主。如果能很快找出事物之间的关联性,并以象征性的词句表现出来,就有多种创意的产生。"与其将广告的词句当作修辞学的一部分,不如将之看成情感诉求的象征。创意人员必须找出最适合对消费者的情感进行诉求的词句,才能发挥广告的功效。"②

---

① [美]大卫·奥格威.奥格威谈广告.北京:机械工业出版社,2003.
② 日经广告研究所.广告创意——表现的科学.台湾:台湾朝阳堂文化出版社,1993.

6.2　广告文案中常用的修辞格(上)

　　修辞格是人们在组织、调整、修饰语言以提高语言表达效果的长期过程中形成的语言表达方式。一般来说,修辞格都具有特定的结构、方法和功能,具有为社会所公认的、约定俗成的语言模式。修辞格是语言修辞的一个重要手段,但不是语言修辞现象的全部。

　　为求语言的生动、形象,从语义含义的表达上突破常规,翻出新意,形成固定的格式,是广告语义意义上的修辞格。常见的广告语义修辞格有比喻、双关、引用和仿拟、比拟、对比与反衬、通感、夸张等。

6.2.1　比喻

　　比喻俗称打比方,是以另一事物与这一事物的相似点来说明这一事物。广告中运用比喻,可以把产品的特点、功效或企业的理念、精神具体形象地呈现给观众,化抽象为具体,化深奥为浅显,从而大大增加文案语言的形象性和生动性。这种方法若运用得好,能使广告文案既朴素又富有哲理,既形象又贴切。

　　例如清开灵口服液广告文案:

　　　　仿佛滴滴小雨

　　　　渗透心田……

　　　　清开灵口服液——清热解毒

　　该广告曾获《广州日报》优秀广告奖银奖。评委给它的评语是:"南方人经常需要滋阴降火,清开灵口服液正好满足了这一需要。"广告抓住这个特点把它比作渗透心灵的滴滴小雨,亲切,自然。

6.2.1.1　比喻修辞格的类别

　　比喻有三大要素:本体——用来说明或描述的对象;喻体——用作比喻的事物;喻词——用来连接本体、喻体表示比喻关系的词语。因三大要素的有无人们将比喻分为明喻、暗喻、借喻三种。三种方式各有千秋,在广告文案的写作中都经常出现。

　　明喻是明显地用另外的事物比拟某事物,比喻的事物和被比喻的事物同时出现,表示二者之间的相似关系。如美宝莲水晶璀璨唇膏的广告"新的炫目唇妆,钻石般晶莹闪耀",运用的就是明喻的手法,将"水晶璀璨唇膏"的使用效果比喻为"钻石般晶莹闪耀",表现了商品多彩、闪光的特点。

　　暗喻是本体与喻体之间不出现喻词的比喻句。暗喻在广告中的运用也很普遍,不用一般的喻词,而是用"是""就是""成为"等词把某事物直接比拟成和它有相似关系的另一事物。如:

　　　　我们是你的第二层肌肤。(某丝袜广告)

　　　　它是晚上明媚的月光。(某装饰灯广告)

　　借喻是本体和喻词都不出现直接用喻体代替本体的比喻方式。用借喻修辞手法的句子,通常要借助想象把意思补充完整,但是借喻的句子可以留给读者丰富的想象,表达的情

感色彩更浓烈,是比喻的最高形式。如:

　　冬天里的一把火!(裕华电暖气广告)

　　眼睛是心灵的窗户,为了保护您的心灵,请给窗户装上玻璃吧。(某眼镜公司广告)

6.2.1.2　注意事项

(1)喻体应该是消费者所熟知的对象。比喻的目的在于帮助消费者认识和感知商品,如果用了目标消费者不熟知的喻体,那么会增加消费者的理解困难和感知困难。

(2)喻体要与商品的特性、功能或者品牌名称等因素相关联。

6.2.2　双关

利用词的多义及同音(或音近)条件,有意使语句有双重意义,言在此而意在彼,就是双关。双关可使语言表达得含蓄、幽默,而且能加深语意,给人以深刻印象。

双关是广告语创作中常用的修辞手段。即利用语言文字上同音或多义的关系,使一个词或一句话关涉到两层或多层意思。根据该定义,双关一般分为谐音双关和语义双关两种。双关能使语言活泼有趣,或借题发挥,或旁敲侧击,以收到由此及彼的效果。一般所讨论的双关,均为"表里双关"。

广告双关语要达到的效果可以分三个层面。第一层是语境效果,即要达到最佳关联。要使广告信息达到最佳关联必须具备两个条件,一是广告的语境效果足以引起公众的注意,二是公众为取得语境效果付出了努力。第二层是修辞效果,让人感到清新幽默,富有情趣,或含蓄委婉,耐人寻味。第三层便是诱导刺激消费的促销效果。广告双关语提供的劝诱信息要试图确立、增强或改变受众的态度,触动受众的感情,使受众产生对该广告的坚定信念。好的广告双关语首先要满足消费者的心理需求,其次是运用幽默的技巧提升注意力,并有效促进受众的记忆和联想。

在广告文案的写作中,借助语音或词意的联系,故意使语言关联到两种事物,使语句构成双重意义的修辞方式,这样的广告显得大气,有文化味,能使人过目不忘。

例如下面几则广告:

　　金猴皮鞋,令足下生辉。

"足下"一是指脚下,二是对对方的一种尊称,指第二人称"你"。这样就使该广告具有了双重意义:穿上金猴皮鞋,不仅脚下生辉,而且使你整个形象光彩照人,大放溢彩。

　　美的空调,全球信赖。

表面上说的是"美好的(de)"空调,全球信赖,实际上是宣传"美的(dì)"牌空调是全球信赖的空调。它借助与品牌名称字形相同、语音相近为条件构成双关。其同类广告还有:"美的生活,美的享受""原来生活可以更美的"。这一系列谐音双关广告能引发人们对美好生活的向往,同时在无形之中也增强了该产品的美誉度。

　　女人更年要静心。

静心口服液能使更年期的女性"静心"。广告表面上说更年期的女性要平心静气,但"醉翁之意不在酒,在乎山水也",实际上广告是在宣传自己的产品品牌。这一则广告可谓妙语天成,既传达出产品独具个性的信息,又切中消费者的心理需求。消费者在透过表层解读文字隐含意义时,会被广告人的聪明睿智所打动,从而购买产品。

6.2.3 引用和仿拟

将现成的成语、俗语等语言材料直接用来表达或者佐证自己的观点称为引用;对既成的语言表达形式进行模仿、改造称为仿拟。引用的材料为人们所熟知,因此更易于消费者理解和接受。而仿拟根据表达的需要,改换既有的语言形式,以造成表达上的新鲜感。

广告文案可以引用或者仿拟一些流传久远或者风行一时的格言、诗词、流行歌曲等,为广告目标服务。而且,引用和仿拟可以迅速缩短与受众之间的距离,使人倍感亲切或者倍感新奇,同时也有利于广告语的快速流传。

6.2.3.1 引用、仿拟常见的方法

(1)对古典诗词的引用和仿拟。

如三九胃泰广告:

悠悠寸草心,报得三春晖——三九胃泰的承诺

这是对古诗的引用,以此来表达企业报效社会的赤子之情。

再如红花牌味精广告:

满园春色关不住,一枝红花出墙来。

这是对古诗的仿拟。该广告将古诗"一枝红杏出墙来"的"红杏"改为"红花",通过仿拟带来的新奇感有利于消费者记住该味精的品牌名称。

(2)对格言或者俗语的引用或者仿拟。

如铁达时手表广告:

真正的美是不随波逐流,是忠于自己。

引用了林语堂先生的名言,来塑造自己的产品形象。

又如日本丰田汽车广告:

路遥知马力,日久见丰田。

这显然是对"路遥知马力,日久见人心"的仿拟。这样的仿拟,有利于迅速拉近与中国消费者之间的距离,便于其品牌的迅速传播。

(3)对流行歌曲的引用或者仿拟。如:

减肥,不再是一场游戏一场梦。(菲罗丝美容广告)

特别的信任给特别的你。(长途电话控制器广告)

此外还有一些对电视剧电影等主题歌的引用或者仿拟。如:

天下无匪。(郑州宜家安祺科贸有限公司的慑力护窗雷达广告)

6.2.3.2 注意事项

(1)要注意引用或者仿拟的巧妙性,即引用和仿拟手法要使语言能与产品的功能、特点或者品牌特性有某种契合,不能生搬硬套、造作。

(2)引用和仿拟要紧紧围绕广告目的。

6.2.4 比拟

比拟就是运用联想,直接将本体当作拟体进行描写或者陈述。比拟是寓情于物、抒发情怀的语言表达方式,它可以起到状物写景,引导想象,增加语言的形象性和感染力的作用。在广告中恰到好处地运用比拟往往可以使广告语言化平淡为神奇,增加亲切感,增强说服力。

比拟有两种,拟人和拟物。比拟手法可将物比成人,并赋予其人格化,称之为"拟人";将人比作物,并使之物性化,即为"拟物"。

如七匹狼男装广告:

> 七匹狼休闲男装:与狼共舞

这则广告运用的就是拟物的手法,将穿七匹狼男装的人和狼联系了起来。一般情况下,拟物中所拟之物一般是人们喜爱之物,从而激发消费者的喜爱之情。"与狼共舞"中的"狼"虽然形象不讨人喜欢,但它桀骜不驯、坚强的个性却一直为人们所推崇,这一精神无疑与现今在社会上打拼的商务人士不谋而合,因此也取得了良好的效果。

6.2.5 对比与反衬

对比,是把具有明显差异、矛盾和对立的双方安排在一起,进行对照比较的表现手法。运用对比手法可使一个事物的两个不同侧面互相映衬,彼此补充,从而给读者留下深刻的印象。所谓反衬,就是利用与主要形象相反、相异的次要形象,从反面衬托主要形象。对比和反衬的主要区别在于:对比无主次之分而反衬有主有次。

如太平洋保险广告:

> 平时注入一滴水,难时拥有太平洋。

这则广告把"平时"和"难时","一滴水"和"太平洋"做对比,告诉人们现在只要付出微小的投入,将来就会得到巨大的回报,既宣传了企业形象,又揭示了保险的重要意义,激发受众无限遐想,顷刻间便俘获客户的心。广告文字清奇,生动活泼,含义隽永,富有深意,耐人寻味。

如禁烟公益广告:

> 一时的快乐,永恒的伤痛——请勿吸烟

这则广告运用了反衬的手法,用伤痛的"永恒"来反衬快乐的"一时",在反衬中凸现出了吸烟的利与弊,以此来劝说人们不要吸烟。

再比如马来西亚柔佛市的交通安全广告语又是一番味道:

> 阁下驾驶汽车,时速不超过30里,可以欣赏本市的美丽景色;超过60里,请到法庭做客;超过80里,欢迎光顾本市设备最新的医院;超过100里,祝您安息吧!

这则广告巧妙地运用了反衬等修辞手法,语言幽默,情调浪漫。凡神经正常者,都不难找到真正的"享受"。

6.2.6 通感

顾名思义,通感既是一种生理现象,即身体某一部分受到刺激而于其他相应部分所产生的感觉,也是一种心理现象,即某一感官所受刺激给另一感官带来的主观感受。

好的广告文案要善于针对受众进行说服和劝诱,实现广告推广促销的最终目的。因为受传媒的制约限制较多,文案的语言只适宜再现商品的视觉、听觉特征,而对表达商品的味觉、嗅觉、触觉以及意觉等特征的语言一般来说就显得先天不足。运用通感手法,使人的感觉充分相连,把语言的力量发挥到极致。

通感在广告文案写作中的作用有以下三点。

(1)在广告文案中运用通感手法可以化虚为实,使抽象的事物具体化。

如德芙巧克力广告:

> 德芙,纵享丝滑。

这则广告之所以够得上经典,在于"丝般感受"的心理体验。用丝绸柔滑的触觉来形容巧克力细腻滑润的味觉,意境够高远,想象够丰富。短短四个字"纵享丝滑"就充分利用联想感受,把语言的力量发挥到极致。

又如强生婴儿爽身粉广告:

> 柔软的芳香气息。

"柔软"一词常用来描写触觉,而文案的作者有意改变了该词的搭配对象,用"柔软"与"芳香气息"组合,利用触觉柔软而非坚硬与嗅觉淡雅而非浓烈之间的相似性,即用触觉写嗅觉,既准确再现了强生婴儿爽身粉香味宜人的特质,还让人联想到这种爽身粉舒适的感觉和良好的效用。

(2)在广告文案中运用通感手法可以化实为虚,营造意境,塑造品牌形象,宣传企业理念。

如日本紫罗兰香水广告:

> 香艳甜蜜,无限浪漫。

这则广告以视觉、味觉写嗅觉,用色彩的艳丽写紫罗兰香水香味的浓烈,突出了商品的个性和品位。以味觉的"甜蜜"寄予了美好生活的祝愿,同时也精心营造了一种完美生活的氛围。再用"无限浪漫"进行点染,给受众无限的想象空间,开启了目标消费者心中的时尚消费意识。

又如广州星河湾房地产广告:

> 一个心情盛开的地方。

这则房地产广告之所以能够脱颖而出,也在于其中通感修辞手法的运用。文案的作者有意改变了"盛开"一词的使用环境,巧妙地利用花朵盛开的繁茂、灿烂与心情欢快、热烈之间的接近关系,用视觉写意觉,诱导受众联想到星河湾优良的入住环境,房产质量的高品位,迎合了业主所期望的消费心理。

(3)在广告文案中运用通感手法可以增强文案的冲击力,加深受众对商品的印象。在真实、新颖、富有冲击力三者之间,真实是基础,新颖和富有冲击力又是广告成败的关键。虚假广告创意再好,冲击力再强,到真相大白的时候不仅没有了生命力还会损害企业形象,产生负面影响。而缺少创意和冲击力的广告势必影响其传播效果。当今商界,同质产品如此之多,广告大战硝烟弥漫,广告若不能标新立异,一定会被同类广告淹没。富有创新性和表现力的通感修辞手法运用到广告文案中,将会使广告具有冲击力和震撼力。

6.2.7 夸张

夸张，就是有意地对事物或对象做言过其实的表现，借以强调和突出事物的本质特征。恰当的夸张，有更强烈、更形象、更突出、更鲜明地表达事物的作用。

如老蔡酱油广告：

> 味道鲜，眉毛掉下来。

随着这句广告语，电视中的广告主角夸张地耸了几下眉毛，那样子好像在说老蔡酱油鲜得眉毛要掉下来，这实在是夸张生动有趣。难怪广告播出后，老蔡酱油就深得消费者的喜爱，成了酱油市场的主角。

6.2.7.1 夸张的类型

夸张可以分为夸大夸张和缩小夸张两种形式。这两种形式分别对事物的形象、特征、作用、程度等做扩大或缩小的描述。

(1) 夸大夸张。

> 心有多大，舞台就有多大。（CCTV 频道广告）
> 一夫当关，万夫莫开。（某锁厂广告）
> 当整个人类毁灭时，可口可乐仍然存在。（可口可乐广告）

(2) 缩小夸张。

> 一毛不拔。（梁新记牙刷广告）
> 滴滴香浓，意犹未尽。（麦氏咖啡广告）

夸张手法虽好，但是也不能滥用，否则很有可能涉嫌虚假广告从而适得其反。在广告文案创作过程中要注意一些问题。首先，要让读者明确地知道是在用夸张的手法，如"有病治病，无病防病，包治百病"之类的句子就很难让人确定是写实还是夸张。其次，夸张要有个度，"今年20，明年18"大家就知道是夸张手法，但如果改成"今年60，明年20"那就变成了虚假广告了。

(3) 超前夸张。超前夸张，即两件事情中，故意把后出现的事说成是先出现或者同时出现的。这种夸张需要读者有很强的理解能力，因此在广告语言中出现得较少。

如某白酒广告：

> 隔壁千家醉，开坛十里香。

该广告属于典型的超前夸张。按照生活常识，应该是先喝而后醉，但在"隔壁千家醉"一句中，"千家"肯定是尚未喝到酒的，但他们都已经醉了。把后发生的"醉"放到前面来说，主要是为了突出该酒味是何等的浓香！

6.2.7.2 夸张在广告文案中的功效

(1) 突出产品的相关信息。在广告语言中使用夸张，能给受众留下深刻的印象。

(2) 增强广告语言的宣传力度。夸张的语言突破了正常的思维限制，能够给人留下更加深刻的印象。

6.3 广告文案中常用的修辞格(下)

为求语言形态上的鲜明、突出,从而取得语言表达上的感染力,在语言含义的表象上并未突破常规,但在语言的形态上突破常理,形成相对固定的格式,成为广告语言形态上的修辞格。常见的形态修辞格有排比、回环、反复、对偶、叠字、顶真、拈连等。

6.3.1 排比

排比是一种修辞手法,利用三个或三个以上意义相关或相近,结构相同或相似和语气相同的词组(主谓/动宾)或句子并排,达到一种加强语势的效果。在广告文案中运用排比可使句式整齐、匀称,节奏感强,条理性突出,可以产生一种如虹的气势,更利于表达强烈的感情。

比如361°运动鞋广告:

屈服天生的高度,
不满足昨天的难度,
不重复自己的角度,
不追随别人的速度,
不甘于平凡的态度,
有勇气就可以挑战每一度,
361°勇敢做自己。

再如招商银行广告:

山,因势而动;
水,因时而动;
人,因思而动;
招商银行,因您而动。

以上两个案例,前面用一组排比句,一气呵成,用整齐流畅的语言和强大的气势表达商品所具有的内涵,有很强的号召性和感染力。后一句推出并强调商品的名称,加深读者的记忆。

排比除了句子的排比还有词组的排比。比如:"清晨开始保湿,白天持续保湿,晚上还在保湿。"这个广告语用一组排比的"保湿",突出"佳雪芦荟保湿霜"保湿时间之长的特点。

排比在广告文案写作中的作用有:

(1)增强了广告的语言气势。排比修辞格一般结构整齐、语言连贯、条理清晰,因此,可以增强广告的语言气势。如义务献血公益广告:

我献血,我光荣;我献血,我健康;我献血,我快乐。

该广告说理透彻,气势强劲,具有很强的说服力。

(2)增强了广告的宣传效果。我们在广告中运用排比对消费者晓之以理,动之以情,可以增强广告的宣传效果。如索尼电视广告:

多么清澈的河底! 多么绚丽的色彩! 多么自如的生命! 啊! 自然的色调! 请看彩色电视机:索尼。

该广告从索尼电视的色彩入手,突出其优势特点,描绘细致,引人注意,增强了广告的宣传效果。

6.3.2 回环

回环就是把前后词句组织成穿梭一样的循环往复形式以表达不同事物间不同联系的修辞格。

在广告文案中,使用回环修辞格,对广告信息进行有变化的重复,使语言产生回环之美,且产生更丰富的意义。如平安保险广告:

中国平安,平安中国。

前一个"平安"为名词,即平安保险;后一个"平安"既可以理解为动词,即对国家民族的祝福,又可以理解为使动词,即平安公司在中国保险事业中的显要作用。可谓一箭双雕,一石二鸟。

回环利用前后句子组织成循环往复的形式,以表达不同事物之间的有机联系。运用这种修辞方式,能使广告文案的文字和声音形成回环往复之美,还能凸显宣传重点,强化人们的记忆。如丰田汽车广告:

安全中的高速,高速中的安全。

"高速"与"安全"是人们对于汽车类产品的普遍心理期待,该广告语能够洞悉消费者的心理,直接抓住人心,把"高速"与"安全"形成一种回环句式,读起来掷地有声,极具韵味。

回环在广告文案写作中的主要作用有:

(1)增加了广告内容的深刻意义。在广告文案中使用回环的修辞手法,能表达事物之间的辩证关系,增加广告内容的含义。如公益广告:

喝酒不开车,开车不喝酒。

揭示了"喝酒"和"开车"之间的矛盾关系,也表达了二者之间的辩证关系,看似平淡的广告,富含了深刻的含义。

(2)增添了广告语言的艺术魅力。回环修辞格的运用,能使广告语言在结构和形式上整齐匀称,上下相对,循环往复,增添广告语言的艺术魅力。如茅台啤酒广告:

茅台啤酒,啤酒中的茅台。

上下结构匀称,在视觉上和语感上都给人以循环往复的艺术美感。

6.3.3 反复

反复是为了强调有关内容,加强语言的节奏感,而连续或者间接地使用相同词语、句子或者句群的一种修辞手法。

根据传播学的注意原则和心理学的记忆原理,人们的记忆会随着时间的流逝而出现遗忘,要想加深人们的记忆,减缓遗忘的速度,就需要不断地传播,从而形成累积效应。在一则广告文案中,关键词语的不断出现可以对受众形成多次刺激,强化其注意。

相同词语反复使用可以起到造就气势、表现感情的作用,给人以荡气回肠的感觉。如东芝电子广告:

拥有东芝,拥有世界。

这则广告巧妙地运用反复手法,告诉人们拥有东芝电子的好处。

从形式上来看,反复可以分为连续式反复和间隔式反复。

(1)连续反复。

燕舞,燕舞,一片歌来一片情。(燕舞牌收录机广告)

一比一,一比一,一比一,一比一。(金龙鱼新配方调和油广告)

(2)间隔反复。

美的电风扇,美的享受,要买电风扇,请认明"美的"牌。(美的电风扇广告)

美来自生活,美来自美宝莲。(美宝莲化妆品广告)

6.3.4 对偶

对偶,又称对仗,主要运用于对联、诗词、歌词的写作过程中,是一种讲究语言工整、对应的艺术。实际运用中常常把结构相同、字数相等、意义相关的两个句子或者短语对称地排列在一起。

在广告文案尤其是广告语的创作中,运用对偶,可以创作出对仗工整的标语。运用对偶手法写成的句子,便于吟诵,易于记忆,有音乐美,表意凝练,抒情酣畅。恰当运用对偶,定能文采斐然。

对偶在广告文案中的作用有:

(1)形式简洁,有很强的欣赏性和艺术性,又寓意深刻。

(2)对仗工整,朗朗上口,便于反复和记忆。比如:

成长的力量,来自不舍得吸取学习;超越的力量,来自广博的眼界胸怀。(中国农业银行广告)

白天服白片不瞌睡,晚上服黑片睡得香。(白加黑感冒片广告)

多一点润滑,少一点摩擦。(统一润滑油广告)

喝孔府宴酒,做天下文章。(孔府宴酒广告)

六神有主,一家无忧。(六神沐浴露广告)

中华民族历来就有追求平衡、对称和谐、不偏不倚的审美心态。对偶这种形式正好迎合了大众的这种审美,因此,深受受众的喜爱。

6.3.5 叠字

叠字,又名"重言",指由两个相同的字组成的词语。运用叠字,能在简洁叠用的基础上自然而然地表情达意。如麦氏咖啡广告:

滴滴香浓,意犹未尽。

这则广告使用"滴滴"叠字,把麦氏咖啡那种醇香与内心的感受紧紧结合起来,让人感觉意犹未尽。再如:

正宗椰树牌椰汁,白白嫩嫩。(椰树牌椰汁广告)

寒风飒飒,风采依旧。(凤凰牌羊毛衫广告)

6.3.6 顶真

上句结尾的词语做下句的开头,或前文的末尾做下文的开头,首尾相连两次以上,使邻近的语句、片断、章节首尾相接,蝉联而下,这种修辞手法,叫作顶真,又称联珠、蝉联、连环。主要用于完整句子结构,贯通语气,突出事物之间的环环相扣。状物叙事,条理清晰。

顶真使句子首尾相连,上递下接,环环紧扣,一气呵成,读来令人拍手叫绝。

如《羊城晚报》为改版而做的广告:

今天的,才是新鲜的;新鲜的,才是精彩的;精彩的,才是有魅力的。

三句广告语以顶针的修辞手法,每句都用前句中最重要的一个词作为后一句开头,把"新鲜""精彩""魅力"三个词串联起来,环环相扣,层层递进,令人回味无穷。

再如丰田汽车广告:

车到山前必有路,有路必有丰田车。

顶真在广告文案中的功效有:

(1)使广告内容条理清楚,井然有序。
(2)使广告语言准确、严谨、周密。

6.3.7 拈连

拈连是把原本用于上下文中前一事物的词语就势巧妙地用于后一事物的修辞方式,也称连物。用拈连方式组合成句的基本特征是:用于拈连的词语一般为动词;构成拈连的词语在上下文中一般先后出现两次,前一次是常规用法,后一次是变化用法,用于前面时,多是词语的原本意义,用于后面时,是临时的引申意义。构成拈连的两个事物的前一个一般为具体的事物,而后一个则一般为抽象的事物。将拈连的修辞手段用到文案写作上来,能给人以新颖、别开生面的感觉。如丁家宜美白保湿霜广告:

锁住水分,锁住爱情。

上半句中的"锁"字被"拈"到了下半句,把保湿与神圣的爱情巧妙地连在一起,给人以新颖、别开生面的感觉。

6.4 广告修辞的综合运用

在广告文案中运用各种修辞手法,会给受众留下无比绚丽的想象空间,强化广告文案的艺术魅力。值得一提的是,各种修辞格在广告文案中并非只能单独出现,相反,在很多广告文案中,都是两种甚至几种修辞手法的综合运用。

修辞的综合运用在现实的语言环境中主要有三种形式:连用、兼用和套用。

6.4.1 连用

修辞格的连用是指同类辞格或异类辞格在一段文字中的接连使用①。连用可以是相同修辞格的接连使用,但更多的是不同修辞格接二连三地衔接起来,形成一种修辞链。

如某服装广告:

> 见爱,见爱,人见人爱。

该广告连续使用了两种修辞格式。首先运用了反复,"见爱,见爱"词语的连续反复;接着用了夸张,"人见人爱"使用了夸大夸张的方法。

再如太平洋银行卡广告:

> 出国要带什么?护照,机票。还有什么?当然要带太平洋银行卡,您的第二护照。

这个广告语运用的是设问和对比的修辞格。自问自答,是为设问,目的在于引起受众的注意。同时该广告文案还运用了对比的手法,将银行卡的作用和地位与护照、机票进行比较,相提并论,突显出了太平洋银行卡的作用。

6.4.2 兼用

兼用是指一种语言表达形式兼有多种修辞格。兼用往往是不同的修辞格相互借助,相互融合,形成一种多角度表现的综合运用。

如某锁具广告:

> 一夫当关,万夫莫开。

该广告属于引用和夸张的兼用形式。显而易见,这则广告引用了成语"一夫当关,万夫莫开",意思是山势又高又险峻,一个人把着关口,一万个人也打不进来,形容地势十分险要。这里用来形容锁的质量好,用的是引用的修辞手法。从内容上看,一个人把关,一万个人都打不进来,实属夸张。

6.4.3 套用

辞格的套用是指一种辞格里又包含着其他辞格,形成大套小的包容关系。

如孔府宴酒广告:

> 喝孔府宴酒,做天下文章。

从形式上来讲,这句广告语运用了对偶的修辞手法,"喝"对"做","孔府宴酒"对"天下文章"。同时,还运用了镶嵌的手法,将"孔府宴酒"作为产品和品牌名称,自然而然地镶嵌到了广告语中。此外,该广告还运用了夸张的手法,受众肯定知道,即使喝了孔府宴酒也不可能立马文思泉涌,成为孔子那样的哲人,只是用这样的夸张手法激发起受众的想象力。

如新世界商城广告:

> 十里南京路,一个新世界。

---

① 曹炜.汉语精讲.北京:北京大学出版社,2001.

这个广告语运用了对偶和双关两种修辞手法。该广告包含了两重意思:十里商业街南京路,是一个崭新的世界,尽管这只是字面上的虚晃一枪;十里南京路,只有我一个新世界,这才是这句话的本意。所以这条广告语是很好的双关修辞。同时,对偶也对得很好,"十里"对"一个","南京路"对"新世界"。

当然,在修辞格的综合运用中,也会有主次和显隐之分,同时还得考虑文化、语境等多方面的因素,不可随意而为之。

【本章小结】

修辞是人们运用语言进行有效交流的一门艺术,广告从诞生之日起,便和修辞结下了不解之缘。在广告文案中运用修辞技巧可以使广告文案言简意赅、朗朗上口,生动形象,妙趣横生,恰当地表达情感,促进销售。

广告中运用的修辞格可以简要地分为两大类:语义修辞格和形式修辞格。

为求语言的生动、形象,从语义含义的表达上突破常规,翻出新意,形成固定的格式,是广告语义意义上的修辞格。常见的广告语义修辞格有比喻、双关、引用和仿拟、比拟、对比与反衬、通感、夸张等。

为求语言形态上的鲜明、突出,从而取得语言表达上的感染力,在语言含义的表象上并未突破常规,但在语言的形态上突破常理,形成相对固定的格式,成为广告语言形态上的修辞格。常见的形态修辞格有排比、回环、反复、对偶、叠字、顶真、拈连等。

各种修辞格在广告文案中并非只能单独出现。相反,很多的广告文案都是两种甚至几种修辞手法的综合运用。

【案例分析】

1. 广州翠园酒家广告

翠阁我迎宾,数不尽,甘脆香醇,色香清雅

园庭花胜锦,饮一杯,富强康乐,山海欢腾

——广州翠园酒家

广州一家名叫翠园的酒家开张之初,为了扩大知名度,运用征集对联的方式刊登广告,引起了很好的社会反响,在半个月中,收到了3200多位关注酒店发展的顾客的征联。他们在《羊城晚报》上刊登出上联:"翠阁我迎宾,数不尽,甘脆香醇,色香清雅",后来在收到的三千多件下联中,通过遴选,有关人员评出了最佳下联:"园庭花胜锦,饮一杯,富强康乐,山海欢腾。"

2. 派克钢笔广告

总统用的是派克

四十年前,美国派克钢笔厂曾经用罗斯福总统在一件文件上签字的照片做广告,广告语为:"总统用的是派克。"这则广告给消费者留下了深刻印象。1988年1月3日,为了使派克钢笔打入苏联市场,该公司在《莫斯科新闻报》上以整版刊登广告。广告的标题用大铅字排出:"笔比剑更强。"标题下面刊登了美苏两国首脑里根总统和戈尔巴乔夫用派克钢笔签署销毁中程导弹条约的大幅照片,而且照片下方附有派克钢笔说明图。

▶【思考题】

1. 修辞格在广告文案创作中有什么作用?
2. 修辞在广告文案中运用的原则有哪些?
3. 广告文案中修辞综合运用的方式有哪些?
4. 找一些最新的广告语,分析它们分别运用了什么样的修辞。

▶【延伸阅读】

1. 张英岚.广告语言修辞原理与赏析.上海:上海外语教育出版社,2007.
2. 曹炜,高军.广告语言学教程.广州:暨南大学出版社,2007.

7 广告文案的修改

导言

本章学习目标

通过本章学习,理解广告文案的结构特性和广告文案写作的一般规律,进一步掌握广告文案各部分的写作要求,能够从宏观和微观两个方面掌握文案的修改,既能把握原则性的大问题,也能从细节方面加以注意,从而创作出优秀的广告文案作品。

本章难点

广告标题的修改;广告口号的修改。

课前导读

广告文案创作是一个综合思考的过程,不仅要考虑到不同媒介的特征与要求,还要考虑到广告的目标、对象、功能和作用,做到有的放矢、量体裁衣。

广告文案要求文案撰稿人在广告目标的制约下,提炼广告作品主题,选择材料,合理安排结构,恰当地组织语言。注重广告文案写作,这是优秀广告作品产生的前提条件。本章分别从广告标题、广告正文、广告口号和广告随文入手,探讨了这四个部分修改的原则及注意事项。整章结构由浅入深,便于学习和阅读,在编写中坚持写作理论和实际案例相结合,便于理解和借鉴。

成功的广告文案需要广告文案的各个部分各司其职,共同完成对消费者的说服。文案各个不同部分,是由其在广告传播活动中的功能所决定的。对于广告文案各部分内容顺序的安排,各部分之间如何过渡、照应,业界公认的一条法则是 AIDCA 法则,即文案的各构成要素,依据这一模式构成一个完整的引发注意—保持兴趣—挑动欲望—建立信心—促使行动—购买行动的说服、沟通过程。其中广告标题要承担引发注意的功能,广告正文要承担保持兴趣和挑动欲望的功能,广告口号要承担建立信心的功能,广告随文要促使行动方便产生实际购买行动的功能。对广告文案各部分的修改要建立在各部分应承担的功能之上。

7.1 广告标题的修改

大卫·奥格威认为:标题是大多数平面广告最重要的部分。它是决定读者是不是读正文的关键所在。读标题的人平均为读正文的人的 5 倍。标题代表着一则广告所花费费用的 80%。因此,广告文案人员在进行文案表现时,总是将标题的制作作为一个非常重要的甚至是首要的问题。

7.1.1 语言文字的修改

7.1.1.1 标题长度要适中

心理学的研究表明,人们注意的最大组块为 7,记忆的最大组块为 7~9,超过了这一最大限度,注意和记忆的程度就会大幅度减弱。因此,一则广告的标题必须长度适中,太短的标题不能充分表达信息,太长的标题则影响广告的注意力和记忆度。一般来说,一则广告标题的字数以 6~12 个字为佳,最长不要超过 16 个字,并且不同产品类别、不同媒体对广告标题的要求也可能不一样。一般工业消费品广告需要说明的内容多一些,标题可能就需要长一些;产品处于生命周期前期时需要全面说明,多使用理性诉求方式,广告标题也可能长一些,后期以提示型广告为主,标题则可能短一些;在整体广告战略中,不同的媒体组合也可能出现不同的标题。不过,总体上广告标题以长短适中为宜,一般 6~12 个字为最好。例如:

一分钟就能闻到香味的好咖啡。(南美咖啡广告)

60 岁的人,30 岁的心脏。(某药品广告)

饮用法国人头马,使您出人头地。(法国人头马酒广告)

这些广告均以合适的字数一针见血地指出了商品的性能以及消费者可以享受到的利益,既能引起消费者注意又能方便消费者理解记忆。

7.1.1.2 标题要简洁明了

在信息过剩的时代,一个人每天必须面对无数条广告。如果广告刊登在报纸上,在一大堆信息中,读者浏览的速度非常快,根本不会去细细推敲。读者在阅读杂志时也是以较快的速度翻阅,无暇细细琢磨。对晦涩的词句的认知局限于一定文化层次的人,通常也会影响广告在大众之间的传播,因此标题务须简洁明了,具体明白。如果创作人员使用一些故意卖弄的标题,像双关语、引经据典或者别的晦涩语句,则容易给受众阅读压力,从而略过广告。

7.1.1.3 运用文字技巧吸引受众阅读下文

在广告标题中布下悬念,可以使消费者产生好奇心,使他们注意、猜测、思索,从而继续阅读正文。创作人员可以采用疑问方式提出,把广告主的信息用答案的形式说出来,也可以只问不答,引导消费者主动寻找答案。例如:

下一次,弹弓就会射准你。(黑松企业公益广告)

腿脚不便,岂能远行?(桂林天和药业贴骨痛膏药广告)

何必让家充满险情?(反腐倡廉公益广告)

悬念和疑问是文案写作中常用的修辞方式,可以提高广告语言的表达效果,在标题中适当地使用,比简单地叙述表达效果更好。

7.1.1.4 文字规范

广告标题应该具体生动地说明产品功能或品牌特点,而不是用一些意义模糊笼统的词句去概括。有时候创作人员也可以用具体的数字去表现,这样反而显得真实可靠。在广告标题的创作过程中一定要注意不可出现生僻、晦涩难懂的词汇,造成受众的误读,更不能玩弄文字游戏或者胡乱创造新词,不能乱套流行语、乱用谐音。广告文案也具有很强的艺术性,是我们整个社会文化生活很重要的一部分,一定要规范用语。

7.1.2 整体效果的修改

7.1.2.1 标题要突出最重要的信息

在广告文案中,标题、广告语等大字标语必须突出广告的重要信息。文案撰稿人在撰写过程中常常写出了多则比较出色的标题或广告语,这时就必须考虑砍掉其中较弱的标题,特别是一些空泛而不含重要信息的引题,必须毫不犹豫地去掉,甚至当标题本身也比较弱时,如果广告的图片有足够的吸引力,可以考虑去掉标题而以广告语代之。

7.1.2.2 标题要能强化和目标消费者的相关度

广告标题如果强化与目标对象的相关度,就可以争取到更多受众的关注,特别是在地域性广告中,广告标题应设法地域化,可以在广告标题中加入城市的名称,如此更能激起目标市场消费者的兴趣。当然,这也不是绝对的,必须和整个广告战略结合起来,通过出色的创意来强化与目标受众的联系,引起目标受众的关注,从而实现广告信息的传达。

7.1.2.3 直接诱发消费者产生购买行为

广告的根本属性是它的经济属性。广告文案的写作也要为广告的经济属性服务。而广告标题的一个重要作用就是要直接诱发消费者产生购买行为。因此,广告标题要有很强的诱发性和感染力。

7.2 广告正文的修改

7.2.1 正文宏观方面的修改

7.2.1.1 正文的整体风格要符合广告主的一贯定位

广告活动是企业整体营销活动的一个组成部分,因此,广告的整体风格要与广告主长久以来坚持的一贯风格保持一致。如果广告今天一个风格,明天一个风格,则容易造成受众思维的混乱,不符合整体营销传播的思维。

7.2.1.2　表现形式的运用要服从信息内容的表现需要

广告正文是广告创意的集中表现,因此,广告正文运用形式的选择要服从信息内容传播和创意表现的需要。

7.2.2　正文具体内容的修改

7.2.2.1　正确处理标题和正文之间的关系

首先,正文与标题要互为补充、相得益彰。广告正文应该和广告标题具有一定的一致性和关联性,因此广告正文必须进一步对广告标题进行解释和补充,否则容易使受众有上当受骗的感觉,出现与广告预期目标相反的效果。

其次,正文与标题衔接要自然。正文的开头应当进行适当的过渡,服从读者的阅读规律,否则,在正文与标题之间没有进行适当的衔接与过渡,整个文章会显得有些凌乱、脱节,形成"两层皮",影响文案的整体效果。

下面是美菱冰箱的广告文案:

留住营养与水分　保鲜时间延长50%

食物保持时间长短是冰箱品质是否优异的最重要标志。美菱保鲜,独创"生态保鲜概念",具有冰温保鲜、湿冷保鲜、抗菌保鲜、透湿保鲜、除臭保鲜、速冻保鲜六大专利技术。不仅能有效消除有害病菌,保护食物营养成分,去除异味,更为食物提供仿生态保存环境,将食物保鲜时间延长50%,实现食物的长久新鲜,让你享受21世纪新鲜营养、健康文明的生活。

这则文案标题的重点在于保鲜时间延长50%,正文承接了标题的内容,提出了美菱的"生态保鲜概念"和六大专利技术进行佐证,可以说标题和正文的配合是非常紧密的。

7.2.2.2　文案的谋篇布局得当,主次分明

首先,分段要合理。有些信息量小、信息之间关系密切的正文可以不分段,信息量大或者信息之间关系不是很密切的正文则通常要分成几个段落。

其次,段落要重点突出。每个段落最好要传达一个中心内容,如果一个段落有很多中心内容则容易引起读者的混乱。

最后,段落与段落之间要按照逻辑顺序排列。在正文的写作过程中我们根据文案的需要,可以按照从主到次、从次到主或者并行的顺序来进行段落的排序。无论哪种情况,各个段落之间的逻辑主线一定要清晰,务必要避免逻辑不清的状况出现。

下面是万科金色家园的广告文案:

万科品牌分享计划,全程启动

与欧洲房子、德克士一起,发现60万人的消费空缺。

分享安全投资:万科金色家园建设正在催生一个以一环路北四段为中心的新兴城市活力消费带,商铺和周边土地价格收益比节节看涨。

　　　　分享市场价值：万科金色家园辐射60余万人稳定品质消费层，巨大的市场消费基础及庞大的租房人群打造坚固的市场价值链。

　　　　分享品牌运营：万科中国地产主流品牌开发商与都市消费品牌运营商一起，有序、科学地规划建设一条安全的投资绿色通道。

　　　　分享都市生活：万科金色家园商业街区由名牌餐饮、风情咖啡、精品购物店等所组成，在都市休闲的风格走廊，精彩生活从此不打烊。一环路旁20000平方米品质商业街区，4000平方米城市广场，辐射60万人口的消费区域，德克士、欧洲房子等品牌商检铁定入驻。

　　这篇文案的段落是比较多的，正因为如此，文案条理非常清晰，明确地告诉消费者万科品牌的分享计划是什么，读起来清晰顺畅，容易打动消费者。

7.2.2.3　用语与运笔

　　首先，谨慎选择语言。广告正文的语言既要符合选择的媒介特点，也要符合广告文案的整体风格，同时还要兼顾受众的喜好和接受能力。专业术语、方言土语、新生词语、含义深奥或者读音生僻的词语、使用范围不广泛的外来语、不规范的缩略语等都应当尽量避免在广告正文中出现。

　　其次，注意句子的建构。广告正文的句子要以简单为原则。长句子、句子结构或者逻辑关系复杂的句子、包含多层从句的句子、定语或状语过长的句子、成分倒装的句子、省略句等都尽量避免使用。

7.2.2.4　广告正文的长短

　　广告正文长短选择要根据广告信息类型、目标受众接受特征和媒介策略来决定。

　　以下情况适合用短文案：消费品中的日用品；产品在各个方面都没有明显的特殊性和差异性；产品对消费者只提供小的方便性；表现产品的附加价值时；以产品的价格作为主要的诉求利益点时；产品进入成熟后期时；用广播广告、电视广告、户外广告、销售现场广告作为媒介表现；感性受众、文化层次不高的受众、冲动型受众、儿童受众和老年受众等。

　　以下情况适合用长文案：工业品；消费品中的耐用品；高价位、高关心度的商品；产品处于导入期时；企业将进入新的竞争环境时；媒介运用为报纸、杂志、直邮、商品介绍小册子、专版广告；理性受众、文化层次较高的受众、被动型受众等。

7.3　广告语的修改

　　广告语在整个广告活动中有着举足轻重的作用。广告语是企业与受众之间的认知桥梁，可以加强受众对商品（企业、服务）的一贯印象，还能通过多层传播，形成口碑效应，传达长期观念，产生长远销售利益。

7.3.1　广告语评价的标准

7.3.1.1　内容标准

　　（1）符合品牌所要传播的定位或诉求点。广告语是品牌与消费者沟通过程中非常重要的载体之一,对消费者起着关键的引导作用,首先要充分了解品牌所针对的消费群体,发现他们的需求特点,找到行业本质,以此确定宣传定位或诉求点。

比如,"农夫山泉有点甜"七个字使农夫山泉在所有的矿泉水中脱颖而出,把"甘甜"的概念表现得淋漓尽致,到底甜不甜还得消费者体验过才知道,但是这样的一个定位直入消费者心里;"怕上火,喝王老吉"七个字,把"王老吉是预防上火的饮料"这样一个诉求点表达得十分准确,这就符合王老吉的品牌定位。早期,王老吉的广告语是"健康家庭,永远相伴",这种表达显然不够清晰。再如德芙巧克力的广告口号"纵享丝滑",只有四个字,却让人印象深刻,把巧克力带给消费者的美好感受表达得淋漓尽致。

(2)具备强烈的冲击力和感染力。经典的广告语能够直接打动消费者,从情感上产生共鸣,达到认同、接受甚至主动传播的效果,表现出较强的销售力,使之在整个市场的宣传推广中总能迅速脱颖而出,抢占市场居高点。

比如,某种子公司打出"购种要细心,认准奥瑞金"这样一句简单而有力的广告语,使得大街上的小孩都在相互传唱。因为在纷繁复杂的种子市场上,农民不具备更多的专业知识,这样一句广告语极大地提高了农民购种的安全意识,同时也表达出该品牌带给农民极大的安全感,所以农民在购种时总能想起奥瑞金。

7.3.1.2 文化标准

(1)契合公众心态,挖掘文化内涵。一个优秀的广告文案撰稿人,必须具备对公众心态的敏锐洞察力。当然,要做到这一点,需要各方面的素质,因为公众心态不但涉及消费心理,还涉及社会生活的方方面面对公众内心的复杂影响。

(2)使广告语成为品牌意象的"特有词汇"。形成这种"特有词汇"有两种途径:一种途径是以产品的具体功能性差异作为突破口,由"差异性"引发"独特性",这样的独特性往往被受众所关注,从而成为品牌个性塑造的基石。另一种途径是通过一种生活理念和精神的独特来迎合消费者的心理,从而取得消费者的认同与好感。或者以一种新的生活理念来吸引消费者,也往往会被注意和认同。比如动感地带的广告口号"我的地盘我做主",因为口号本身的独特性而极大地吸引了年轻消费群体,在年轻消费群体中传唱度特别高,一度成为社会流行语。

7.3.1.3 创新标准

广告语的创作要将创新与借鉴相结合。优秀的广告作品必须有匠心独运的创意,在广告语的表现上也有创新。有首创,广告语才能从普通的行列中走出来,走入名作殿堂。比如,白加黑感冒药的广告语:"白天服白片,不瞌睡;晚上服黑片,睡得香。"由于该感冒药首创了白天和黑夜分别服用的概念,因此在各种广告药中脱颖而出。

7.3.1.4 效益标准

广告语的一个重要的属性就是其功利性。一个广告语不管其他方面多么优秀,如果其不能够体现广告的商业性和功利性,那么它也不能算作一个好的广告语。国产手机近年来发展趋势越来越好,其中以 vivo 和 oppo 两个手机品牌最为突出,作为竞争对手,二者的广告语也都是非常响亮的,如 oppo R7 的广告语"充电 5 分钟,通话两小时"和 vivo X9 的广告语"2000 万柔光双摄,照亮你的美",都非常明确地传递了商品的功能及给消费者带来的好处,对消费的刺激作用非常明显。

7.3.2 广告语写作容易出现的问题

7.3.2.1 太过于恶俗

思想性是广告的灵魂。美国历史学家大卫·波特说:"现代广告的社会影响力可以与具有悠久历史传统的社会及学校相匹敌。广告主主宰着宣传工具,它在公众标准形成中有巨大的作用。"但是有些广告却不太注意这方面的问题。有些广告语中会出现崇洋媚外的思想,色情的倾向,庸俗化、粗俗化的倾向,给我们社会造成了极其不利的影响。例如:

豪门富贵是气派,金屋荣华升值快!(某楼盘广告)

老娘又白又嫩,任君品尝。(老娘豆腐广告)

泡的就是你。(统一来一桶方便面广告)

我国《广告法》第九条明文规定:广告内容应当"遵守社会公德和职业道德,维护国家的尊严和利益",不得"含有淫秽、迷信、恐怖、暴力、丑恶的内容"。因此在广告语的写作中一定要杜绝这一类问题的出现。

7.3.2.2 诉求点不突出或诉求点太多

一个什么都想说的广告语,恐怕最后消费者什么也记不住。比如,某种子公司广告"某某品种稳产、高产、抗旱、抗涝又抗虫",结果广告刚一打出去,一部分农民反映没有记住是什么品种,另一部分农民表示哪有这样好的东西,反而增加了对该品种的怀疑。

7.3.2.3 违背语法,不合规范

广告是语言的艺术,广告语的创作中应当更加注意规范用语,维护语言的纯洁性和规范性。但是,在广告语创作的过程中,不懂语法甚至违反语法者比比皆是,造成了很坏的社会影响。例如:

饮酒作乐是解除压力者的述怀!(某酒类广告)

丰富您的人生,增广您的见闻!(某时装广告)

淡淡秋色中,保守的色泽和凋萎的叶色更能搭配不凡的风貌。(某服装广告)

上述广告语都违背了汉语的语法规则,要么生编出一个词语,要么无视汉语的语法规则。总之,我们在广告语创作中一定要避免出现这类低级的错误。

7.3.2.4 缺乏个性

大卫·奥格威说过:"要想吸引消费者的注意力,同时让他们来买你的产品,非要有好的点子不可,除非你的广告有很好的点子,不然它就会像很快被黑夜吞噬的船只。"奥格威口中的点子指的就是广告语言的新意。

广告语言必须新颖,必须具有鲜明的个性,那种只有共性,没有个性,千篇一律的话是不能引起消费者的兴趣的,很难给人留下深刻的印象。

7.4 广告随文的修改

由于广告随文让撰稿者发挥的余地较小,所以很多文案撰稿人不太重视随文的写作,甚

至自己不写,这样的做法是极不明智的。反之,许多为我们所敬重的广告大师们都十分重视随文的写作,因为他们不愿放过任何一个争取消费者的机会。随文的写作也是广告文案写作的一个不可忽视的环节。

7.4.1　随文内容的可操作性

　　广告随文是对广告正文的补充,主要是将在广告正文的结构中无法进行表现的有关问题做一个必要的交代。这些问题包括特殊的销售信息,如产品在哪里有售、消费奖励是什么、销售时间、产品的背景、产品特点等。上述问题以及对问题的补充交代直接为消费者实施消费做出实际的指导,因此这个指导必须具有可操作性。在进行随文内容的修改时,这一点要尤其注意。

7.4.2　关注广告随文的创意

　　许多广告文案人员在广告随文的写作过程中,往往是程式化的写作,认为只要将随文的内容填充进去即可,事实上这种做法是不可取的。我们在进行随文的创作时,也应当关注随文的创意表现。

　　要想使随文避免单一化、程式化的倾向,文案人员在随文创作中可以采取多种方法。可以全面展示随文内容,也可有重点、有侧重地展示。可以用一个品牌标记或者企业的商标来做标签形式表现,也可用一个表格形式等来表现。

　　例如这样一则号称2017年最火的地产广告,它的正文非常幽默,随文非常简洁,只有一个电话号码,但是却被巧妙地称为"改口热线",可以在轻松的氛围中引起消费者的注意。(图7-1)

图7-1　2017年最火地产广告

7.4.3 注意对不同媒介的适应性

广告随文在不同的媒体中有不同的表现方式。在印刷媒体中，随文由文字单一表现。在电子媒体中，广告随文一般用有声语言，但必要时也可用有声语言和文字一起表现。

【本章小结】

一则完整的广告文案包括标题、正文、广告语、随文四个组成部分，各个部分分别传达不同的信息、发挥不同的作用。

广告标题是放在广告文案最前面，起着引导作用的简短语句。要注意避免广告标题写作过程中易出现最高级词汇等九大错误。广告标题的修改可以从语言文字方面和整体效果两方面进行修改。广告正文的修改应当从宏观把握和具体内容的修改两方面进行。评价一个广告语优秀与否，可以从内容、文化、创新、效益四方面进行考虑。广告标语在写作过程中容易出现太过恶俗、诉求不明确等问题。在随文写作的过程中要综合考虑正文的风格、易记易读等方面的原则。

【案例分析】

东润枫景楼盘平面广告文案：

我不在家，就在咖啡馆；不在咖啡馆，就在去咖啡馆的路上

在东润枫景的咖啡馆，不一定要喝点什么，重要的是——有喝咖啡的心情。聊天或独处，坐一下午只喝一杯咖啡，看书、写东西，也可以什么都不想、不做，只是喝咖啡。

当然，这里的咖啡馆不是一步一家。然而东润枫景的生活节奏，却有如咖啡般闲淡写意，一种由内向外的轻松。

东润枫景，发现居住的真意。

售楼热线：64316262   64316363

由于房地产行业的地源性限制，许多人对东润枫景这个楼盘并不熟悉，但是对于"我不在家，就在咖啡馆；不在咖啡馆，就在去咖啡馆的路上"这句话却非常熟悉，这句带有悬念又非常有诗意的标题使整篇文案增色不少，并成功引起了消费者的注意。我们仔细研究这篇文案，发现该文案有以下优点：

首先，它完成了从标题到正文的顺利转化。标题成功地设置了悬念，引发了人们的好奇心，进而继续阅读正文。正文第一句便给出了解释：在东润枫景的咖啡馆，不一定要喝点什么，重要的是——有喝咖啡的心情。连接非常流畅、顺利。

其次，将商品的特征顺利地转化成了消费者的购买理由。我们都知道向人们推销房子其实是在向人们承诺一个关于居住的梦想，这篇文案重点强调东润枫景惬意的生活节奏，带给人们一种由内向外的轻松，带着品尝咖啡一般浪漫的心情来享受生活，非常有画面感和感染力,很容易打动消费者。

最后,文案的整体风格符合东润枫景高档楼盘的定位。语言非常有诗意,辞藻优美但不浮夸,从文案就可以感受到东润枫景浪漫悠闲的生活节奏,广告口号"发现居住的真意"一语道破文案主题,进一步说服消费者,促使其产生购买行动。

【思考题】

1. 广告标题评价的标准是什么?有哪些容易出现的错误?
2. 广告正文修改的过程中应该注意哪些问题?
3. 评价广告语的标准有哪些?广告语写作过程中容易出现哪些问题?

【延伸阅读】

1. 张秀贤.广告标题创作与赏析.北京:中央编译出版社,2008.
2. 岳海翔.广告文案写作要领与范文.北京:中国言实出版社,2009.
3. 林染.广告创意心理学.北京:北京工业大学出版社,2015.

8

系列广告文案和长文案的写作

导言

本章学习目标

通过本章的学习,了解系列广告文案和长文案的特点与优势,能根据不同类别产品的特征及市场定位,恰当选择使用系列文案或者长文案,并能掌握系列文案和长文案的基本写作要求和写作技巧,能写出诉求点明确、吸引力强、宣传效果好的文案作品。

本章难点

系列广告文案中的各个文案之间关系构成的合理安排;单个文案篇幅长短的合理设定及进行长文案写作时的技巧掌握。

课前导读

本章从系列广告文案和长文案的特点及写作要求为切入点,进而探讨了这两种较为特殊的文案形式在进行广告宣传中各自的适用产品类别和市场环境,然后较为详细地研究了这两种广告文案各自的写作技巧。文中选取了一些经典文案作品作为文案欣赏,并做出切合章节内容的详细讲评,同时也引用了当前媒体广告中的一些最新文案作品并进行分析,这些写作经验能带给我们有益的借鉴。

在广告运作中,广告文案是沟通广告主与消费者的重要桥梁。人们对于企业、产品和服务的认知程度,以及由此产生的情绪反应,包括是否形成选择意向,都与广告文案息息相关。在广告文案的诸多形式中,系列广告文案和长文案因其信息传递的全面性和深刻性,受到广告业界的青睐。

系列广告文案因其完整性、同一性而形成的魅力和气势,是单则广告文案难以匹敌的。它的实践运用,便于将一个广告主题通过几种不同的表达角度、表现方式及表现风格渐次表达,以实现某一广告主题下若干个不同的诉求方向和诉求要点的深入、有序传播,使广告呈现出强烈而鲜明的风格化和个性化,加深消费者对产品的全方位理解,强化消费者对产品的良好印象,增强广告宣传效果。而要发挥系列广告文案特有的优势,关键在于保证其表现风格、语言特征、画面构图等方面的内在统一性。

长文案所包含的信息量,及其对产品阐释的深度和广度,是短文案所不及的。长文案追求在逻辑上层层推理,通过事实证据打动消费者,吸引消费者实施购买行为。但并不是所有的产品都适合做长文案,因为并不是所有的消费者都对文字感兴趣并喜欢读下去。只有在合适的领域,长文案才会发挥所长。因此,要做长文案就一定要先考虑产品的特质对文案形式的要求,并用足够的耐心认真写,只有写出了精神和味道,才能发挥其核心优势,形成深远的广告影响力。

8.1 系列广告文案的写作

系列广告文案的写作目的是为了全方位、多角度、全过程和立体式地表现广告主体,反映广告主的企业宗旨和企业实力及产品的过人之处,从而形成较大的广告影响力和广告气势,满足受众对广告信息深度了解的需求。系列广告文案的表现特色与其写作目的有密切关系,为了实现这个目的,系列广告文案比较注重刊播的连续性和信息的全面性。

系列广告是在广告策略的指导下,通过一定的广告策划,经过统一安排的、有计划性的广告连续刊播活动。在这些系列的、连续刊播的广告中,广告文案用统一的主题和风格,甚至是同一种表现形式、同一个广告标题、同一篇广告正文来对受众进行连续性的广告传播活动。多则不同表现内容的广告文案的连续刊播可以形成广告宣传的排山倒海之势,可以满足受众对产品信息的深度需求,使受众产生强烈的震撼,并通过反复地传达广告信息而使广告得到有效的传播。

8.1.1 系列广告文案的含义

系列广告文案是与单独广告文案相对的一个概念。单独广告文案与系列广告文案既是广告文案刊播的两种投放形式,也是广告活动的实际需要与广告策略相结合的产物。

所谓单独广告文案,是指广告只传达一个主题规定的文案内容,并用一种风格和一种画面创意(包括版式),做一次性刊播或反复刊播的独篇文案,这种单独文案基本上包含了该主题广告的全部内容和广告意图。但是,当需要对产品的诸多优点进行宣传时,如果以单个广告来表现,就可能会使产品信息显得密不透风,反而不能吸引消费者的注意。

作为与单独广告文案对应的概念,系列广告文案是指在同一次广告活动中基于同一创意概念创作,用于同类媒体的集中刊播,广告信息相同或紧密相关的两个以上的广告文案形式。系列广告文案是在广告刊播活动的策划和创意的统筹下,内容上相互关联、风格上保持一致的一组广告文案,每篇可确定一个诉求点,共同体现一个整合统一的广告主题。

在广告大战愈演愈烈的今天,系列广告这一形式以其强大的宣传优势、良好的整体效果而受到越来越多广告人的青睐,成为展示不同诉求的最佳载体。确实,相对于单个广告较为贫弱的宣传效果,系列广告因其计划性强、持续时间长,从而更容易强化消费者对产品的记忆。相对于连续三次快速闪现的"三秒钟"之类的高密度广告,系列广告既能抓住相当多的"眼球",又能从容地让商品信息到达预定的目标位置,避免造成老调重弹的重复无味之感。

8.1.2 系列广告文案的特征

系列广告文案的每篇文案的标题、画面和正文内容可以有所变化,但是它们之间总有着一种或几种相统一的元素,可以是语言的、版式的,或整体风格印象等,把每篇看似独立的文案联结起来,产生连续、统一的认知效果。它绝不是同一广告的简单重复,而是一组设计形式相似,宣传诉求点又各有侧重的广告文案的有机组合。各则广告相对独立,又相互联系,分工明确且有效配合,其特点可归纳为以下几个方面:

8.1.2.1 系列的完整性

进行系列广告写作之前,应根据广告信息的内在联系对它们进行分类,并且分类应尽量做到穷尽,不要遗漏任何一个重要的、可能与其他信息构成明显并列或递进关系的信息。

系列广告中的一个单篇要传递一类信息,如果有三个并列或递进的广告信息需要传递,那么系列广告就应包括三个相对独立的单篇作品,必要时还可以用一个具有概括性的单篇总括和提示其他单篇的内容。

8.1.2.2 内容的关联性

系列广告文案的内容大都是关于同一产品或服务的,有统一的定位。虽然也有一些系列广告文案是关于同一产品的不同型号、不同款式的,但其内容总是有许多相同、相近或相关之处。系列广告内容上的相关性又是与其内容上的前后勾连、相互补充、环环相扣的有序性联系在一起的。

系列广告所有作品传达的广告信息都有一定的关联,或是以一个主题为中心,在不同的侧面展开;或是对相同的广告信息以不同的表现方法不断深化。也就是说,系列广告的设计、制作和发布,应按一定的逻辑顺序进行,或先总后分,或由浅入深,或从粗到细,或始隐终显。总之,应体现一种内在的必然联系,使消费者能够理解并适于接受。

8.1.2.3 风格的一致性

系列广告文案的特征还表现在风格的一致性上,其系列作品都保持某种统一的风格,呈现出一种鲜明的个性特点。不管是同一产品的系列广告,还是同类产品不同型号产品的系列广告,都要求在表现风格上做到和谐一致,体现出较强的整体感,使人一看之下就能认识其系列性。系列广告最忌讳单兵作战、各自为政、缺乏整体性和凝聚力。

广告文案的风格包括语体风格及其他表现风格。语体风格包括书面语语体风格和口语语体风格。广告文案的风格是多姿多彩的,或华丽或平实,或含蓄或明快,或庄重或幽默,或豪放或婉约。对于一组系列广告文案来说,只有保持风格上的一致性,才能便于受众所识别。

8.1.2.4　结构的相似性

系列广告文案的结构是相近、相似或相同的。在一组系列广告文案中,如果其中的第一则是采用"标题+正文+广告语+随文"的格式,那么,紧随其后的文案的文本结构,就应与此大致相同。系列广告在结构上表现出一定的相似性,这是人们区分广告作品是系列广告还是单篇广告的重要标志。

这种结构上的相似性具体表现在以下三个方面:一是文案标题句式的一致性,通常采用句式相同或相近的标题。二是文案正文结构的一致性,通常在篇幅、结构、行文方式上相同或相近。三是画面表现的一致性,往往选用在构图、色调等方面具有某些共同特点的画面来表现。

8.1.2.5　部分的均衡性

由多个文案形成的系列广告文案,在内容上、风格上和结构上都有着诸多的相似点,这些相似点同时体现在:对系列中的各单篇广告应"一视同仁",给予它们同等的重视。譬如,每一个单篇上花费的精力和笔墨应大致相同,每一个单篇的篇幅长短大致相同,每一个单篇的文案构成要素保持一致等,以保证系列广告的整体平衡。

虽然世界上没有完美的事物,但只要获得了平衡感就能体会到美的感觉。平衡是一种美,实现了平衡性的系列广告也才可以称得上是"系列",也才能让受众在感受广告时加深对广告主题的印象,感受到平衡的美。

8.1.2.6　表现的变化性

变化性是系列广告文案的创意所在。因为变化性可以体现系列广告的优势和特征,可以使它在同样篇幅中表现最大的信息量和最广的信息面。

系列广告的主题、风格虽然相同,但它们并不是同一则广告作品。除了广告信息方面的变化,系列广告作品之间最大的差异是广告表现的变化,包括画面内容的变化、标题内容的变化、文案正文的变化等。这种表现的变异性是与受众对广告的接受心理密切相关的,受众一般希望接受与他们以前得到的消息或经验有所区别的信息,新异事物更易成为受众注意的目标,而刻板、千篇一律的习惯性刺激难以引起人们的注意。

要使受众不至于对系列广告产生不适应感和厌烦感,要让系列广告吸引受众连续看下去,就必须避免雷同,突出差异点,保持新鲜性,增强可读性。当然,系列广告的"异"是同中有异,这种"异"最集中地体现在文字技巧和技术表现手段的变化上。

如综艺节目《我是歌手》系列广告(图8-1):

图 8-1 《我是歌手》系列广告

之一:1月2日起,每周五晚22点
有那么一首歌
爱过 伤过 哭过 笑过
却没有理由去忘记
之二:1月2日起,每周五晚22点
有那么一首歌
会告诉你 爱上一个人
少点恨和怨 多点爱与诚
之三:1月2日起,每周五晚22点
有那么一首歌
用所有爱 唱尽一颗心
之四:1月2日起,每周五晚22点
想说却还没说的 还很多
攒着是因为想写成歌
唱给你听

《我是歌手》系列广告围绕着"1月2日起,每周五晚22点"这一开播主题,生发出不同的广告画面,构图简约典型,既体现了系列的完整性、内容的关联性,也表现了风格的一致性、结构的相似性、部分的均衡性;既简洁,又能够打动人心。

8.1.3 系列广告文案的写作模式

系列广告文案在写作过程上与一般广告文案有些不同,先要从广告目的、广告策略、广告计划等方面着眼,在广告创意和广告表现的规定性策划中,决定是否运用系列广告文案形式。在决定运用系列广告形式之后,对广告主体信息的各个方面要素进行有机的分类,以保证信息层次的同一性和信息含量的均衡性,并确定文案的表现风格、语言特征及画面构成等具体内容。最后,在单则广告文案完成的基础上,进行文案间的协调与整合。

要形成系列间的有机配合,标题和正文最为关键,因为这两部分是广告的精神和脸面,是第一时间吸引受众的重头戏。在制作系列广告过程中,标题和正文的配合可以有多种方式。

8.1.3.1 标题不变、正文变化

即在系列广告文案中用相同的标题配合变化的正文。如苹果电脑公司报纸系列广告的文案,所有的标题都是"因为它得心应手,您当然随心所欲",而正文分别介绍苹果软件在商业应用、配合不同操作系统等方面的过人之处。

再如Jeep"每个人心中都有一个Jeep"系列广告(图8-2):

图8-2 Jeep"每个人心中都有一个Jeep"系列广告

之一:每个人心中都有一个Jeep
大众都走的路
再认真也成不了风格
之二:每个人心中都有一个Jeep
人生匆匆奔驰而过
就别再苦苦追问我的消息
之三:每个人心中都有一个Jeep
即使汗血宝马
也有激情退去后的一点点倦

2014年,Jeep冠名赞助李宗盛演唱会,并配合此活动推出了"每个人心中都有一个Jeep"的系列海报。这组系列广告文案标题相同——"每个人心中都有一个Jeep",正文却直指竞争对手大众、奔驰和宝马,令人印象深刻!

这种标题不变正文变化的系列广告文案,既有助于加强受众对广告诉求点的印象,形成对品牌的一贯认知;又便于运用不同的正文与画面构图和其他视觉、听觉要素密切配合,随需应变。文案创作者如能灵活运用个中技巧,对于塑造品牌稳固形象,传递产品丰富信息非常有利,必能收到良好的广告宣传效果。

8.1.3.2 标题变化、正文不变

即在系列广告文案中用不同的标题配合相同的正文。如易信系列广告(图8-3):

广告文案写作

图 8-3 易信系列广告

四则广告的正文完全相同："是时候换个朋友圈了。易信朋友圈,只加好朋友。"但分别冠以"别闹""闭嘴""呵呵""坑爹"的标题,其含义指向递深,对内心的触动递强,有助于加深受众的印象。

8.1.3.3 标题和正文都变化

即在系列广告文案中,每一则广告文案的标题和正文都有变化。在这种情况下,一般都会以相同的图案或相同的音乐来保持系列广告的统一性、完整性。

如红星美凯龙近年推出的"2天"系列广告(图8-4):

图8-4 红星美凯龙"2天"系列广告

之一:不是每一个成熟的商家都有实力公然犯2!
3月23/24这2天红星美凯龙低至2折!
600款名牌家居去头价,前6个月最低成交价上再打折。
实在折扣!不计得失!
领导品牌最有力!
之二:还有什么比集体卖2更快乐的事情呢!
3月23/24这2天红星美凯龙低至2折!
600款名牌家居去头价,前6个月最低成交价上再打折。
家居品牌盛宴,全民的狂欢!
之三:如果买卖厚道是犯2,我以2为荣!
3月23/24这2天红星美凯龙低至2折!
600款名牌家居去头价,前6个月最低成交价上再打折。
实在折扣!绝不明折暗涨!

促销诚信有原则!

之四:我特别愿意为你展现最2的那面!

3月23/24这2天红星美凯龙低至2折!

600款名牌家居去头价,前6个月最低成交价上再打折。

明折明扣见真情,誓把底价给你看!

这则系列广告标题与正文都不同,但其标题、正文与构图等的表现风格一脉相承,传达的信息既统一又和谐,令人拍手赞叹!

8.1.3.4 标题和正文都不变

在有些系列广告中,标题和正文都没有变化,但是版面的编排发生了变化,与文案配合的画面也发生了变化,这种表现方法一般出现在以画面为中心的系列广告中。

如京东"双11"系列广告(图8-5):

图8-5 京东"双11"系列广告

此广告中的标题和正文都没有变化,包括画面的构图模式和风格都完全相同,让"双11,怎能用慢递?"的消费理念更加深入人心。同时画面的具体内容有所变化,迟到的刮胡刀导致顾客变成"原始人",迟到的防晒霜导致顾客变成"黑人",这一搞笑的形式有效突出了京东"不光低价,快才痛快"的经营特点,在受众面前树立了良好的品牌和服务形象。

以上所讲到的变化与统一都不仅仅是为了达到某种形式上的观感效应,而是出于广告策略和广告传播实际效果的需要而采取的某种组合变化,绝不是无目的、无原则地玩弄形式搞花样。

8.1.4 系列关系的类型

在进行广告的系列排列时,应深入考虑构成系列的相互关系,根据所设定的广告宣传目标,为系列广告量身定做出一套合适的、恰当的内在关系结构,增强各个广告之间的连贯性、紧密型和互补性。

可以运用横向拓展和纵向拓展两种不同的构思方式来考虑设定系列关系。横向拓展构思是从广告主体的各个侧面、各个角度来进行系列关系构思,可以就同一种品牌的不同产品的横向表现来思考,也可以从一个信息点展开放射性思考。纵向深入构思方式的主要特征是由一个信息源点入手,然后一步步向纵深方向发展,这种构思方式在实际运用中,可根据企业、产品或服务的发展情况层层深入展开,来传递广告信息。

有的系列广告文案,在构思时往往是两种构思方式的配合运用,这样更有利于将系列广告从广度和深度两方面对广告信息进行立体表现。

由不同构思方式所创意的系列广告,每则广告所传达的广告信息之间的关系是不同的,一般可以分成以下三类。

8.1.4.1 信息同一型

信息同一型的系列广告文案,是指在广告中对广告主体的特征进行同一信息诉求的广告文案。这种系列广告的所有作品都传达完全相同的信息,但采用不同的表现方法,从而使受众对广告信息产生深刻印象。

广告主可以将一个广告信息进行反复的、不同角度的表现,使同一信息的诉求深入拓展,可以避免广告文案表现的空泛和乏味。

如加多宝系列广告(图8-6):

图8-6 加多宝系列广告

之一:人生加V时刻,当然加多宝
在毕业后奋斗的第1825天,终于拿到了写着我名字的房本。
之二:人生加V时刻,当然加多宝

在经过500天的等待后,儿子第一次叫出了爸爸。

之三:人生加V时刻,当然加多宝

在完成1927次仰卧起坐后,终于把3个月前买小的裙子穿进去了。

抓住《中国好声音》热播的契机,加多宝推出这一"日记体"广告文案,告诉人们坚持就是胜利,等待必有回报。这一系列广告在坚持风格、主题同一的同时又有变化,加强了表现的分量,具有一种无形的说服力,使大众产生了深刻的认知。

8.1.4.2 信息并列型

部分系列广告将同一主信息分割成表现主信息不同侧面的分信息,通过系列的形式加以表现。

一种是将广告主体的各个方面分解成不同的侧面,在每一则单个广告文案中表现其中的一个侧面,或者将同一品牌的不同系列产品做并列表现。广告受众在连续阅读接收的过程中,通过各个侧面信息了解到一个全面的广告主体或同一品牌的不同产品特征。这是单纯处于并列关系的系列广告文案。

另一种是在系列广告中由一则传达完整的广告信息的广告作品统领几则传达各自侧面信息的广告作品,将后面多则广告所表现的信息总括在一定范围内。一般是在第一则广告文案里采用总括性的信息内容,而在以后的几则广告文案中,又分列出不同的侧面。

属于信息并列的系列广告文案,可以多角度地、全面地传递广告信息,从而使受众对广告信息的各个部分有全面的了解。

如蚂蚁金服于2016年推出的系列广告(图8-7):

图8-7 蚂蚁金服系列广告

之一：

张克仙："10年前，办事基本靠带着包到处跑；现在都能用手机搞定，包都不用带。"

支付宝联合阿里云为347个城市提供更智慧的生活。人们可以通过手机使用政务办理、交通出行、文化生活、餐饮娱乐、线上医疗等多方面服务。发挥计算的力量，让每个人都享受"互联网+"的美好生活。

之二：

张瑶："去过许多国家，每次看到退税单上的那一行'ALIPAY(ZhiFuBao)'，就像在国外遇到老乡。好亲切，也很自豪。"

走出国门，也可以享受无国界的金融服务。法国、英国、德国、韩国等21个国家已经支持支付宝退税，步骤简单，让中国人更方便地在全球买买买。

之三：

王燕玲："以前我的密码都记在本子上。儿子说，现在我的脸就是密码，不用记，不怕忘。"

生物识别技术将取代复杂的数字密码。目前支付宝已全面支持人脸识别登录，你的脸就是天然的"通行证"。

之四：

魏昕悦："这年头，一两块钱吃不了一顿早饭，但能保我一年的心安。"

支付宝对每一笔交易进行八大维度安全扫描，更联合中国人保等多家保险公司为用户提供每年100万保额的支付宝账户安全险，用户平均每年只需花1.6元。

之五：

徐诚："我是处女座，找不开零、让人等都是不完美的事。快递嘛，关键就是要快。现在好了，扫一下，完美！"

EMS支持支付宝扫码查询以及付费服务，减少了客户等待时间，让快递更有效率。

之六：

伊卫卫："不用再为几块钱运费纠结，也免了很多口舌。我体会了一把好评如潮。"

退货运费险让消费者少了后顾之忧，更能放心消费。赠送运费险已经成为电商卖家提升服务品质的重要法宝。

蚂蚁金服主要服务于中小企业以及普通的消费者，旗下的支付宝、余额宝等已经成为大众生活的一部分。但大众面对金融还是有一定的距离感，于是蚂蚁金服联合22个合作伙伴，讲了22个故事，从普通人的视角讲品牌，走心且简单易懂。这组系列广告从不同角度、不同侧面展示了蚂蚁金服的金融服务功能，使得广告所传达的信息在具象之中变得形象、亲切、有力。

再如联想笔记本电脑的系列广告：

之一：工，则必合规矩；技，则华彩飞扬。工专而技巧蔚然成其大器。联想昭阳。

之二：以天下之技而工者，堂皇中正。
之三：以人杰之技而工者，畅达圆熟。
之四：以性灵之技而工者，玲珑巧致。

这组系列平面广告文案中的第一则采用总括的信息表现，突出了产品工艺精良，产品技能优秀。第二、三、四则广告就从不同的侧面具体表现了产品的卓越品质，可谓相得益彰。

8.1.4.3 信息递进型

部分系列广告传达彼此关联又层层递进的信息，对广告主题做出纵向分解。信息递进的系列广告文案，可以是悬念型的，吸引受众渐入预设的广告环境；也可以是对广告信息的深入发掘，使受众由浅入深地了解广告信息；还可以是完整地反映企业、产品和服务的发展历程和现实存在，带领受众跟随着广告的系列表现了解广告主体的发展状况。

递进型系列广告一方面有利于受众对广告产品实现逐步的、全面的了解，另一方面，也使广告主和受众之间历经一个较长时间的沟通，促使受众在沟通中对广告主体的有关情况产生兴趣，对广告信息的理解不断深入。

使用系列广告宣传策略时一定要配合产品或企业自身特点，对新上市的产品可采用悬念吸引的方式；对功能多或优点多的产品可采用整体分解或化解难题式等方法，将产品的功能、优点及对难题的解决方案娓娓道来；对于适用对象较广的产品可采用角色更换的方式等。

若要具体列举系列广告文案表现形式，可以有描述式、论辩式、悬念式、自述式、生活情景式等，不一而足，在此不过多赘述，因为就系列广告文案中的单个广告文案来看，其写作方法完全可以使用前面章节中所讲到的各种技巧。

8.2 长文案的写作

广告文案的长短是相对而言的，通常人们将不足百字的文案称作短文案，把超过百字的文案视为长文案。

短文案以短小精悍的特点吸引、打动受众，长文案则是以较长篇幅的产品解说对受众产生更强说服力和深度诉求。因此，长文案与短文案的写作要求各有不同。长文案要比短文案包含更多的信息，写作时对信息的组织工作难度较大；长文案需要读者花费更多的时间，写作时要更加注重使用维持读者耐心、吸引读者继续阅读的技巧；长文案正文的篇幅较长，对文案撰稿人在风格把握和文字驾驭能力等方面提出了更高要求。

现在的媒体广告越来越多，但大都不超过百字，甚至短至不足十字，有人认为，当今时代是电子媒体一统天下的时代，生活节奏快了，人们不会像奥格威时代那样有耐心阅读长文案。这种说法虽有一定道理，却并不绝对。媒介的多元化和生活节奏的加快会对广告传播方式带来一定影响，但广告宣传应根据新情况做出相应调整，以适应这些变化，而不是轻易地否定或放弃长文案。

8.2.1 影响文案长短的因素

写广告究竟是采用短文案好还是长文案好，不可一概而论。有的人错误地认为没有人会去读长文案,而事实上,好的文案不一定都是短文案,一个写得引人入胜的长文案也会吸引很多读者。

长文案和短文案各有特点,各有最适合使用的环境,两者无法相互取代。决定文案长短可以从如下几个方面分析。

8.2.1.1 媒体因素

各种媒体都需要有相对应的文案形式。在电视广告中,产品的信息是由文字、画面和音响共同完成的,通常短文案比长文案更有效。印刷媒体则主要是通过文字和画面来表达主题的,文字所传达的意义具有相对稳定性,信息丰富的长文案可以保留下来并被多次阅读,宣传效果会更持久。

8.2.1.2 产品因素

不同产品的性能及其在市场中所处的不同阶段影响着文案的长短。

一般说来,价格相对便宜的日常生活用品,如洗化用品、调料副食、服装鞋帽等,只需突出产品名称、主要特点之类的关键信息即可,因此多用短文案。而生产资料、耐用消费品和较大的服务项目,如机器、建材、汽车、住房、电脑、保险、旅游等产品的广告,则需要用长文案,因为受众在花费较多成本购买这些产品或服务之前,总希望了解更丰富的信息。当少量信息不能满足受众信息需求的时候,广告就必须详细介绍产品的独特品质、性能、价格、用途及使用注意事项等,用以提供充足的理由让人信服,而只有长文案才能提供给受众从结论到理由的完整思维过程。

产品处于生命周期的不同阶段也会影响到文案的长短选择。当产品初进市场时,广告文案需要以较多的文字介绍新产品的基本信息:性能、功效、型号、形状、价格等。而当产品已经进入市场成熟期,则只需以较少的文字不断向受众提示品牌,重复加强受众对产品的印象,此时用短文案即可。

再者,当首次对产品定位时,可以使用短文案简明扼要地对产品定位加以介绍。然而,当原有产品定位不恰当,需要对其重新定位的话,就需要用长文案了,因为仅靠三言两语难以清除受众对以往广告定位的印象。

归根到底,当面临文案该写多长的问题时,和对待其他文案一样,解决方法显而易见:写能够引起销售的文字就足矣。如果一个产品用短文案能表达清楚,那就短;用长文案能写得更生动有力,促销力更强,那就长,保证把需要向受众讲明的重要信息有效传达。

8.2.2 长文案的表现手法

长文案因其篇幅较长,更容易体现完整信息,写作的空间也就更加游刃有余。为能更加生动、更加贴切地表达某种广告诉求,长文案可采取丰富的表现手法。

8.2.2.1 故事型

简单信息的生动诉求是故事型长文案的制胜法宝。故事性内容可以增加文案的吸引力和趣味性,更重要的是可以让诉求重点自然地出现在故事中,令人信服地传达信息,避免生硬推销。

如航班管家2016年推出的广告文案(图8-8):

广告文案写作

图 8-8　航班管家广告文案

之一：
王晴朗醒来发现枕头上一片湿,
心情也一团糟,摸了摸嘴角,肯定不是口水,
梦里哭过。
她回想这个梦,但什么也想不起来。
这时,她突然想家里的爸爸和妈妈了。
她连床都没下,摸过手机,用 19 秒

买了张飞回家的机票。
此刻,做自己的主。
"这是您的机票。"
航班管家
负责机票,以及飞行的一路。

之二:
"我喜欢你,我们可以交往吗?"
王菲菲鼓足勇气,在楼梯间里,
拉住总是和她一起下楼的李森,向他表达了按捺已久的暗恋之情。
李森的脸,连他的整个身子一下子都红了,
他看着王菲菲,张开嘴,他的眼睛瞟向自己的右上方。
他的嘴唇已经蒸干了,但一个字也说不出。
此刻,王菲菲仿佛看到有个谁按了下暂停键,
直到"好"从李森嘴里冲了出来。
紧接着,他掏出手机,用 21 秒
买了两张飞去漠河的机票。
此刻,做自己的主。
"这是您的机票。"
航班管家
负责机票,以及飞行的一路。

之三:
三年前,张勇跟女朋友的爸爸说:
"三年以后,我带 100 万来娶她。"
昨天,他收到了女友,
是前女友的喜帖。
他觉得也没什么可惜的,他一点也不想去。
然后,他掏出手机,用 41 秒
买了一张飞去婚礼的机票。
此刻,做自己的主。
"这是您的机票。"
航班管家
负责机票,以及飞行的一路。

之四:
自孙子出生以后,
老李夫妇一步也没离开过他的身边。
三年来,老李驼背的角度增加了 7 度。
小李总说,请个保姆,让老两口休闲下来。
对此老李态度强硬,他觉得小夫妻就会花钱,啥都不懂,

外人带亲孙子,笑话。

然而刚才,小李见识了儿子绝妙的广场舞舞姿。

他在众人的欢声笑语中,掏出手机,用 43 秒

买了两张送老人飞去三亚度假的机票。

此刻,做自己的主。

"这是您的机票。"

航班管家

负责机票,以及飞行的一路。

航班管家在每则广告中都讲了一个故事,简单却富有人情味,给人一种亲切感,凸显了品牌良好的形象,加深了其在消费者心中的定位和认知。

8.2.2.2 产品剖析型

此类长文案以提供丰富的产品信息为主,以陈述的方式向受众详细介绍产品的特点、性能、用途及能够带给受众的利益,更好地使受众了解产品的全貌。

如雪铁龙凯旋汽车的广告文案:

全球投放,中国首发

东风雪铁龙凯旋,秉承雪铁龙悠久的品牌价值和一贯的创新精神,融合领先科技,融合最新的欧洲设计趋势和雪铁龙的专利技术,为中级轿车树立全新标准。

凯旋将欧洲风格与稳健、现代、优雅、大气完美融合,体现出与众不同的气质。与散热隔栅融合的镀铬双齿轮标,饱满挺拔。飞去来器形状的前大灯,晶莹剔透,俊朗有神,与尾灯前后呼应,协调统一。凯旋的创新造型让您对品味与美学有了全新的认识。

凯旋 513 L 超大行李箱,让您的一切公务尽可随心而行。气派的 8 向电动可调真皮座椅,宽大舒适,减震性好,能给腰部和脊柱很好的支撑,适合各种用户的体型需求,长时间驾驶也不会感到疲劳。凯旋出众的车身尺寸为阁下提供了一个宽敞舒适的驾乘空间。分区自动恒温空调,让左右座位独立选择温度调节,更为您配备了后排出风口。与中空排一体设计的香水挥发器,通过空调将香味自然散发到车内,为您营造清新怡人的车内氛围。中央固定集控式方向盘是人机工程学的重大进步,方向盘中央轮毂部分融合众多控制按键,不随方向盘外圈转动,让驾驶更加便捷轻松、舒适自在。双层密封设计,降噪静音,隐藏式储物盒等人性化细节设计无处不在。驾乘凯旋将带给您全身心的舒适和享受。

融合全球安全保护理念的凯旋,创造出同级车型中最高安全标准。凯旋的高强度吸能车身,能够在发生碰撞时更加有效化解、吸收碰撞的能量。形状优化的驾驶员安全气囊,可为驾驶者提供更好的保护。在紧急刹车时 ABS 和 EBD 共同作用,有效缩短刹车距离。凯旋充分考虑了对行人的安全保护,前部行人碰撞缓冲双吸能键能更好地减少对行人膝盖的伤害。为了确保完美的行驶表现,应对各种复杂的路况,凯旋配备了最新一代的 ESP 电子稳定系统。所有乘员都配备三点式安全带,前排为预张紧可调三点式安全带。凯旋是目前同级车型中唯一拥有随动转

向双氙气大灯的车型,这项创新技术能够让驾驶者在夜间更好观察弯道路况,及时发现前方的行人、车辆和障碍物。前大灯具有自动清洗功能,令光线始终保持清晰明亮。定速巡航可以让车辆在事先设定的速度下行驶,配合限速器让驾驶轻松惬意。后门儿童安全锁、车门未关指示器、带防夹功能的电动车窗更可让您的家人与您一起安心出行。停车辅助功能,方便驾驶者停车、倒车。凯旋——361°安全呵护的高科技轿车。

凯旋继承了雪铁龙一贯出色的操控功能与强劲的动力表现。2.0L 16V VVT可变气门,超高压缩比汽油发动机,最大功率达到108千瓦,在保持出色的动力表现和加速性能的同时,凯旋以每小时90公里等速行驶,每百公里油耗仅为6.6L。凯旋可以使用93号无铅汽油,具有良好的适应性。可变助力转向随车速变化分配助动力,配合四轮独立悬挂和智能化手自一体变速箱,展现出优异的稳定性和操控性,驾驶乐趣油然而生。多路传输系统 CAN 网络实现信息共享。全中文行车电脑能为驾乘者提供超过700条的各种信息。感光式自适应组合仪表可根据外部光线的强弱自动调节其对比度,让您轻松读取行车数据。发动机可满足欧Ⅳ排放标准,并装备 EOBD 系统,实时检测排放状况。凯旋以完美操控令驾驭顺畅自如,随心而发。凯旋汇聚世界尖端智慧和领先装备,人车合一,浑然天成,您的每一次驾乘都是一次体验科技、享受科技之旅。在成功迈向卓越的路上,祝您路路皆凯旋。

文案以较强的逻辑性,陈述、剖析了凯旋汽车的品牌历史和品牌创新,其性能、配置、外观及科技含量方面的优势在文案中层次分明,条理清楚。通过举例子、做展示,让人感受到实实在在的优良品质,文案中规中矩又颇具说服力,从而更好地诉诸受众物有所值的观念,吸引受众去购买此款车型,享受驾驭乐趣。

8.2.2.3 评论型

评论型长文案侧重于观点鲜明的深入阐述。许多企业广告旨在阐明企业的观念,但观念性内容如果缺乏深入阐述,往往流于空泛,沦为没有说服力的口号。因此,企业如果要传达观念,不妨尝试评论型长文案,亮出自己的观点,并将它阐述充分。

如奔驰汽车的广告文案(图8-9):

之一:经典是圣洁,经典是邪恶。

光明,还是黑暗?在戴安娜薇什涅娃——这位俄罗斯一流的芭蕾女舞者看来,它们之间并无不可逾越的界限。上一秒,她还沉浸在杰奥塔高贵的内心世界,用纯真无瑕的伤感,述说对爱的怅惘,下一秒,她已经成为邪恶的奥吉丽娅,浑身散发野性的诱惑,召唤王子一步一步走向黑暗的欲望。她看到了天鹅们的悲哀与欢乐,她倾听它们灵魂最深处的渴望,最终,她以精湛舞艺将这一切淋漓展现。

用心感受时间不同的美,用信念与精湛的技艺将它们融合,并完美表达——戴安娜薇什涅娃所追求的完美境界,也正是梅赛德斯-奔驰的百年信仰。美的形态或有千差万别,美的理想却是殊途同归,梅赛德斯-奔驰以内在的感悟和信念,突破外在的极限,为汽车制造与设计艺术创造新的典范。

之二:经典需要时间,经典藐视时间。

从18岁荣享肖邦钢琴金奖,到今天"钢琴王子"的美誉,年轻的李云迪始终怀着一颗激越的心行进在艺术创造的道路上。内心深处的信仰熠熠发光,照亮他脚下的道路,更照亮前方艺术与经典的新疆域。时间,伴随着他的路途,却往往跟不上他疾行的脚步。在这条道路上,李云迪时刻追赶着未来的自己,奔向他心中的艺术圣殿。

经典是巅峰,却从来不是终结。李云迪所追求的巅峰境界,也正是梅赛德斯-奔驰的百年信仰。以今日的坚持与信念,造就明日的经典,梅赛德斯-奔驰不断演绎突破,为汽车制造与设计艺术创造新的典范。

图8-9　奔驰汽车广告文案

奔驰用芭蕾女舞者戴安娜薇什涅娃和钢琴家李云迪创造的经典传奇,来表达自己对完美境界的追求,表明了自我坚持与不断突破的信念。

一则优秀的评论型长文案蕴意深刻,让人回味无穷。产品的卓越品质不是广告主的叫卖,而是一种精神的感染。

8.2.2.4 通讯型

将广告信息以信息丰富的新闻方式表述出来是通讯型长文案的优势。人们喜欢新闻胜过喜欢广告,因此当广告需要传达丰富信息,而这些信息又与社会发展和公众生活密切相关时,可以将文案写成通讯型。

如恒大翡翠华庭2016年推出的房地产广告文案:

恒大翡翠华庭"萌宠动物嘉年华"活动欢乐落幕

远离喧闹拥挤,卸下生活压力,尽情感受春天美丽时光,上周末4月16—17日一场欢乐无限的"萌宠动物嘉年华"主题活动,在恒大翡翠华庭精彩上演。这次大型萌宠动物展活动吸引了众多来访客户的眼球。一时间,恒大翡翠华庭营销中心变成了欢乐的海洋、萌宠的天堂!

萌宠动物展上最受欢迎的当属"神兽"羊驼。自从羊驼进入大众视角,就备受关注,自然是引起不小的轰动。不论大人还是小孩,都被它萌又可爱的样子萌化了,纷纷拿出手机与其拍照留影。还有魅力四射的孔雀,色彩斑斓的羽毛在阳光的照射下更显得靓丽多彩,周围也聚集了不少观众朋友。还有短腿小矮马、迷你小浣熊、高大的鸵鸟等,都受到一众小朋友的喜爱。

除了萌宠动物展,钓鱼达人大比拼也受到了小朋友的追捧。在比拼到底谁才是钓鱼达人的竞赛中,他们享受到了与众不同的轻松周末。而且此次活动还特别准备了最受追捧的抽奖环节,泰迪狗、小兔子等多种奖品也在活动中纷纷收入客户的囊中。这次活动不仅让来访客户看得过瘾,抽到的奖品也让他们兴高采烈。

更让人兴奋的是活动还精心准备了美味精致的冷餐盛宴,有各种点心、水果、饮品,活动期间大家玩累了,可以享受美味,小憩一会儿!活动结束后,大家纷纷表示这个周末开心极了。

抢先知晓最新动态

恒大翡翠华庭作为恒大地产集团奢华豪宅作品,品质上可谓极尽其心,携手近百家国际一线品牌定制9A级装修标准,与西门子、科勒、TOTO、美标、摩恩、松下等几十家国际品牌组成联盟,强强联合铸就品质保障,并由世界级大师团队全程指导设计,造就超越奢华之上的美学豪宅。在工程管理中实施精品化施工,严格按照多达6000多条的施工标准,尽善尽美保证品质;并实现了真正的"全国统一采购、全国统一配送",既显名门档次,又合理地降低了成本。

恒大翡翠华庭最后一栋,瞰湖楼王耀世绽放。买89～143 m^2学府华宅即送最高6万品牌家私,还送1500元/m^2满屋奢装,超值优惠,不容错过。

此类广告常常与新闻信息一同出现在版面上,形式上又与新闻非常相似,非专业人士一般难以区分,只权当新闻阅读,因此这种广告形式越来越受到广告人的青睐。当然,这样的文案必须以客观公正的态度赢得读者的信任,而不能是苍白的自我赞许。

8.2.2.5 知识型

在一些产品的广告中,文案还可以通过提供知识性信息,迂回地达到广告宣传的目的。如《时尚COSMO》微信公众号于2017年推出的这则广告文案:

睡眠面膜这么用拯救你的脸,然而你一直用错方式

都知道睡眠面膜是省时省力又能高效护理的好宝宝,可是要知道这种功能型产品通常也存在着一些使用误区。你过夜了吗？洗了吗？"OMG",快来自测一下吧!

这些误区你别踩

1.睡眠面膜就是可以睡觉用的?

朋友,睡眠面膜只是一个称号而已,并不代表它能够过夜使用。它的作用在皮肤吸收到足够的营养后就可以停止,也就是洗掉了,何必过夜黏黏哒还粘枕头呢?

不过现在很多睡眠面膜的质地已经趋向于晚霜了,如果你是大干皮,这种情况下过夜不会有什么影响。如果你是其他的肤质,可要小心脂肪粒"神马"的了,毕竟术业有专攻,它可以过夜不代表建议过夜。

2.睡眠面膜是免洗的?

说到这个问题,想问一下宝宝们,平时的片状面膜敷完了洗不洗? 其实,都是该洗的! 残留在皮肤表面没有被吸收的营养成分不仅会糊住皮肤产生脂肪粒,有些还会有膜状的感觉。如果你不想洗,至少也要用棉片蘸取化妆水擦掉多余的成分。

3.睡眠面膜敷之前还要保养吗?

睡眠面膜大多数以大分子胶状物为主,它是为了能够更好地锁住你前序小分子护肤品而设计。就像片状面膜也是一样,敷之前也要涂上爽肤水或者是精华再进行,这样才会有事半功倍的效果。

睡眠面膜这么用

1. 当睡眠面膜只是睡眠面膜时

在晚间保养程序结束之后,睡眠面膜作为帮助前序护肤品更好吸收的存在,这个时候你可以在保养品涂完后的10分钟再敷上它,这样睡眠面膜能够更好地加持前序护肤品功效,并且前序护肤品也能更好地吸收。

2. 当睡眠面膜变身急救面膜时

睡眠面膜其实也是一种高机能的护肤品了,它可以当作急救面膜来使用。如果你度假去了海岛被晒过头,或者是想要紧急改善皮肤缺水状态等情况时,都可以用睡眠面膜来当你的大杀器。出席重要场合前,厚厚一层睡眠面膜也能帮助你立刻让肌肤焕发神采。当然了,要洗要洗要洗!

3. 当睡眠面膜变身按摩膏时

是的,你不是一直怕一般的按摩膏会刺激吗? 睡眠面膜有时候也能充当按摩膏来使用。这个时候记得多涂一点,就像你使用按摩膏那样,避开眼周肌肤,按照

淋巴循环方向来按摩,能够帮助你血液循环并排除水肿和毒素!

吃下我这剂安利

La Prairie 莱珀妮 鱼子精华琼贵睡眠面膜　价格:2800 元

鱼子精华睡眠面膜所富含的鱼子精华能帮助肌肤提升紧致,葵花籽油则能为肌肤深度补充水分。从番木瓜中提取的生物蛋白酶有着温和的代谢作用,能令肌肤更为柔软平滑,全面改善肤质,带来触指难忘的丝润感。

Fresh 馥蕾诗 玫瑰润泽保湿面膜　价格:520 元

传说中最浪漫的保湿面膜,你可以看到玫瑰花瓣化在你的脸上。主打保湿的功效,一般厚敷的效果会好些,因此用量也比较费。如果你是个喜欢仪式感的姑娘,那选它没错啦!

Fresh 馥蕾诗 澄糖亮采磨砂面膜　价格:520 元

黄糖和红茶是小编特别喜欢的 Fresh 单品,这个面膜虽然是磨砂去角质的,但是质地非常温和,最后糖的颗粒都会化掉,洗完脸后整个脸都感觉很滋润呢!

LANEIGE 兰芝 夜间修护睡眠面膜　价格:195 元

常年占据热销榜的口碑级面膜,它的补水功能很强。你可以厚涂起来,第二天会发现鼻翼等比较干燥的部位都不再泛红了!

Avène 雅漾 舒缓保湿面膜　价格:235 元

敏感皮肤大救星,在这个雾霾污染严重的时候,这种抗敏感的护肤品特别适合做夜间保养。

Kiehl's 科颜氏 高保湿面膜　价格:340 元

如果你是科颜氏的忠粉,一定要试试这个面膜。它能够加强皮肤的锁水能力,同时为肌肤补水,而且是没有色素香精防腐剂等成分的哦!

NARUKO 牛尔 娜露可森玫瑰保湿晚安睡眠冻膜　价格:90 元

改善缺水初老肤质的加强版水导膜,新配方透过夜间黄金修护期引水入肌、深度保湿纾解干涸肤况,同时修护表层角质,一整夜赋予源源不绝的饱水涵养,创造透明水嫩的触感。

这则广告以相关知识性信息的传递,详述了睡眠面膜的重要功效及科学的使用方法,使消费者通过对睡眠面膜的重新认知,树立正确的护肤理念。在此基础上,文案最后的产品推荐实现了自然过渡,广告效果水到渠成。

8.2.2.6　娱乐型

这种长文案类型是让受众享受阅读,少讲产品甚至不讲产品,不讲有用的资讯,而把文案当作一种使读者产生乐趣或共鸣的情感沟通形式。

如支付宝 2014 年推出的"梵·高为何自杀"广告文案:

梵·高为何自杀,

因为他是"神经病"吗?

可能是,

但绝不是主要原因。

今天我想聊聊"梵·高为何自杀"这个话题……
我曾经看过一本书,名为"亲爱的提奥(Dear Theo)",
书中收录了上百封梵·高与弟弟提奥互通的信件……
这本书使我对梵·高的印象彻底地改观!
我原本以为他只不过是个会画画的神经病,
看完这本书,我才发现他是一个心思缜密、思路清晰的
神经病。
用一句话概括:
梵·高可能是个疯子,
但他绝对不是一个傻子。
我们先来看看梵·高在成为画家之前是干什么的……
他是一个画商,
而且是一个相当成功的画商。
梵·高弃商从艺,在我看来,不光是头脑发热一拍大腿,就此决定献身艺术那么简单。其实……
他在下一盘大棋!
梵·高凭着他明锐的洞察力和独到的眼光,判断出一个结论……
他的理论依据也很简单:
"现在的人越来越喜欢那些色调明快,让人感觉舒服的作品。
马奈在这方面就做得很成功……
……但是相比之下,印象派在这方面则做得更好。"
于是,梵·高"开发"出了一套更"NB"、更大胆的画法,
这种画法使他的作品看上去比印象派还要明亮、鲜艳。
除此之外,他对市场的分析也相当准确,
他认为在风景画领域,克劳德·莫奈的地位已经不太可能被颠覆了,
"既然在风景画上拼不过你,那我就主攻肖像……"
在当时的青年画家中,有一个名叫乔治·修拉的"密集爱好症"患者,
他的画全都是由一个个小点组成的,
可谓辨识度极高!
梵·高也吸取修拉的经验,研究怎样让别人一眼就能认出自己的画!
没过多久……
《向日葵》诞生了!
他在画作上的签名之所以是文森特(Vincent)而不是梵·高(Van Gogh),就是因为他觉得大多数人都不知道他名字中"gh"的发音……
由此可见,梵·高早已做好了一切爆红的准备。
而且,他并不只是守株待兔似的,傻等天上的那块比萨饼哪天能够砸到自己脸上,
在决定成为职业画家之前,他就已经做好了安排……

他先是介绍弟弟提奥进入画商圈,

可惜……

梵·高一直没有等到那个时机……

1890年7月29日,梵·高朝自己胸口轰了一枪……(最近有个作家认为梵·高是他杀,对此我保留意见)

反正不管怎么样,梵·高是真的挂了。

然而在梵·高死了十年后,他的作品开始渐渐被人们所认识……

如果再撑个十年,他就真的能看到自己爆红的那一刻了!

那么,他究竟为何自杀?(如果真的是自杀的话)

一个对于自己的"商业模式"有着完美构想的奇才,为何会在快要熬出头时挂掉了?

除了神经病外,我能想到的唯一解释就是:

穷。

穷到连买张床的钱都没有,

穷到请不起模特,画来画去只能画自己。

我曾经研究过梵·高的经济状况,

他的生活来源主要靠弟弟提奥的接济,提奥每个月会给梵·高的账上打200~250法郎的生活费……

200法郎在当时能干什么?

加上购买绘画器材,和一个月难得去几次风化场所,

怎么算也不会超过100法郎的开销啊!

那么问题就来了,

梵·高的钱究竟上哪儿了?

这个问题别说我答不上来,相信就连梵·高自己也搞不清楚。

可惜,当时没有支付宝,

不然划几下手指就能轻松理财了。

最近支付宝还搞了个新功能,

根据你这几年的财务状况以及人际关系等

预测出你十年后成为土豪的可能性……

支付宝这则广告文案运用娱乐化的方式凸显了品牌的核心功能,文风诙谐风趣,令人忍俊不禁,叫人印象深刻。

其实不管哪种文案形式,要么是提供有用资讯获取受众关注,因为人们对不了解的事物总是怀有好奇;要么给予阅读享受抓住受众心理,因为人们工作之余总需要生活调剂。适当提供产品信息、知识内涵或行文乐趣是长文案减弱消费者抵触情绪、吸引视听的有效手段。

8.2.3 长文案的写作技巧

真正阅读广告内文的人不多,而版面上超过百字的文案有可能让人望而生畏,很难要求读者全部读完。能否使读者对长文案持续关注,这是对文案写作者的考验。为此,写作时要精心

安排文案结构,运用多种句式使广告的丰富信息通过生动、活泼的文字较好地传递给受众。

8.2.3.1 适时分段并增设小标题

如果将数百字的内容统统放在一个自然段中,受众阅读时就会被密集的文字搞得晕头转向,阅读热情会大打折扣,甚至中途放弃。因此,写长文案要适当地拆分段落,使受众阅读时也能获得消化信息的机会,读者在接受信息时就会减轻枯燥、冗长的感觉。

长文案的段落可由一句或几句组成,也可以由几十句组成,但较为可取的是:多用短段落。许多著名的广告长文案几乎都是如此,短段落能有效增强行文的跳跃感,带动阅读者持续的感情投入。

另一个简单有效的办法是在长文案中设置一些小标题,以激起受众持久的阅读兴趣,引导受众进一步阅读正文。通常小标题要对长文案各个段落的内容做大致概括。

如碧桂园2016年推出的房地产广告文案:

河南主流媒体碧桂园森林城市采风之旅圆满结束

行程第一站,仅与森林城市一桥之隔的新加坡

干净整洁的城市,简直可以说一尘不染;繁华的夜景下,昭示着活力与激情。位于新马唯一经济特区——依斯干达特区的碧桂园森林城市与新加坡仅2公里直线距离,未来更有业主专属独立海关,减少海关的烦琐流程,真正实现日作而去,日暮而归。

房价仅为新加坡的1/4,机会如十年前的深圳

新加坡面积719.1平方公里,是世界人口最稠密的国家。作为亚洲经济发展的四小龙之一,地少房价贵,100 m² 商品房约售价1000万元。而与新加坡仅2公里之隔的碧桂园森林城市,不足100万元,便可坐享新加坡的繁华与马来西亚的超低生活成本,目前已被列入免税岛,相当于中国深圳之于香港,投资前景不可估量。

行程第二站,让人震撼以及向往的森林城市

媒体团从新加坡驱车前往森林城市,路上椰林树影、风景如画。到达森林城市,入目即是震撼,仿照海贝造型的楼体——高端国际会所映入眼帘,横向拓展的几何造型极具张力和流动感,完美诠释了海洋柔美恢宏的气质。

会生长的建筑与科技人性化配套

森林城市约20平方公里,半个澳门之大,规划50万常住人口,整个城市建筑外墙长满植物,目之所及都是森林,碧桂园"七星级皇家园林"标准,多维度立体绿化系统,具有净化空气、涵养雨水、减弱噪音等作用。

分层立体城市规划理念

地上架空有轨交通,连通整个城市,方便出行;地面都是公园,没有车辆穿行,日常生活十分安全、舒适。地下两层为畅通的交通路网和充足的停车空间,真正做到了人车分流。

华侨生身份轻松升读中国名校

中国有句古话:"教育为先,达者天下!"森林城市充分考虑到这一点。购房即送移居"绿卡"——"马来西亚第二家园计划",除了可以享受马来西亚英联邦优质

教育以及碧桂园引进的国际名校,更可让子女以华侨生身份申请参加国内高招联考,利用华侨生政策,轻松考取国内一本名校。

回归中国,聚焦碧桂园河南区域,自2013年挺进中原以来,已在郑州、周口、安阳、洛阳、许昌、新乡等地打造近20个项目,所到之处尽皆赞誉。未来还将在中牟郑州国际文化创意产业园建设"双子塔"超高层大厦、展览中心、艺术品交易中心、会议中心等,引领时尚文化产业,为郑州发展注入新动力。

碧桂园翡翠湾——河畔花海 郑东美宅

碧桂园翡翠湾,秉承郑东发展之大势,再造高品质非凡居所!地铁、高架、轻轨、高铁、高速,畅享立体出行,紧邻郑东罕有17公里一线河景,400亩生态牡丹园,独特碧桂园高尔夫球场造景手法,给您全新的生活体验。项目开发110~160 m² 墅质河景洋房、260 m² 奢居平层大宅、300 m² 干挂石材双拼美墅,国家一级物业昼夜服务,户户精装,赠送空气清新系统,重新定义郑东生活标杆!详询热线:0371-67706666

郑州碧桂园——王者归来 二期升级力作

2015年8月,郑州碧桂园一期首批开盘即清盘,当盘当日销售业绩18亿元,荣登河南楼市三冠王!2016年3月5日,郑州碧桂园二期升级力作,王者归来!千亩醇熟洞林湖畔,天然湿地公园旁,陇海高架、六号地铁、多线公交、四纵三横立体交通网络,15分钟畅达全城。冠军品质,旗舰新品,电商钜惠现正火爆进行中!230~280 m² 双拼美宅1万元享5万元,140~260 m² 精装多层5000元享3万元,100~140 m² 精装高层4000元享2万元!详询热线:0371-89919999

这则文案千字之多,如此丰富的内容,如果不设小标题的话,读者面对一大堆信息就会无所适从。在该文案中,每一小标题都对下面一段文案内容做了提纲挈领的概述,既能让读者在看了小标题后对整个文案内容有个粗略了解,又能激发读者兴趣,促使他们进一步阅读广告正文。

8.2.3.2 长短句搭配,增强节奏感

连续使用长句会使长文案显得缓慢、啰唆,令读者感到乏味甚至疲倦;连续使用短句又会使文案的节奏过快,让人产生不畅和紧张之感。要使长文案的节奏有张有弛,可交替使用长句和短句。同时,为了增强长文案的起伏感和生动性,写作时不妨运用多种句式,形成错落有致的语言风格。

如2015年当当读书客户端"你为小众而生,我为'阅人'无数"的广告文案:

亲爱的Kindle:

你好!

说到电商平台里卖书的,亚马逊与当当是外界眼中的一时瑜亮,理应是天长日久的王不见王。在京东撕天猫、苏宁撕国美的这些年里,我们一直相敬如宾,算是对得起图书商人这份节操。今天出于对你这个曾经的对手物伤其类之情,告诉你一件事情——Kindle已经成了电子阅读市场的错误探索者,走得越久,偏得越多。所以,你也该停下来思考了。

先别生气,回答一个问题:什么是版权电子阅读?

版权电子阅读是读者、作者、平台三方形成的良性生态圈,它让读者用低价、便捷的方法通过读书受益;也让作者的作品流传更广,得到应有的收益。平台的作用就是——让这个生态圈越来越大。版权电子阅读,应该是方便易用的,能利用碎片化时间进行的门槛最低的阅读。

Kindle 为了创造出一种类似阅读纸质书的仪式感,忽视了最重要的易用性,将版权电子阅读变成了小众的消遣,无法有效地推广,无法让更多的读者与作者受益。而你所虚构出的仪式感只是少数人用来标榜自己的幌子。

请相信,纸质书不会死,是因为没有什么能在"仪式感"这件事上胜过它。

面对你自掘坟墓般的行为,我们感到愤怒和失望,因为 Kindle 正在用一种便捷比不过 App,仪式感拼不过纸质书的鸡肋伪需求去拖版权电子阅读发展的后腿。

"中国人年均读书 0.7 本,与韩国的人均 7 本,日本的 40 本,俄罗斯的 55 本相比,中国人的阅读量少得可怜。"这段新闻每看一次,我们就更焦灼一分。

造成"0.7 本"这个结果的原因实在太多,没有阅读习惯、要加班没时间等,不读书的理由问不读书的人可以得到一万种答案。在今天,终于有一种方式,基本上能解决这一万种问题中的 90%,这就是版权电子阅读。

坦诚地说,在版权电子阅读的摸索阶段,在当当"都看"阅读器与当当读书客户端之间,我们也曾一度陷入痛苦纠结的抉择,幸运的是我们最终看清——当当读书客户端是呈现电子阅读优势的最佳载体。

当当读书客户端的便捷之处在于手机在哪儿阅读就在哪儿,真正做到了携带方便、使用方便,随时随地想读就读,它甚至因为自身特性而更容易潜伏在阅读习惯并不强烈的一部分低头族中,有机会潜移默化地培养阅读习惯,当然最重要的是从此买书变得很便宜,阅读会变成人们生活中最自然的事情。

目前当当读书客户端已更新至 4.0 版本,我们诚挚地邀请 Kindle 团队以及每一位热爱阅读的朋友一起来体验版权电子阅读真正的魅力。

当当读书客户端,适合每一个有阅读需求的人。

此致

敬礼!

当当读书
2015 年 1 月 26 日

整篇文案长短句配合默契,语言富有节奏感,信息紧凑而不失从容,读起来抑扬顿挫。人们读这种广告就好像是身临一场演讲,让人甚至不愿漏掉其中一个字,再加上掷地有声的承诺,不容你拒绝。

8.2.3.3 条理清晰,恰当分列材料

长文案包含大量信息,如果文案条理不清,内容就会乱作一团,干扰信息传达,致使受众不知所云而放弃阅读。因此,写长文案前,要细心整理材料,并加以分类;但不需要勉强地安排逻辑顺序,只要把所有材料分门别类后按照一定的条理列出即可。

如华夏保险于 2016 年推出的一则广告文案:

华夏财富宝 圆您理财梦

"负利率"悄然而至,捍卫资产迫在眉睫

2016年1月29日,日本央行宣布实施负利率政策。2016年2月26日,德国首次以-0.08%的利率发行了五年期的政府债券。日本和欧元区实施负利率政策引发各界广泛关注和争论。

负利率可以区分为"名义负利率"与"实际负利率",日本和欧元区所面临的负利率是"名义负利率"。而"实际负利率"反映的是名义利率低于通货膨胀率时的状态,它不同于"名义负利率"的众人皆知,更具有隐蔽性,对居民的财富形成潜在威胁,其侵蚀性不可忽视。

事实上,自去年10月央行降息后,我国一年期存款基准利率降至1.5%的历史最低点。2月份CPI飙升至2.3%,反超一年期存款基准利率,中国已经处于"实际负利率"状态。预计在未来1~2年,负利率将如影随形。

对于企业而言,负利率可能会使得和养老等相关的长期资产管理者面临未曾遭遇的风险,这对于一些已经进入老龄化甚至高龄化的经济体而言,威胁非常大。

对于普通百姓,若不能做好资产配置,则辛苦获取的财富必然面临缩水局面。应对负利率时代的财富侵蚀,寻找安全、稳健、跑赢通胀的理财类产品永远是不二法门。在全球经济持续下行的环境下,"安全资产荒"人尽皆知,股市惨淡黯然,人民币产品收益一跌再跌,E租宝等P2P跑路频发更是令人发指,大众对抗资产缩水的需求无法得到满足。放眼望去,风险低、收益好、抗通胀的保险理财产品,已经成为百姓理财的优选。综合考虑收益和风险因素,在当前经济形势下,保险固定收益类产品优势凸显,是理想稳健的投资载体。

华夏保险,为财富增值保驾护航

华夏保险近年来快速发展,以"产品领先"异军突起于中国保险市场,"华夏速度"已经成为市场上"快速增长"的代名词。作为业内以理财型保险产品见长的公司之一,华夏保险始终坚持客户利益至上,积极回应市场需求,"华夏财富宝养老年金保险(C款)"应运而生,旨在帮助客户做好家庭理财,在负利率时代为家庭资产的稳定增值保驾护航,取得家庭资产捍卫战的全面胜利。

"华夏财富宝养老年金保险(C款)"是华夏保险在监管政策指引下,集全公司之力最新研发的一款固定收益类养老年金产品,它兼具低风险与高收益两大特性,在目前经济下行、利率较低的市场环境下极大地满足客户需求,是对抗资产缩水的绝佳选择。

该产品具备六大优势:

1. 交费灵活。客户可以根据自身情况选择交费年限,可选择1年交、2年交、3年交。
2. 安全稳健。产品权益明确写进合同,保证财富稳健增值,无任何后顾之忧。
3. 收益可观。假如每年交费10万元,连续交费3年,持满5年时产品对应现金价值为34.8万元,持有时间越长,收益越高。
4. 固定领取。达到75周岁后的每个保单周年日,均按基本保险金额的10%固

定领取生存年金,直至终身,满足养老需求。

5. 资金灵活。若客户急需用钱,还可以向公司申请保单质押贷款,有效缓解燃眉之急。

6. 财富传承。身故保险金返还不低于所交保费,保证资金安全,保证财富传承。

选择财富宝,圆您理财梦

某著名影视明星李小姐,今年25周岁,希望配置兼具流动性、安全性、收益性的理财产品。理财专家推荐其购买"华夏财富宝养老年金保险(C款)",每年交费100万元,连续交费3年,累计交费300万元,基本保险金额为1046.9万元。持满5年,该产品现金价值高达348万元,继续持有将逐年递增。从75岁开始,李小姐每年可领取10%基本保额104.69万元享受高品质夕阳生活,活到老,领到老。

"华夏财富宝养老年金保险(C款)"安全稳健持续增值,让您的财富在负利率时代逆势上行,安全无忧。

该文案信息量较大,从目前的经济形势解析,到华夏保险的品牌保证,再到对旗下产品"华夏财富宝养老年金保险(C款)"六大优势的展示,以及对该产品具体案例的分析,都有详细涉及,但其表述的条理化和逻辑性并没有使消费者无所适从。再如前面提到的碧桂园房地产广告文案,也是将众多材料按照不同性质分别在各个小标题下列出,从而使消费者顺利地接受广告信息。

8.2.4 软文广告

顾名思义,软文广告是相对于硬广告而言的。与硬广告相比,软文广告收而不露,广告特征不明显,追求的是一种润物细无声的传播效果。早期的软文广告主要是以文字形式在媒体(主要是报纸、杂志等平面媒体)发布的传播其产品、品牌、活动或企业形象的广告。随着媒体环境及读者阅读心理的变化,现在的软文广告是指企业通过策划在报纸、杂志或网络等宣传载体上刊登的提升品牌形象、促进产品销售的一切宣传性、阐释性文章,包括特定的新闻报道、深度文章、付费短文广告、案例分析等。

由于在宣传的过程中,软文广告削减了广告信息传输的直接性和功利性,因此在潜移默化之下,可以有效吸引潜在消费者的眼球,增强产品的销售力,提高产品的美誉度,从而达到产品的策略性战术目的,引导消费群购买产品。与一般的硬广告相比,软文广告商业味道较淡,可信程度高,信息量较大,广告投入成本较低,因而受到不少广告主的青睐。

如"十点读书"微信公众号2017年推出的这则图书广告文案:

你和孩子一起读的书里,藏着孩子的未来

曾有人问十点君,你最珍贵的记忆是什么?

一个人活过几十年,再也没有什么,比得上幼年时,趴在妈妈膝盖上,听她读书的那些夜晚。或是坐在地板上,夏夜微风习习,拂过芬芳的书页;或是依偎在床前,随着妈妈低缓柔和的读书声,心思安宁,睡意昏沉。

那个时候虽然不谙世事,却已经知道,爸爸妈妈这么爱我,我以后要做一个进步、正直、善良的人。

那个时候,虽然短短的小腿跑不过几百米,却在妈妈读过的书里懂得,世界这么大,这么美,长大了一定要好好走一走,看一看。

每当想起那些好时光,十点君就坚定地觉得,以后有了孩子,也要在他很小的时候,陪他一起读书,让他爱上读书。

世界那么大,好书这么多,该读什么呢?

十点君毫不犹豫地推荐这两本书——《读给孩子的诗》《读给孩子的散文》。它们由天一童书馆出版,精选适合孩子阅读的文学名家作品,并请来青年语言艺术家韩涛倾情吟诵,作为给3岁到10岁孩子的第一本文学启蒙,再合适不过了。

什么样的书,适合孩子读?

给孩子的书,内容是第一紧要的事。篇幅不能太长,文字不能太难懂;要让孩子感兴趣,还要保留名家笔下飞扬的文思。

《读给孩子的诗》和《读给孩子的散文》的选文,让十点君很佩服。

《读给孩子的诗》精选了80首富有童趣适合孩子阅读的诗,其中,中国诗39首,外国诗41首。

在这里,既有能被孩子接受的大师名作,比如林徽因的《你是人间的四月天》,济慈的《秋颂》,木心的《从前慢》;又有大师们专门写给孩子的诗,比如冰心的《雨后》《纸船》,金子美玲的《假如我是花儿》。

也有一些尚未被大众嚼烂,却又足够动人的冷门作品。比如这首加夫列拉·米斯特拉尔的《对星星的诺言》:

星星睁着眼睛,

挂在黑丝绒上亮晶晶。

你们从上往下望,

看我可纯真?

不仅是孩子,这些纯真至美的词句,十点君自己也非常爱看。心烦意乱的时候,从书架上取下这本书,念上一段,便口舌生香,内心平静下来。

《读给孩子的散文》囊括了古今中外26位作家,66篇适合孩子阅读的散文。每段选文,短不过200字,长不过500字,是刚好能和孩子读上十来分钟,就能哄他睡觉的篇幅。

在这些文章里,孩子能读到色彩丰富的一年四季,充满童趣的大自然,能让孩子一辈子怀念不已的故乡风物,比如鲁迅的《雪》、周作人的《故乡的野菜》。

"江南的雪,可是滋润美艳之至了;那是还在隐约着的青春的消息,是极壮健的处子的皮肤。雪野中有血红的宝珠山茶,白中隐青的单瓣梅花,深黄的磬口的蜡梅花;雪下还有冷绿的杂草。"

这段关于雪的描写,十点君读了二十余年,每一次阅读,都觉得家乡最美的雪景历历在目。

在这些文章里,孩子也能学会如何做人,如何爱人。

陪着孩子细细读一篇泰戈尔的《小大人》,然后告诉他,你也要学着像个大人一样,负起责任,不要总是撒娇耍赖了。钱儿就说,有时候上完兴趣班很累很累,但也要坚持回家给小伙伴们录节目。因为他读过的书,教他做一个负责任的小朋友。

如果孩子早上赖床不起,晚上睡前,就给他读一篇林海音的《迟到》,跟他说,赖床不是小事,你要学着做个守信的人。

还可以和孩子一起读胡适的《我的母亲》,对孩子说,爸爸妈妈有时候会唠叨他,批评他,总还是因为爱他。

什么样的书,能被孩子捧在手心里?

孩子们能感受到的美,是全方位的。

他们还小,一时间并不能懂得文字的奥妙。对于一本童书来说,悦目的装帧,饱满的色彩,温暖的插图,就是3岁到10岁的孩子翻开它,爱上它,时时刻刻希望它陪在身边的理由。

《读给孩子的诗》和《读给孩子的散文》专门请来了Starry阿星、飞行猴、桃年等插画师,为全书配上水彩插画,色彩鲜艳柔和,充满奇思妙想。

文字和图片,以最美的形式交织在一起,给孩子美的启迪。

同时,"读给孩子系列"的封面采用硬壳精装,书籍内页采用瑞典进口的高级轻型纸,环保印刷。书页厚而不重,纸张坚韧又柔软,最适合孩子阅读。既不怕书本过于沉重和锋利,又不至于过分娇贵,稍微动一下就把纸张弄皱。

真正的好书,就应该被孩子捧在手心。

没时间陪孩子读书,怎么办?

为人父母,当然享受每一个陪伴孩子阅读的时刻。

但如果我们自己白天也非常辛苦,只想早点睡觉;或者刚好我们手头有自己忙碌的事情,无法花一两个小时读书哄孩子入睡,又该怎么办呢?

"钱儿爸"韩涛,这位朗读者字正腔圆,声音浑厚而温暖,是名家之作的最佳打开方式之一。(点击下方绿标可以试听钱儿爸的录音哦)

只要扫描印在书籍腰封上和封底的二维码,就可以直接进入钱儿爸韩涛的《读给孩子的诗》《读给孩子的散文》频道,倾听这位父亲深情的朗诵。

"用故事喂大的孩子"能有多厉害?

这本书的音频朗读者,钱儿爸韩涛,是知名的语言艺术家。他曾两获国家"五个一"工程奖,两获金鹰奖,录制过很多知名节目。

他的儿子,"Michael钱儿",一个6岁的小男孩,已经是一个拥有8万粉丝,每期节目收听量数百万的超人气明星小主播了。

从小,钱儿就随着爸爸,"泡"遍了京城的各大专业录音棚。他虽然还不识字,却已"博览群书",在大人们嘴里,听遍了今古名家的文学作品。

五岁起,钱儿已经是一个能讲长篇故事的"小话痨"。因为听多了优秀的文学作品,他也长成了一个小太阳一般,对人特别热情,特别讨人喜欢的孩子。

朋友们纷纷向钱儿爸妈询问育儿秘诀。于是,他们创建了"Michael钱儿频道",把给钱儿录制的音频资源放到网上分享。

在频道里,《读给孩子的诗》和《读给孩子的散文》是当之无愧的王牌节目。节目里播放的,正是钱儿爸韩涛给这两本书录制的音频。

最好的爱,是陪伴

陪孩子阅读的时光,是最珍贵的。

等孩子长大后再回首,他会发现,再也没有什么,比得上幼年时趴在妈妈膝盖上听她读书的那些夜晚。

而对于为人父母的我们,陪孩子读书的时刻也极为难得。因为此时我们不是在生活的鸡毛蒜皮里,而是与他坐下来,共同沉浸在文字里,平心静气地,发现美,欣赏美。

这不仅仅是一种陪伴,更是一段和孩子共同成长的温情记忆。

在久远的未来,某个不经意的时刻,回忆起童年里和父母一起读书的日子,每一个片段都闪闪发光。

这则广告文案充满了温情,但却不失广告的推广效果。真正的软文,其实是软硬适中的。过硬易使消费者的心灵之门迅速关闭;过软则易使消费者沉迷于美文之中,广告效果大打折扣。因此,一则优秀的软文广告要做到动之以情,晓之以理,既不能让消费者一眼就看出是广告,又要让其对所要宣传的信息印象深刻,从而起到推广作用。软文广告中广告信息的嵌入,要巧妙自然,能够与内容完美融合;最忌生拉硬扯,胡乱联系,致使读者反感。

从广告文案的篇幅上来看,软文广告的篇幅都相对较长,多数软文广告文案都属于长文案的范畴,很多方面都应遵循长文案写作的原则和规律,只是软文广告更加强调对产品信息的如实和全面告知。由此,软文广告多是以文字为主,也可以图文并茂,但图片更注重展示产品的真实形象,不用或少用艺术创意图片。

长文案更多地使用在报纸、杂志、网络等媒体的广告文案创作中,其写作应遵循信息的条理化、结构的清晰化、语句的简短化、对象的明确化原则,再采取一些特殊写作和编排技巧,如用大一些的字排正文的第一个词,或者将开头一段的字数控制在 20 个字以内,也可以为了吸引读者不断读下去,把一些小标题写成疑问句式,激发读者对下文的好奇心等,这些都是文案创作者应该考虑周到的。

总体来说,作为特殊文案形式,不管是系列广告文案、长广告文案,还是系列式长文案,文案撰制者都要慎重考虑、精心创意之后再做选择。文案形式的选择涉及诸多要素,不论是产品、媒体,还是创意本身,都是文案设计创作的重要组成部分。而一则成功的广告文案实际是上述众多因素的完美结合,唯有如此,广告才能更好地达到广告主的营销目标,实现最佳的传播效果。

【本章小结】

系列广告和长文案广告已成为媒体刊播广告作品中常见的广告形式,系列广告文案和长文案的写作也越来越受到文案创作者的普遍关注。系列广告文案的写作具有与单篇广告文案写作不同的特点,主要表现在:系列文案既要考虑整个系列的完整性、风格的一致性,还要考虑各个单篇之间结构的联系性和均衡性。系列广告文案可根据信息的同一、并列或递进关系构建系列成员之间的关系,合理搭配标题和正文设置的变与不变,以实现成员间的融合与统一。长文案比短文案要包含更多的信息,因此在写作时对广告信息的组织变得更加重要,关键是要保持读者的阅读耐心,因此需要文案撰写人具有更强的材料组织、文字驾驭和版面编排的技巧和能力,以便激发读者对下文的好奇心,吸引读者完成持续阅读。

【案例分析】

1. 豆瓣2016年系列平面广告(图8-10)

之一:我们的精神角落

有人驱逐我,就会有人欢迎我。

之二:我们的精神角落

对这个现实世界,再现实的人,也有自己的狂想。

之三:我们的精神角落

你追求的,正是你不想再失去的。

之四:我们的精神角落

除了一个小秘密,我只是一个极其平凡的人。

之五:我们的精神角落

最懂你的人,不一定认识你。

图8-10　豆瓣系列平面广告

相较于其他社交平台,豆瓣拥有的独特气质显得"格格不入"——去中心化、半开放、平等、理性,所有这些特质决定了它只能是一个小众的"精神角落"。这组系列广告文案创意新颖独特,采用了同一信息的多角度表现方式,集中表达了"我们的精神角落"这一广告主题。简单话语组成的个性宣言大胆替受众发声,流露出"不合群,但我不平凡,我骄傲"的自得其乐感。

2. 天猫2016年"双11"全球狂欢节广告文案

你所有的热爱 全在这里

UnderArmour:I will(我将)

SK-Ⅱ:Change destiny(改写你的命运)

Barbie:You can be anything(每个人都有无限可能)

NB:Always in beta(不断超越)

Vans:Off the wall(去跨越界限)

炫迈:根本停不下来

潘婷:Strong is beautiful(力量是一种美)

多芬:My beauty my say(我的美由我主导)

Ray Ban:怕什么

哈根达斯:Nothing to hide(无所顾忌)

GoPro:Capture different(捕捉生命的不凡)

Canon:Delighting you always(点亮生活的精彩)

evian:Live young(活出年轻)

美的:原来生活可以更美的

LG:Life's Good(人生如此美好)

Beats:不设线

LEVI'S:Live in Levi's(活出趣)

吉列:The best a man can get(和最好的自己为伴)

欧莱雅:你值得拥有

大疆:未来无所不能

沙宣:We break the rule(我们打破常规)

JOHNNIE WALKER:Keep walking(步履不停)

G-SHOCK:坚韧不止

匡威:Ready for more(迎接更多挑战)

smart:forward thinking(一心向前)

THE NORTH FACE:Never stop exploring(别让雄心止步)

NIKE:Just do it

你所有的热爱

全在这里

尽情尽兴

天猫全球狂欢节

这则广告文案由 NIKE、SK-Ⅱ、Canon、LEVI'S、smart、炫迈、欧莱雅等27个国际知名品牌的广告语串联组合而成,创意独树一帜。这些广告语彼此之间不再是孤立的存在,而是有了某种隐性的互动关系,整体表达了天猫不断超越、勇往直前的拼搏精神;在展示各大品牌风采的同时,也完美呈现了天猫的国际化形象,增强了"双11"全球狂欢节的消费认知。

【思考题】

1. 对消费者来说,系列广告是否具有比单个广告更强的吸引力?为什么?

2. 有人说:"长文案已经过时了,现在没有人会有足够耐心去读完上百字的广告的!"请谈谈你对于长文案和短文案宣传效果的认识。

【延伸阅读】

1. 奥美集团. 奥美的观点7. 北京:中信出版社,2013.

2. [美]大卫·奥格威著,林桦译. 一个广告人的自白(纪念版). 北京:中信出版社,2015.

平面广告文案的写作

导言

本章学习目标

通过学习掌握报纸、杂志的优势及劣势,探究报纸、杂志广告文案的写作规律,能写作出适应媒体特点的广告文案。掌握 DM 的写作方法。

本章难点

报纸广告文案的写作;DM 文案的写作;软文广告的写作。

课前导读

本章主要对平面广告的不同类别,包括报纸广告、杂志广告、直邮广告,以及软文广告的不同特点、类型进行较详细的说明,同时通过案例分析它们的写作方法,以及文案写作中应注意的问题。

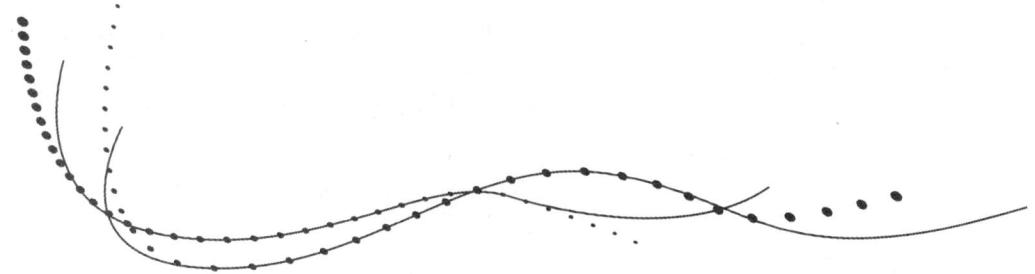

平面广告以文字、静止的图像为传播手段,是历史上最悠久,同时也是现今使用最广泛的媒体形式之一,它和电波广告组成了媒体广告的两大类别。平面广告文案的写作,是所有媒体类别广告文案写作的基础。平面广告种类繁多,包括报纸、杂志、招贴、海报、宣传手册、商品包装、灯箱、候车厅、POP,等等。在这些平面媒体中,大部分以艺术设计为主角,文字只是配角,作为广告文案写作教材,本书只探讨报纸、杂志、直邮以及广告软文的写作。

9.1 报纸广告文案的写作

作为已经存在了400多年、最早诞生、最传统的媒体形态,报纸在人类信息传播过程中发挥着重要的作用,而报纸广告作为支撑其发展的主要经济来源也在发挥着自身重要的作用。报纸是最早被用来登载广告的媒体,报纸广告在与消费者沟通方面有着悠久的历史,而且效果明显,有利于广告主塑造、发展和维护自己的品牌。报纸以版面信息为主进行空间传播,在传播广告信息的过程中,广告文案写作严格受广告版面的限制,文案要适应报纸媒体的特征。

9.1.1 报纸广告的特点

9.1.1.1 报纸广告的优势

报纸广告以报纸为媒体,媒体自身的长处带来报纸广告的优势。

(1)覆盖面广,读者广泛。报纸是人们了解社会、接受信息的主要渠道之一,特别是在电视普及之前,人们对新闻信息、新闻事实的了解绝大部分来源于报纸。政府机关、企事业单位无论规模大小,都要订阅报纸,以了解、掌握社会信息。

"融媒体"时代,更是为读者阅读报纸提供了极大便利。融媒体实现了"资源通融、内容兼融、宣传互融、利益共融"的新型媒体。如人民日报、壹读等,对读者来说,已不再是一张平面的"纸",而是一个平台,通过这个平台,他们可以获取更多版面之外的信息,并且可以进行互动。"数字报纸"提升了纸媒体传统的经营模式,在传统媒体发行的基础上大面积拓展了发行空间。通过网络报纸平台的发布,任何人只要能上网,就能阅读到刊物上的信息,报纸不再是局限于某区域内发行,而是全球发行。

(2)报道的深广性。一则报纸具有新闻时效性、可读性、知识性和记录性等显著特征,凡有一定文化的人都愿意读报,报纸上的广告是与新闻编在一起的,提高了广告的效益。报纸广告版面大,有条件将企业或产品的信息更多地传达给公众。在制作关于企业宣传、新产品上市等内容的广告时,可以更详细地介绍企业或产品,避免了广播电视广告内容量小的不足。

(3)阅读的灵活性。可随时阅读,不受时间限制,不会如电视或电台节目错过指定时间报道的讯息。对于读者来说,阅读报纸有很大的自由。在时间方面,可以任意支配,可根据自身的需要及爱好灵活掌握;在空间方面,报纸虽分版分栏,但它是一个开放的整体,读者可以选择某一版、某一栏、某一条新闻或广告先行阅读,亦不像广播电视必须按照它设置的节目顺序一一往下收听、收看。

"数字报纸"提供了在线评论功能,网民可以对所阅读的广告发表评论,实现广告传播者与网民、网民与网民之间的互动。

"数字报纸"还可实现广告立体化宣传,根据客户要求,在网上实现音频、视频、动漫等立体演示。"数字报纸"还可以在版面中嵌入视频画面,以成为真正意义上的多媒体报纸,实现传统报纸、数字报纸、光盘以及全文数据库产品的一体化生产和出版。

(4)储存方便。广告登在报纸上,白纸黑字,便于长期保存,有案可查,同时广告版面灵活,容易反映广告主的意愿和要求。与广播、电视相比,报纸的另一种特点就是便于保存。广播与电视随着时间的流逝而消失,一般的听众与观众事后难以重听重看,需要时也难以查找。而报纸,只要是有心人,都可以非常简便地将自己需要的信息保存下来,并且还可以到图书馆去查找几年前甚至几十年前的报纸内容,这也有利于报纸的重复阅读和长久保存。

(5)读者群集中。报纸都有自己的读者定位、内容定位,给广告主选择媒体提供了方便,从而提高广告效果。

以上是报纸的共性,不同的报纸还有着不同的个性,广告主要把握报纸的共性,了解不同报纸的不同个性,将广告刊登在有促销效益的报纸上。

9.1.1.2 报纸广告的缺陷

报纸广告在其传播过程中,拥有以上明显的优势。但报纸媒体自身的一些特性,也给报纸广告带来缺陷。

(1)影响时间短。报纸媒体的有效时间短。人们常说,昨日的新闻就是今日的历史。一张报纸,隔一日或两日,基本上就已经丧失其新闻效应,于是便很少有人再去阅读,除非是带着某个问题进行查阅。这样,报纸广告的有效影响时间也就是报纸出版发行的当天,隔日便成昨日"黄花"。因此,在报纸上发布广告最常见的方式就是连日发布,以此加强对读者的视觉冲击力,使之对广告产生深刻印象。

(2)有效阅读率低。报纸,是新闻性较强的一种媒体,其头版多为国内重大新闻,一般不登载广告。也正是由于这一传统,才使西泠冷气当年的头版整版广告成为中国广告史甚至是中国新闻史上划时代的一笔。报纸的其他版面也都有自己的重头文章。所以,广告一般在报纸上很难处于显著位置,对读者的视觉牵引力较弱。同时,读者阅读报纸主要是为了了解国内外大事,关注自己感兴趣的事务和话题,对报纸广告,往往是一眼掠过,如不是带有明显的目的,或报纸广告本身确实有绝妙的创意,显得别具一格,读者是不会专注地特意去阅读的。这也就造成了报纸的发行量或报纸的实际阅读人数并不能真正代表报纸广告的被阅读率,因为很多看报纸的人不会去看报纸广告。

(3)印刷质量欠佳。与杂志广告相比,报纸广告的印刷质量有很多不如人意的地方。比如纸张的质地,报纸用纸一般不及杂志用纸质地好,显得粗糙偏暗;报纸的印刷多为黑色,简单的黑白对照显得单调乏味;图片的印制更是模糊一片,难如人意,即使套红印刷,也难以达到杂志广告细腻、纯正的效果。这一切,都使得报纸广告在视觉的美感和吸引力上远不及杂志广告和电视广告,读者无法通过广告感受商品的颜色和质地,从而削弱了报纸广告的诉求力和影响力。

(4)文字表达不如声像形象、直观和具有亲切感。报纸广告的这些局限性在现阶段来说,是不可避免的,有些因素也是难以摆脱的。为弥补这些缺陷和不足,报纸广告特别要在文案的写作与安排上出新、出奇、出巧,用文字的力量来吸引读者、征服读者。

9.1.2 报纸广告文案写作

在四大媒体中,报纸可以说是最早发布广告信息的媒体,在广告的刊播发布中,充当着主力军的角色。

报纸广告的表现形式是多种多样的,诸如文字形式(即文案形式)、插图形式、漫画形式、摄影形式等。其中文字(即文案)形式是最基本的,采用最多的,也是最强有力的表现形式。因为语言的表现力是无穷的,它可以详尽地介绍、阐述信息内容,并赋予其感人至深的魅力。因此,选择报纸这一大众性媒体做广告,就等于选择了以文案写作为主的表现形式。报纸广告文案,是直接与读者见面的广告作品的最后形式,这是它与广播、电视广告文案的本质区别。

9.1.2.1 报纸广告的版面运用

(1)要研究广告版面的大小。报纸广告所占版面的大小,是广告主实力的体现,直接关系到广告的传播效果。实践证明,广告的版面越大,读者注意率越高,广告效果也就越好(当然不是绝对的),因此,广告版面的大小与广告效果是成正比的。按一般常规,报纸广告的版面大致可分为以下几类:跨版、整版、半版、双通栏、单通栏、半通栏、报眼、报花等。究竟选择哪种版面做广告,要根据企业的经济实力、产品生命周期和广告宣传情况而定。一般说来,首次登广告,新闻式、告知式宜选用较大版面,以引起读者注意;后续广告,提醒式、日常式可逐渐缩小版面,以强化消费者记忆。节日广告宜用大版面,平时广告可用较小版面。

(2)要研究广告位置的排放。所谓研究广告位置,就是研究广告放在报纸哪一版,什么位置效果最好。除专页广告(整版全登广告)没有位置问题外,其他版面形式广告均有位置的排放问题。同一则广告,放在同一版面的不同位置,广告效果是大不一样的。原因在于广告版面的注意值不同。经科学研究验证,根据读者视线移动规律,报纸版面的注意值是左面比右面高,上面比下面高,中间比上下高。中缝广告处于两个版面之间,不易引起读者的注意。

(3)要讲究情境配合。报纸的每个版面,都有不同的内容和报道重点,如新闻版、经济版、法制版、文化教育版等。报纸广告应根据广告产品内容的不同,放在相应的版面中。比如,企业或产品广告应放在经济版;影视、图书、音像广告应放在文化教育版等。同类产品广告应排在一起,便于消费者选择;各种分类小广告可放于经济版下方。广告的内容不同,版面不同,注意值不同,情境不同,广告文案撰写的角度、方式和手段均应做出适当的对应,力求扬长补短。

9.1.2.2 各种版面中广告文案写作特征

(1)报花广告。这类广告版面很小,形式特殊。不具备广阔的创意空间,文案只能做重点式表现,突出品牌或企业名称、电话、地址及企业赞助之类的内容,不体现文案结构的全部,一般采用一种陈述性的表述。

(2)报眼广告。报眼,即横排版报纸报头一侧的版面。版面面积不大,但位置十分显著、重要,引人注目。如果是新闻版,多用来刊登简短而重要的消息,或内容提要。在这个位置用来刊登广告,显然比其他版面广告注意值要高,并会自然地体现出权威性、新闻性、时效性与可信度。

由于报眼广告版面面积小,容不下更多的图片,所以广告文案写作占据核心地位,具有举足轻重的作用。应特别予以注意的是:

1)要选择具有新闻性的信息内容,或在创意及表现手段方面赋予其新闻性。
2)广告标题要醒目,最好采用新闻式、承诺式或实证式标题类型。
3)广告正文的写作可采用新闻形式和新闻笔法,尽量运用理性诉求方式。
4)广告文案的语言要相对体现理性的、科学的、严谨的风格。
5)广告文案需简短凝练,忌用长文案,尽量少用感性诉求,尤其不能用散文体、故事体、诗歌体等假定性强的艺术形式,以免冲淡报眼位置自身所具有的说服力与可信性。

(3)半通栏广告。半通栏广告一般有约 100mm×170mm 和约 65mm×120mm 两种类型。由于这类广告版面较小,而且众多广告排列在一起,互相干扰,广告效果容易互相削弱。因此,如何使广告做得超凡脱俗,新颖独特,使之从众多广告中脱颖而出,跳入读者视线,是广告文案写作应特别注意的。

1)制作醒目的广告标题。标题字数要少,字体要大,新颖别致,有冲击力,能一下子抓住受众的注意力。
2)用短文案。语言要高度凝练简洁,提纲挈领,突出重点信息。力求做到小版面多内涵。
3)文案的写作要注意与画面编排的有机结合。最好在编排先行、编排为主的制作理念中进行。

(4)单通栏广告。单通栏广告一般有约 100mm×350mm 和约 65mm×235mm 两种类型。它是广告中最常见的一种版面,符合人们的正常视觉,因此版面自身有一定的说服力。从版面面积看,单通栏是半通栏的 2 倍,这种变化也应相应地体现于广告文案的撰写中。

1)文案写作可以作为广告的核心部分,文案的对应性诉求可以起主要作用。
2)广告标题的制作既可以运用短标题形式,也可以采用理性诉求的长标题形式;但为了与画面的编排相和谐,最好用单标题而不用复合标题。
3)文案中可以进行较为细致的广告信息介绍和多方位的信息交代、信息表现。但正文字数不可多于 500 个字,以免造成版面拥挤,影响编排效果。
4)文案的结构可以有充分的运用自由度,可自由表现,可以体现文案最完整的结构类型。

(5)双通栏广告。双通栏广告一般有约 200mm×350mm 和约 130mm×235mm 两种类型。在版面面积上,它是单通栏广告的 2 倍。这给广告文案写作提供了较大的驰骋空间,凡适于报纸广告的结构类型、表现形式和语言风格都可以在这里运用。其文案写作应特别注意以下几点:

1)可以诉求广告主体的立体信息、综合信息。
2)广告标题可以采用多句形式和复合形式。
3)可以多采用论辩性文案表现形式,并通过一些小标题来达到引发受众阅读的目的。
4)版面编排可以放在次要地位,说服和诱导的重任基本上靠广告文案来完成。

5）如果广告产品处于成熟期,在采用感性诉求时,应更注重于广告主体的品牌体现、一贯观念体现。

(6)半版广告。半版广告一般有约250mm×350mm和约170mm×235mm两种类型。半版与整版和跨版广告,均被称为大版面广告,是广告主雄厚经济实力的体现,给广告文案的写作提供了广阔的表现空间。半版广告文案的写作应特别注意：

1）运用画面表现的"大音希声,大象无形"的美学原理,努力拓宽画面的视觉效果。"以白计黑,以虚显实",充分利用受众的想象力,适当留白。

2）文案写作既可以采用感性诉求,也可以进行理性诉求。可以运用适于报纸广告的各种表现形式和手段,辅助画面,营造气势、烘托气氛、强化视觉冲击力。

3）采用大标题,少正文文案,重点性附文方式,删繁就简,突出定位,以体现主体品牌形象的气势和形式吸引力。

(7)整版广告。整版广告一般有约500mm×350mm和约340mm×235mm两种类型。它是我国单版广告中最大的版面,给人以视野开阔、气势恢宏的感觉。如何有效地利用整版广告的版面空间,创造最理想的广告效果,是广告文案写作的重要任务。

目前,我们对整版广告的运用大体有三种：

1）有文无图,或偶有插图,基本以文案方式出现,运用介绍性的文体对产品系列或企业做较为详细的、全方位的介绍。

2）以图为主,辅之以文,以创意性的、大气魄的大画面、大文字和少文字来进行感性诉求,在这种广告形式中,广告文案的点睛作用,及文案与画面风格的协调,是值得重视的关键要素。

3）运用报纸的新闻性和权威性,采用报告文学的形式来提升企业的形象。

实践证明,第二种用法效果最佳。因此,这种类型的整版广告越来越多。

(8)跨版广告。即一个广告作品,刊登在两个或两个以上的报纸版面上。一般有整版跨板、半版跨板、1/4版跨版等几种形式。跨版广告很能体现企业的大气魄、厚基础和经济实力,是大企业所乐于采用的。

9.1.3 写作报纸广告文案的注意事项

9.1.3.1 一气呵成把事情说清楚

报纸广告只诉诸人的视觉,缺乏电视广告的生动、形象。鉴于媒体的特点,在写作报纸广告文案时,要一口气把事情说清楚,少用一些空洞的修辞手法,多打比方,多举例子。要会编造故事,采取顺序、倒叙、插叙的手法都可以,但必须把事情说明白,把东西卖给谁就对谁说。如果卖的是厨具,就得站在家庭主妇的立场上,即使你是个五大三粗的汉子,此时你也得了解女性的心理。很多人写诗歌、散文非常棒,但是写起广告文案就非常死板。最主要的原因是文学创作大多站在自己的立场,而文案创作应该站在超市导购员的角度。在写作时,仿佛面前摆放着产品,文案人员就得用最简洁、一针见血的文字,在最短的时间内推销产品,从而让顾客产生购买意愿。

9.1.3.2 让每句话读起来都津津有味

当事情说清楚后,反过来看文字,是不是非常生硬？这时候你需要将文字修改得有趣味或者引人入胜。打比方说，形容一个人患了重感冒，很多文案在写这个场景的时候，一般都是用疲倦无力、流鼻涕、头晕等词语来形容。而如果换成"他疲倦得连打喷嚏的力气都没有了"，其阅读效果会非常好。同样的道理，很多人形容情况紧急会用"火烧眉毛"这个词语来形容，假如你换成一个"仿佛一个落水的大象踩到了搓板"，不仅趣味横生，还可能让人体会到那种千钧一发的急迫感。说到底，广告文案里表现出来的"趣味、惊险、悬念、疑问"等形式的文案会让人读下去且给人深刻印象，而说明书式、教条式的文字就会让人厌恶。

9.1.3.3 删除可有可无的废话

通过以上两步，报纸广告的文案已见雏形，但还是不够，要精简，要去死皮。只要感觉是废话的统统去掉，要记得适当加一些标点，单句最长不超过13个字。有人做过统计，字数在150~250个字的广告最适合读者的阅读习惯，少则表达意思不明，多则累赘冗长。

9.1.3.4 大声朗读给同事或客户听

当整个文案出来后，即使自己觉得完美了，也不要急着把它交出去，要大声朗读给别人听听，这样不仅自己可以找出不完善的地方，别人的某些建议也可以使我们的文案锦上添花。白居易每写一首诗，都读给老妪听，只有老妪听懂了，才能算是好诗，文案也是这样，不断听取别人的意见才会进步，即使是做过10年以上的文案也不例外。

9.1.3.5 发挥自身的优势和特长

报纸媒介的优势和劣势对广告文案的策划和发布效果存在着有利和不利的影响，因此要求在广告文案的策划和撰写上，注意发挥广告文案自身的优势和特长。

(1) 充分发挥文字语言的优势。广告文案的文字语言有没有表现力，决定了广告文案有没有表现力，决定了广告有没有效果。报纸广告的成功与否，取决于报纸广告文案人员是否有效地运用语言文字来准确、恰当、生动地传播广告产品的属性特征和独特价值。因此，广告文案人员撰写报纸广告文案时，一定要准确、恰当、生动。否则，不仅不会传递有效的广告信息，反而会起到相反的效果。

(2) 理顺与图案的搭配关系。文字与图案是相辅相成的关系。图是文案的图解，它能使文案更形象、生动和直观；文字是图案的深化，它能使图案具体、明确和有针对性。图案吸引目标受众来阅读文案，文案向目标受众诉求详细信息来明确图案的内涵。图案设计时应考虑到文案语言的表述，文案撰写时应考虑到图案表现的可能，绝不可厚此薄彼。

(3) 表现条件与内容策划。报纸有其印刷技术上的限制，无法运用色彩和动感等方法刺激视觉。目标受众能否注意到报纸广告，取决于广告的信息传播能否引起受众的注意和兴趣。因此要求报纸广告在表现上应当重视：

注目(eye appeal)：有较强吸引力，能留住受众目光。

单纯(simplicity)：结构简练有条理，便于受众阅读。

循序(sequence)：便于视觉流动，能有秩序地达到信息诉求点。

焦点(focus)：有一个视觉中心，诉求重点能凝结在这一点上。

关联(relationship)：表现上有统一性，文案与图案内容相得益彰。

要考虑到撰写的广告文案应适宜于报纸广告的表现特点，也就是广告文案在表现设计上要符合这五要素。

因此,在广告文案的策划、创意及撰写时,广告文案信息内容在初创之际就要考虑到并体现出这五个要素:

注目:有明确的诉求点(通常在广告标题中蕴含信息要点)。
单纯:信息内容简明清晰,便于受众了解和认知广告产品。
循序:信息内容层次分明,有逻辑关系。
焦点:诉求重点突出、明确,有冲击力。
关联:标题与内容统一,相互照应,诉求重点能得到有力支撑。

9.2 杂志广告文案的写作

与报纸、广播、电视相比,杂志是新闻性、即时性较弱的一种媒体。因此,它对广告主的吸引力也相对较弱。但是针对某些特殊的商品而言,杂志广告仍是最佳的选择,因为杂志广告也有其鲜明的个性特征。

9.2.1 杂志广告的特点

9.2.1.1 杂志广告的优势

(1)有相对稳定的读者群。一般将杂志分为综合性杂志与专业性杂志,大多数杂志都有相对固定的读者群。特别是专业性杂志,其读者群恐怕长年都不会有多大的改变。读者群的相对稳定,就为广告主、广告经营者的选择提供了指南,根据其商品适合哪种类型的消费者,便可有的放矢地通过某种杂志去进行宣传与推销,可以避免盲目地选择媒体。同时,每一种杂志的固定读者群的爱好、兴趣大致相近,有利于广告创作者寻求最佳诉求方式和诉求点,使效果最优化,从而获得事半功倍的效果。

(2)可反复阅读。杂志一般分为半月刊、月刊、双月刊或季刊。和其他媒体相比,其新闻性较弱,同时,被淘汰的速度相应地也较慢。一本杂志可在相当长的时间里被人反复阅读,而且既可被同一人反复阅读,又可被更多的人阅读。一则杂志广告,可能被几个、十几个或更多的人看到,并对之发生影响,其被阅读率就明显高于其他媒体上刊播的广告。

(3)印制精美,可读性强。杂志的纸张质量一般都优于报纸。同时杂志广告大多是彩色,色彩鲜艳,且印刷质量相当精美,在对读者的视觉冲击力上远远高于报纸广告。在杂志广告中,精致的图片往往成为吸引读者的重要因素。而其图片、照片的质量、色泽也远远优于报纸广告,常能给人生动逼真、可触摸其质感的感觉,使人看后在脑海中留下相当深刻的印象,这就大大提高了杂志广告的阅读效果。杂志适合表现精美图片,更适合高关心度商品和精美商品的广告。

(4)有较强的保留价值。在许多人的阅读过程中,都有细心保留杂志的习惯。而对于报纸,人们往往只将自己需要的东西剪下来保存,其余的则当作废纸扔掉,许多报纸广告就这样被读者当垃圾扔掉了。而杂志广告则不同,它随着杂志一起被人们长期保存着,几年之后,当人们有某种需要重新翻阅杂志时,那些广告仍能影响他们,或直接为那些喜爱、研究广告者提供珍贵的资料。

9.2.1.2 杂志广告的缺陷

(1)出版周期长,时效性差。杂志一般都是隔半个月、一个月甚至更长时间才出版一期,间隔时间太长,不利于广告及时地影响受众,发挥效益。因此对时效性要求较强的广告,如促销性广告、时令性强的商品不宜登载在杂志上。杂志广告一般只能潜移默化地发生作用,它的功效是缓慢地形成的,在选择杂志做广告时应充分考虑到这一点。

(2)制作复杂,费用较高。杂志广告一般对制作质量要求较高,要用铜版纸、彩色印刷,其制版费、印刷费较报纸广告要高出很多,在传统媒体中,它仅次于电视。因此,对于一些中小客户,往往在其高昂的价格面前望而却步,退而求其次,将有限的广告费投入报纸或广播,相应地使得杂志的广告客户减少。

9.2.2 杂志广告文案写作

9.2.2.1 杂志广告语言的独特性

(1)对象化。每种杂志都有自己的目标受众群体——读者,他们就是杂志广告的诉求对象。杂志广告的语言风格应针对他们而定,即符合他们的文化水平、欣赏兴趣、美学爱好和语言习惯,为他们所熟悉、欣赏,使他们感到亲切。比如,采用理性诉求还是以情感人,语言表达高雅一点还是通俗一些,语言风格含蓄深邃好还是浅显直白好……都要针对不同的受众而定,这就是语言风格的对象化。

(2)个性化。语言的表达是广告创意和信息内容的体现,语言风格的个性化,就是指杂志广告文案的语言要体现出广告信息的个性化特征,并与目标受众的个性心理相吻合,使人感到新鲜、独特、不落俗套,令受众耳目一新。唯有如此,才能使杂志的目标受众乐于接受,并深受影响。

(3)专业化。杂志广告的目标受众群体,均有一定的专业素养和文化水平,因此,在专业性杂志上做专业商品广告,采用专业化的语言风格,易于为专业目标受众所理解,不仅可以节省很多文字,而且有利于有的放矢,增强广告效果。比如,在电影杂志上做影视广告,在体育杂志上做体育用品广告,在妇女杂志上做化妆品或服装广告,在医学杂志上做医疗器械和药品广告等。广告文案的语言均可选用相应的专业术语和专业化的语言风格,以短小的文案传达出大量的信息。

9.2.2.2 各种制式杂志的广告文案写作

(1)杂志广告的各种制式。杂志广告的各种制式,指的是不同开本的杂志中,广告作品所占的各种版面和版位。制式类型大致有封面、封二、封三、封底、扉页以及内页等。与报纸广告一样,杂志广告的不同制式,直接关系到广告效果。因为制式不同,广告的注意值或阅读率是不一样的。据调查和科学验证,不同的版面引起的注意值是:封面100,封底100,封二90,封三90,扉页90,底扉85,正中内页85,内页50。在同一版面中,注意值是大比小高,上比下高,横排版左比右高,竖排版右比左高。

(2)内页各制式的广告文案。内页各制式广告有全页、半页、1/4页、跨页、折页、多页专辑等多种。这类广告的文案写作应注意以下几点:

1)着重突出画面的视觉冲击力,文案以点睛之笔升华主题。借助杂志媒体特有的制作精美、重读率高、时效性长等特点,内页各制式广告应充分发挥画面的艺术表现力,信息内容可几乎全部通过画面来体现。文案应少而精,只起画龙点睛的作用,使广告给人以含蓄、深邃之美感。

2)图文结合,充分发挥文图并茂的视觉效果。即以色彩鲜明、形象逼真的画面塑造品牌形象,文案以言简意赅的语言对画面信息做关键性的解释、提示或说明,并成为画面的重要组成部分(文在图中),做到二者相辅相成,相得益彰。

3)大标题,详文案,以杰出的创意和理性诉求抓住受众的注意力。杂志广告除了图文配合外,对有些信息内容也可以全凭文案进行传播。如招生、招聘、求职等广告,应以醒目的大标题吸引受众注意,再以较为详细的文案满足目标受众的求详求实、急于实践的心理。文案的诉求形式不限,以符合杂志媒体特点和杂志特定受众群体文化素养为标准。

4)各种较小版面的分类广告,主要以引人注目的标题脱颖而出。这些分类的小广告,除了品牌名称或企业形象标识及随文外,别无其他,文案的写作十分简单,比较容易把握。

(3)封面、封底等特殊制式的广告文案。封面、封二、封三、目录对页和封底等杂志版面,均属于指定版面。

1)封面和封底的杂志广告,因其位置显著,注意值最高,效果也最好,因而对广告的版面设计和文案写作有特殊要求。

封面的广告应全部以精美的画面吸引受众,画面信息应与杂志的专业性有一定的内在联系,并具有审美价值,使人于情感愉悦中接受信息。文案只能以品牌或广告名称,以及简洁凝练的广告语形式出现。

封底与封面同样重要,也应以图形为主,文案为辅。文案的语言不仅要考虑杂志的特定受众,而且要考虑杂志受众以外无意注意的其他受众,因而应淡化专业性,更接近于大众化。

2)封二、封三和目录对页的杂志广告,受众注意值仅次于封面和封底,而高于内页,也是很重要的版面形式。广告多以文图并茂形式加以表现,广告文案的作用更为重要。适于平面广告的各种文体、表现形式和表现手段,均可针对特定目标受众运用于文案写作。

9.3 DM 广告文案的写作

9.3.1 DM 广告概述

DM 是英文 direct mail advertising 的省略表述,直译为"直接邮寄广告",简称"直邮广告",通过邮寄、赠送等形式,将宣传品送到消费者手中、家里或公司所在地。亦有将其表述为 direct magazine advertising(直投杂志广告),两者没有本质上的区别,都强调直接投递(邮寄)。除邮寄投递以外,还可以借助于其他媒介,如传真、杂志、电视、电话、电子邮件及直销网络、柜台散发、专人送达、来函索取、随商品包装发出等。但一般认为只有通过邮局的广告才可称为 DM 广告。

因此,DM 是区别于传统的广告刊载媒体如报纸、电视、广播、互联网等的新型广告发布载体。传统广告刊载媒体贩卖的是内容,然后再把发行量二次贩卖给广告主,而 DM 则是贩卖直达目标消费者广告通道。

DM形式有广义和狭义之分,广义上包括广告单页,如大家熟悉的街头巷尾、商场超市散布的传单,肯德基、麦当劳的优惠券亦能包括其中;狭义上仅指装定成册的集纳型广告宣传画册,页数不等。DM杂志不能出售,不能收取订户发行费,只能免费赠送;DM需有工商局批准的广告刊号才能刊登广告。

9.3.2 DM广告的特点

9.3.2.1 目标受众的针对性

这是DM最主要的特点。DM有着其他媒体所不具有的优势,那就是在广告投放的时候,目标受众的针对性,即把广告只投放给那些有可能购买产品的人或单位这一点是其他媒体所不能比的。在电视上投放的广告,可能看到广告的受众里面只有一小部分是目标受众;在报纸上投放的广告,可能看到报纸的人里面也只有很少的人是产品的目标受众;杂志广告就更不用说了,可能看到的人就更少了。只有DM能直接把广告传递给目标受众,而且大多数时候是一种面对面的传播,广告效果自然要好很多。

另外,对于不同细分市场的顾客要传递不同的信息。比如,零售业往往拥有部分顾客的资料信息,对于经常光顾的老顾客和偶尔来店的顾客需要不同的沟通方式,甚至要给予不同的优惠幅度,这一特点只有DM能够做得最好。

9.3.2.2 广告时间的持续性

一个30秒的电视广告,它的信息在30秒后荡然无存。直投广告则明显不同,在受众做出最后决定之前,可以反复翻阅直投广告信息,并以此作为参照物来详尽了解产品的各项性能指标,直到最后做出购买或舍弃决定。

9.3.2.3 广告形式的灵活性

DM不同于报纸、杂志广告,直投广告的广告主可以根据自身具体情况来任意选择版面大小,并自行确定广告信息的长短,自由选择全色或单色的印刷形式。

9.3.2.4 广告效果的直接性和稳定性

DM是由广告主直接给个人的,广告主在付诸实际行动之前,可以参照人口统计因素和地理区域因素选择受众,以保证最大限度地使广告讯息为受众所接受。同时,与其他媒体不同,受众在收到直投广告后,只要打开DM,就会静下心了解其中的内容,并认真地阅读。基于这两点,DM较之其他媒体广告能产生良好的广告效应。

9.3.2.5 具有可测定性

广告主在发出DM之后,可以借助产品销售数量的增减变化情况及变化幅度来了解广告信息传出之后产生的效果,这一优势超过了其他广告媒体。

9.3.2.6 具有隐蔽性

直投广告是一种深入潜行的非轰动性广告,不易引起竞争对手的察觉和重视,广告中的一些商业信息,如价格、款式等商业信息不易被竞争对手掌握。

9.3.2.7 色彩精美、印刷精良

DM大多采用彩页印刷,更容易引起消费者对广告宣传的注意,有效地刺激购买欲。

9.3.3 DM广告文案写作要点

直邮广告通常包括信函、明信片、折页手册、传单、产品说明书、企业刊物等多种形式,还可以采用邮寄立体卡片、赠送试用样品等更具创造性的手法。无论采用哪种形式,直邮的核心都是一份以直接达成销售为目的的印刷品。

9.3.3.1 用亲切的语气,拉近与诉求对象的距离

由于直邮广告是针对具体的个人或单位的,具有"私人"的性质,可以产生亲切感。因此,给收件人的直邮广告可以采用感性诉求,对于收件人要持尊重的态度,不能用生硬或者命令的口气催促其购买,否则只能让人敬而远之。

有人说:"广告是诉诸感情,终结于理性的。"不要在文案的开头就搬出一大堆道理来说明问题,不如以温馨的气氛来诉求,让对方敞开胸襟,产生姑且听我们说说看的轻松心情才是最重要的。

9.3.3.2 提供详尽的利益信息

生活中许多人对垃圾广告信函颇有反感,直邮广告的表现必须克服这些反感,最好的办法就是立即提供直接利益点或问题的解决方法。利用这个方法可以使人们仔细阅读DM所提供的信息,并且清楚地了解所提供的利益。同时,直邮广告没有机会展示产品或与同类产品做实质性的比较,所以广告必须提供有力的支持理由,而不是用华而不实的语言来劝诱诉求对象。

邮件如果能被打开,说明收信人多少有些兴趣;收信人一旦开始阅读,就说明他有较大兴趣。所以直邮广告应该尽可能多地提供有用的信息,比如产品的尺寸、规格、售价等。要诚实地介绍产品,说明购买利益。比如,汽车产品的目录,在提供了产品图片和产品简介以及客观的评述文章后,会让收件人在对所销售的产品有一定了解的情况下,激发购买欲望。

反复申明你所提供的服务或者利益,这是最能吸引读者、引发行动的内容,所以应该明确提出来,并且在适当时机不断地重复强调。服务或者利益可以是对购买者的奖励、购买产品可以获得赠品、退换货便利、安全保证、权威机构的认定、其他消费者的赞许,等等。

9.3.3.3 有足够的力量吸引诉求对象读完文案

营销方式的直邮信件的结构模式是注意(attention)—兴趣(interest)—愿望(desire)—行动(action),即AIDA广告营销模式。那么,在DM广告文案写作中如何体现呢?

(1)引起注意。在众多的直邮信件里,如何引起诉求对象的注意?一个抢眼的标题,一段精彩的开头语,往往能引起人们的注意。标题应该把客户的注意力集中到产品带来的好处上来,标题应该尽可能具体,不要使用大而无当的空洞标题。

(2)产生兴趣。引起读者的注意之后,接下来的任务就是让他们对广告的内容产生兴趣,并且让他们的兴趣持续足够长的时间,能把广告读完。在文案写作中可采用以下这些办法保持客户的阅读兴趣:

1)提问。一味地使用肯定句会显得缺少变化而令人生厌,有时必须加上"你觉得如何呢"之类的问句,或提出一些需要找出答案的问题。这样写作,不仅可以使文案产生变化,还可以增加面谈似的亲切感。

2）重复某些词。让人们能够记住某个信息的最好办法就是重复,因此,把需要让读者完全接受的词,在文案中重复几次,就会形成引导读者往下看的气势。

3）适当的幽默。幽默是一种巧妙的语言方法,其特性是用曲折、含蓄的方式表达(或表现)使人领悟,而不是用直叙表达。人们喜欢机敏与幽默,没有人喜欢阅读生硬的推销说辞和枯燥的产品介绍。有分寸的幽默会增加客户对商品的好感,直邮广告应该尽可能采用风趣幽默、引人入胜的方式来传达产品信息。让客户在轻松愉快的情绪下,阅读完广告文案,自然会产生出人意料的效果。

4）不失时机地鼓励客户。通过在每一句话开始时用和前一段有联系的话开头,可以鼓励读者一段一段地往下看,如"还有一个重要信息要告诉您……""不仅如此,更有甚者……""我再给您讲一些细节……"等。

5）尽量用小标题。根据人们对长文案的阅读习惯,人们在阅读正文之前,会先阅读小标题。所以最好写出生动有趣的小标题,可以用小标题概括出产品给用户带来的好处。

（3）诱发愿望。如果读者有足够的兴趣看广告,那么他们可能会产生对商品或服务的购买愿望,但直邮广告不能做到与客户面对面。鉴于这一特征,在写直邮广告之前,应尽可能详细了解诉求对象,他们的担心、他们的顾虑、他们的渴望。受众不见得想知道推介的商品能做什么,他们可能更想知道推介的商品能为他们做些什么。所以,在描述商品时,一定要告诉读者这个商品能带来什么好处,而不是简单地罗列商品的特点。写作直邮广告时,要总是站在客户的角度看待自己的产品,思考自己的产品能为客户做哪些事情。然后在编写宣传材料时把这些好处都写出来,应该把重点放在打消读者的顾虑上,而不是介绍产品给用户带来的好处。

（4）鼓励行动。前面的兴趣和愿望都非常重要,但如果没有行动,兴趣和愿望都毫无价值。那么,如何鼓励读者产生行动呢？应提供详细的电话号码,若给出联系人的姓名就会显得更有诚意、更亲切。提供免邮资的回信地址、传真号码或电子邮件地址。除此之外,还可附上优惠券,让读者填写并寄回来。附有优惠券的广告能吸引更多的读者。

9.3.3.4 用简单明了的语言

在动笔写作之前,应先构建一个基本框架,直邮广告遵循书信的基本格式,即称谓、问候语、产品介绍、给客户带来的好处、如果感兴趣可以怎么做、礼貌结束语。在语言的把握上,应遵循如下原则：

（1）忌用行话和专业词汇。有些词对专业人员来说可能是日常用语,但对顾客来说可能就是行话。文案的写作者对某个词的熟悉程度并不重要,重要的是受众是否熟悉这个词,要以受众能轻松阅读为目的。

（2）用简短的词语、句子和段落。当人们看到一大段冗长的文字时,心马上就会沉下去,人们不可能以科学研究的态度阅读广告,如果看起来太麻烦,或者要花工夫去思考,他们随时会不假思索地把它扔进垃圾箱里。简短的词语、句子和段落理解起来更容易,客户更愿意阅读,更容易接受其中的信息。

（3）用第二人称。称呼客户为"您",把自己的公司称作"我们",而不要称"制造商"或"公司",这样会感觉更友好,让受众感到像面对面促膝谈心。如果不用第二人称,写出来的宣传材料读起来像公函,会让受众感到自己被拒之千里之外,介绍的产品或服务与自己没一点关系。

9.3.3.5 不要怕长文案

一般来说,直邮广告文案可长可短,短的可以只有一句话,几个字,长的可以达到十几页。如果确实有丰富信息要提供给读者,并且找到了具有吸引读者的方式,就不要怕文案太长。提供的信息越具体、越细致,就越有可能达成销售或引发行动。比如一些贵重物品的直邮广告,读者就需要获得较多的信息来进行比较和判断。

9.3.3.6 提供多种反馈途径

直邮广告能够有效地获得读者的反馈,可以比较直接地获取用户的相关信息,能够比较快速地调整今后的销售计划。反馈途径有许多种,比如电话订购、传真订购、800免费咨询电话,鼓励读者使用含有订单的免邮资回邮信封等。这些反馈途径应该被编排在信函或者产品目录的醒目位置,并且加上一些鼓励行动的言辞。

9.4 户外广告文案的写作

户外广告可以算是最古老的广告形式之一,我国古代的悬帜广告、灯笼广告、招牌广告等都属于户外广告。今天户外广告的形式有很多,有印刷比较精良的宣传海报,有手写的POP海报,还有简单粗糙的铅印海报,除此之外,还有路牌、霓虹灯广告、交通广告、电子广告牌、ATM取款机、加油站、室外液晶显示屏、宣传车等。我们通常说的户外广告,主要是指路牌、海报招贴、霓虹灯等形式。

9.4.1 户外广告的特点

9.4.1.1 宣传效果直接,适应范围广

户外广告一般直接张贴在人流较大的地方,如车站、码头、商场、院校等公共场合。在一定区域和时间内,如果户外广告安置合适,白天黑夜都可以广泛展露,能迫使受众反复观看,加深印象,从而达到宣传目的。

9.4.1.2 设计制作机动灵活,时效快,传播速度高

一般户外广告的内容都是根据需要宣传的内容或者营销策略随时设计、调整。而招贴广告一旦设计好了,制版印刷就比较方便、快捷,几乎可以在第一时间送到需要宣传的区域张贴,这就可以在很短的时间内造成较强的宣传声势。

9.4.1.3 创意空间大,有利于创立知名度

户外广告可以利用大幅印刷、丰富的色彩、变幻的灯光等多种方式吸引受众的注意力,可以有许多创新的想法,创意空间大。另外,户外广告具有很强的视觉冲击力,非常适宜于表现品牌独具特色的包装或标识,使企业名称、商品名称深入人心。

9.4.2 户外广告文案的写作要点

9.4.2.1 传达单纯的广告信息

户外广告的首要任务就是引起受众的注意,并激发他们的兴趣。但户外广告所面对的

受众是匆匆而过的路人,如果信息不能在很短时间内被注意和理解,就会失去这个读者。想要使受众记住企业名称或者某种商品,就需要招贴广告在设计上只能强调一个销售重点,切记"信息的简明与单一"。无论是张贴在室内还是户外,标题字体都要大,字数不宜过多,要使人一目了然,在很远的地方也能看清楚海报的内容。

9.4.2.2　文案尽量简短而精炼

由于招贴广告不像报刊广告那样可以拿在手中慢慢欣赏,受众阅读招贴广告往往是一带而过,如果一块广告牌上堆满了密密麻麻的字,匆匆而过的人们是很难认真去看的,想看也看不清。因此,招贴广告的文案通常十分简洁,言简意赅,优秀的户外广告一般都只有一句话。如果说简明是所有优秀广告的标志,那么户外广告就是简化了的简明,这正是招贴广告与一般印刷广告的不同之处。

9.4.2.3　配合图案,画龙点睛

大多数户外广告都是图文混合,因此,文案要紧密配合图案,起到图文互补的作用。文案往往是对图案或者设计的精彩概括,就像是悬念式电视广告最后以字幕亮出谜底一样,令人回味无穷。

总之,配合户外广告的特点,广告文案的写作要求信息单纯、文案简短、画龙点睛。

▶【本章小结】

平面广告以文字、静止的画面为传播手段,是历史上最悠久,同时也是当今使用最广泛的媒体形式之一,它和电波广告组成了媒体广告的两大类别。本章主要讲解报纸广告文案、杂志广告文案、DM广告的写作。

写作报纸广告文案时,应注意一气呵成把事情说清楚,少用一些空洞的修辞手法,要会编造故事,让每句话读起来都津津有味,理顺与图案的搭配关系。写作杂志广告文案时,要注意杂志广告语言的独特性:对象化、个性化、专业化。写作DM广告时,要用亲切的语气拉近与诉求对象的距离,提供详尽的利益信息,有足够的力量吸引诉求对象读完文案,用简单明了的语言,不要怕长文案,提供多种反馈途径。

▶【案例分析】

给尚在犹豫的妈妈一封诚挚的公开信

亲爱的家长:

您好!

很抱歉,再三打扰您,在此向您传达一份捷报,请您与我们分享这份喜悦!根据《小朋友巧连智》订户部最新统计,本月份单月订户已创创刊来最高纪录,且大量订户正在不断涌入中!我们迫不及待再次提醒您,赶快加入4月号新巧连智行列,让您的宝贝,也能和全国近40000位小朋友一起共度最有意义、最快乐的儿童节!

今年4月,也是《小朋友巧连智》创刊一周年纪念。短短一年内,《小朋友巧连智》由零

到近40000份的惊人成长,由萌芽到茁壮的广受好评,让我们既欣慰又感谢!更惊喜地发现,国内拥有学前儿童的父母,对启发教育的重视,已快速地成长。如今,一年有成,除继续为近40000位小朋友提供更精彩、更富教育意义的内容外,还注重孩子手脑并用的潜能开发,以及与妈妈间的双向沟通,这些详细的介绍,请您细看我们所附上的样本书及座谈会内容,相信您会了解巧连智对幼儿教育的用心与诚意!

为了加强您对4月号《小朋友巧连智》的信心,特为您介绍其全新的风貌。由三点一套,扩充为"看、听、学、做、育"五点一套,从用眼、耳、手、脑至用心,为孩子奠定最完整的幼教基础。

《巧连智读本》在精致细腻的插图引导下,带小朋友走入自然、走入童话、热爱文字,从小培养孩子观察万物、仁人爱物与纯真的心灵,奠定丰富学识与完美人格的基础。

《巧连智录音带》自然原音的重现与真实情境的传达让孩子领略大自然之美,与情感沟通的表达技巧,丰富孩子的想象空间。

《小虎的游戏簿》以循序渐进的活动方式,让小朋友从最基本的数、圆形、文字、语言、工作等游戏中学习,自然奠定进小学的基础。

《巧连智妈妈手册》,针对妈妈的育儿问题,由专家为您分忧解难,使您成为现代的快乐妈妈。

《巧连智宝盒》潜能开发立体教具,让孩子真正动手做,对培养孩子手脑灵活运用的想象力和潜能发展,有莫大助益。

除了4月号《小朋友巧连智》多样、丰富的内容外,4月20日,我们还将举行5000个名额的大抽奖,奖品统统都是小朋友和妈妈喜欢的,请您千万别错过,赶快行动哦!孩子的童年只有一次,拥有巧智联的孩子,绝对比别人幸福。

您可先看书后付款,如果订阅后觉得不满意,可以随时终止订阅,我们会退款给您。

如有任何问题,请拨电话:(02)312—0405389—8035,我们定竭诚为您服务!

谨此,祝您健康快乐,万事如意!

《小朋友巧连智》月刊编辑部　高明美　敬上

这是一则《小朋友巧连智》月刊编辑部向儿童家长发的第三期DM广告,所以一开头用"很抱歉,再三打扰您"为开场白。文案第一段以传递捷报的方式开场,引起受众的注意,为了打动读者,以"本月份单月订户已创创刊来最高纪录,且大量订户正在不断涌入中""让您的宝贝,也能和全国近40000位小朋友一起共度最有意义、最快乐的儿童节"来使家长产生"绝不能让孩子输在起跑线上"的微妙心理变化。紧接着,以创刊一周年纪念,内容更新、更多,还注重手脑并用,与妈妈双向沟通等内容来促使家长继续看广告。接下来又重点介绍了《小朋友巧连智》的各种表现形式。最后用品质保障、售后服务等方面再次对家长进行催促。

➡【思考题】

1. 平面广告图文结合有哪些作用?
2. DM可采取哪些写作技巧吸引读者读完正文?

3. 写作杂志广告文案应注意哪些问题?
4. 找二到三则报纸广告文案,具体分析其文案写作的特点,并对其优劣进行评价。

【延伸阅读】

1. 李世丁,周运锦. 广告文案写作. 长沙:中南大学出版社,2003.
2. 郭有献. 广告文案写作教程(第三版). 北京:中国人民大学出版社,2014.

广播、电视广告文案的写作

导言

本章学习目标

通过本章的学习,了解广播广告和电视广告的媒体特点,掌握文案写作与广播媒体和电视媒体相结合的技巧。做到既能够充分发挥文字表达的优势,又能够综合利用听觉和视觉要素在传情达意上的特殊功效,实现广告宣传效果的最大化。

本章难点

广播广告文案听觉形象的塑造;电视广告文案的写作。

课前导读

20世纪20年代广播媒体诞生伊始,就成为与报纸并驾齐驱的重要新闻传播媒介,与此同时,广播广告作为一种独立的广告形式开始登上历史舞台,成为现代广告家族的一个重要成员。美国传播学巨擘施拉姆曾经说过:"电视是20世纪最伟大的发明,它有着非同凡响的魔力。"以电视为传播媒介的电视广告是所有广告形式里最具感染力的,当电视广告形成的动机和欲望与消费者产生共鸣时,便可将产品的魅力宣泄而出,产生惊人的销售力。

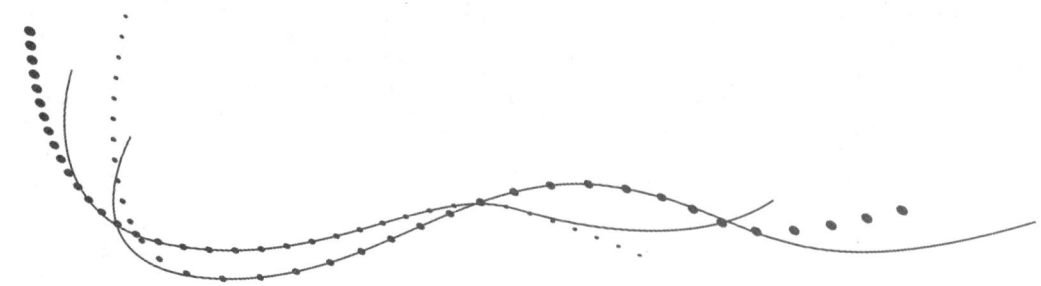

10.1　文案对广播媒介特性的配合

　　广播广告是诉诸人的听觉的广告,听众通过听觉接收信息,接受广告的内容,因此,广播广告的文案又被称为"写给耳朵的东西"。用声音传递信息容易表达感情,有利于人们展开想象,真实生动,情真意切。然而声音也有其局限性:有声无形,一听而过,难以存查。因此广播广告文案的制作者必须根据广播媒介的特点,使文案与媒介性能恰当配合,扬长避短,充分发挥其独特功能和优势,以便发挥更大的广告效益。

　　广播广告由语言、音乐和音响三种有声要素组合构成。这里所说的广播广告的三要素,是指广播广告大多情况下要三要素具备,并非要求所有广播广告都做到三者不可缺一。语言要素可脱离音乐要素和音响要素在广播广告中独立使用,并且是三要素中不可或缺的一部分。没有音乐和音响并不影响广播广告的成立和完整,而缺少了有声语言则根本无法传递广告的本质信息,也就失去了广告的意义。正是这一部分有声要素——有声语言,构成了广播广告的文案内容。

10.1.1　有声语言:适应收听需要

　　语言是广播广告最关键的要素。列宁说:"语言是人类最重要的交际工具。"①广播广告利用语言进行传播,从这一点上来讲,广播广告是语言的艺术。但它不同于其他文体,填词赋诗有特定的格式,写文章也各有规矩,而广告语言几无定法,有时甚至天马行空。所以有人说,一流的作文高手未必能写出一流的广告文案。因此,广播广告文案的创作过程更是追求至善至美的过程,精彩的广告语言会成为潮流,会成为时尚,甚至会成为一个时代的标志。

　　语言的撰写一定要准确鲜明地表达广告主题,让听众很好地了解和把握广告信息,并且使听众能够在有限的播出时间里对广告内容产生兴趣,以激起他们对产品或服务的需求欲望,最终达到促使其实现购买行动的目的。另外,广播语言是为"听"而写,也就是说,广播广告是写给"耳朵"的东西,因此写作时还要注意所使用语言的语音和声感,尽量采用口语化和形象化的方式,并体现听觉上的节奏美和现场感。再者还要针对不同的消费者群体使用不同的语言。如针对儿童应生动活泼,富有趣味;针对女子要柔美动听,浪漫抒情;针对男子要朝气蓬勃,潇洒有力。

　　广播广告的受众只有通过声音才可能接收到商品信息,广播广告文案的每一句广告词的播出,每一个音响的选用,音乐的配置,都要有利于塑造优良的产品形象,有利于扩大企业或产品的知名度。立足声音优势,是广播广告取得成功的主要因素之一。

　　广播广告语言是独特的语言艺术,需要最大化地利用声音优势,将广播语言声情并茂、亲切悦耳的特点同消费者建立感情上的联系。这就要求广播媒体的广告文案在写作时必须有明确的对象感,明确自己的受众群,并在此基础上精心锤炼语言。为适应不同层次消费者的收听需要,个性鲜明的语言风格是制作成功的广播广告文案的制胜法宝。

---

①　《列宁全集》第20卷,第369页。

10.1.1.1 悦耳动听

广播媒体广告文案的书面文字最终将转化为有声语言广泛传播,因此文案不仅要写在纸上,播在口头,还需适宜听入耳中,不仅要好懂,还要好听。

(1)多用声音响亮的字词。为了让听众听得明白、清楚,并保持积极收听好心情,广播广告语言要尽量选用一些发音时口形张大、响亮悦耳的字词,使传播的声音清晰明朗,洪亮昂扬。

如泰康人寿的广告:

女声:许个愿吧!

男声:父母健康长寿,孩子茁壮成长;老婆喜气洋洋,我要财源旺旺!

女声:泰康人寿爱家之约,帮你实现愿望。

旁白(男):泰康人寿,一张保单保全家! 95522。

这个广告中的一系列词语,如"吧""成长""喜气洋洋""财源旺旺""愿望""全家",读起来音调拉得长,声音传得远,听起来洪亮有力、朗朗上口,当然更能抓住听众的耳朵,有利于听众记忆。

(2)体现语言的节奏感。凡活动、运动都需要有节奏性和规律性,说话有节奏感会使人"说"得尽兴,听富有节奏感的"话"也会使人"听"得享受。富有节奏感的语言更添魅力,因其说着顺口,听着顺耳。若再押韵合拍,朗朗上口,真是"说""听"两相宜。凡是有韵律的广告词、广告诗、广告歌都会让人更加爱听、易记。

如彪马运动鞋的广告:

男声:我是个庸庸碌碌的上班族。不过在平淡的生活中,我倒有一件法宝——PUMA。

星期一,我喜欢走仁爱林荫道来公司,借以平和我的"星期一忧郁症"。

星期二,我故意挑公司后的小巷道,多绕些路,只为了听听附近住家起床号的声音。

星期三,我会从小学旁经过,看看年轻的生命活力,顺便感怀一下我自己消逝的天真童年。

星期四,我索性来一段慢跑。

(口白渐弱)

广告语:快乐的走路族——PUMA——彪马运动鞋。

该广告通过上班族对于运动鞋的描述,突出了该品牌的产品风格。特别是最后一句广告语"快乐的走路族——PUMA——彪马运动鞋",通俗、押韵,广为传扬。

我国古代就有不少堪称广告的广告诗,如宋代苏东坡为一位卖油炸馓子的老妇作下的一首广告诗:

纤手搓来玉色匀,

碧油煎出嫩黄深。

夜来春睡知轻重?

压扁佳人缠臂金。

字里行间,油炸馓子的滋味之美、色泽之美显现无遗,还把老妇人美化成了绝色佳人。

这首七言绝句节奏整齐,押韵工整,上口好记,成为老妇人的油炸馓子的广告招牌,招徕顾客。流传至今,读起来我们还会为诗中所赞之物甚是向往。

10.1.1.2　口语化

广播广告诉诸人的听觉,是说给人听的,不是写给人看的,广播广告听不懂时无法像报刊那样反复阅读,因此语言要做到通俗化和口语化,要让听众字字听得清,句句听得懂,使听众正确理解广告创意。口语化的语言,结构简单,通俗易懂,感情色彩浓厚。这些友好、人性化的因素使得广播广告相比诸多广告形式少了一些装腔作势,多了很多趣味,易于记忆和传播。

(1)多用口语词汇,少用书面语,除非特殊需要,尽量不用文言词汇。口语词汇声调响亮,通俗易懂,便于收听。尽量使用纯粹的生活中的常用语言,"话需通俗方传达"。

如六神花露水系列广告:

女声:我是蒋勤勤,夏天出门,我常为家人备着六神喷雾驱蚊花露水。去痱止痒,驱蚊子,真方便。

旁白(男):六神有主,一家无忧。六神花露水系列。

蒋勤勤所说的几句话,如果按语法、句法来斟酌,是不符合用语造句规范的,但符合我们在日常生活中的语言交流方式,没有人会去纠正你"少了主语,省了谓语,定语放错了位置,状语选偏意义"。广播广告中的生活式语言正是通过向听众再现生活真实原色,以求贴近消费者,感染消费者,拉近与消费者之间的心理距离,引起共鸣,以达到消费者购买行动的目的。

(2)简短的句式。短语往往精练、生动、易听、易懂,能增强人们的记忆效果。如果句子结构复杂,成分拥挤,就会造成消费者听觉疲劳,理解困难。

如美的空调的广告:

美的空调,超低电压启动,采用东芝压缩机,真材实料,质量可靠。

买美的空调,享政府补贴。

创新科技,美的空调。

这则广播广告中用的全是短句,听起来清晰、明白,不费力,产品特性记忆深刻,优惠政策让人动心。

(3)不滥用简略语。广告语言虽然要求简明扼要,但一定得让人听明白,人们熟知的简略语也不是随处可用的。如"产品实行三包",哪三包?"厂价直销",厂价又是多少?没有任何单位对这些说法有过明确规定,人们也无法得到准确信息。这种简略语,还是不用为妥。

口语化的语言和悦耳动听的语言,易于增强广告文案的亲和力和表现力。根据受众需求选择恰如其分的表达方式,使听众能够字字听得清,句句听得明,听得高兴,广告效果才会凸显。

10.1.2　非持久性媒介:即时理解并形成印象

印刷媒介上的语言主要诉诸人的视觉,而且可以让读者反复地阅读,慢慢地分析,逐步加深印象。而广播语言诉诸人的听觉,一听即逝,信息无法持久停留于载体上,这是广播媒体语言与印刷媒体语言的根本区别。怎样才能使得广播广告的语言让听众一听即懂并印象深刻,就成为广告文案创作中孜孜不倦探求的关键问题。

到底什么样的广告语言才是有助于听众更好地即时理解并形成印象的呢?先看一个案例:

> 蔚蓝的天空,没有一丝云。一条潺潺的流水从卵石中间穿流而过,卵石在清澈的水中忽隐忽现,清晰可见。溪边端坐着一位长者,面庞清癯,双目炯炯有神!

著名演播员孙敬儿云彩修在实际播音时把这段文字改成:

> 嚯,这天可真蓝啊!一点云彩也没有。有一条小河哗哗啦啦地流着。这水可清亮啦!水里有好些圆石头,像鸡蛋似的,人们都管它叫卵石,这些卵石在水里可以看得清清楚楚!在河边坐着一个老头儿,长得虽然瘦,可是挺结实,那双眼睛可有精神啦!

(引自林兴仁著《广播的语言艺术》,语文出版社 1994 年版)

这是一段播给孩子们听的节目,原始稿用词用字优雅精致,绝不能说写得不好、不精彩,但是给孩子们听的话,却会让他们"消化不良",他们当然兴趣寡然。修改后的稿子去掉了堆砌的华丽辞藻,删掉了文绉绉的词语,用上了简短的口语句式与活灵活现的语气词,并做了些通俗的解释说明,使语言变得形象生动、易听易懂,不要说小孩子,就是成年人也会随着跳动的语言被带去那条潺潺溪边,看到天、云、卵石、老人……

这个例子讲到的是一般的广播节目语言的特点,而广播广告语言在这个方面的要求只会有过之而无不及,因为在广告中语言信息传递不仅是让听众"听下去",还要让听众"听"完之后能够被更深层次地说服——实施购买。

10.1.2.1 尽量避开专业词汇

消费者多数属于相对某产品的非专业人士,而在产品广告中使用相关专业词汇就会成为消费者即时理解的"拦路虎",在消费者还在思考"×××"到底是什么意思的时候,广告中关于产品名称、功能、特点、获取方式等重要信息就一闪念地从消费者耳朵边溜走了。在广播广告中,使用通俗的语言是实现消费者即时理解的保证,广播广告文案应该尽可能地利用通用语代替专业语,非用专业语不可时要用通用语解释,否则很难起到广告宣传的作用。

如"这样紫啊"的广告:

> 女声:果汁饮料,三种紫色水果,富含花青素,我最喜欢,这样紫啊!眼睛喜欢,这样紫啊!
>
> 旁白(男):牵手果蔬汁,顺鑫农业荣誉出品。

"花青素"三个字,仅根据读音不知道是哪三个字,"眼睛喜欢",更是让人一头雾水,明明是"眼睛喜欢",跟"这样紫啊"有什么关联呢?原来这种新品名称"这样紫啊"源于网络流行语"酱紫",是顺鑫牵手公司为满足市场消费需求开发的新一代健康果汁,以黑加仑、蓝莓、紫葡萄等多种紫色水果为主要原料,这几种原料的共同特点是富含花青素,而花青素具有很强的抗氧化能力,能有效缓解视力疲劳,对人体具有多种保健作用。所以,这款含花青素的果汁饮料,是以"保护视力"的功能为卖点,才会有"眼睛喜欢,这样紫啊"!

这则广告同样也出现在电视媒体上,听起来的声音效果完全一样,但由于电视媒体比广播媒体多出的视觉反应,字幕把这些听不明白的字词显示在电视机屏幕上明明白白告知观众,减少了消费者的疑惑。切莫因为广播和电视媒体的相似性而制作所谓的"万能型广告",不可能所有的消费者都会碰巧在广播和电视上发现同一个产品的同一则广告,并耐心地对照理解。将电视广告原封不动地拿到广播电台只播放声音的做法,是对广告主的不负责任,更是对消费者的不负责任。当然,这个产品的电视广告在对专业用语"花青素"的解释上,也是欠缺的,没有相关专业知识的消费者很难通过"花青素"和"眼睛喜欢"联系起来。

10.1.2.2 重复重点

广告中多次重复某一信息是印刷媒体广告文案应该避免的,但对于广播电视而言,主要信息的重复却是非常重要的。申农说过"有效信息与多余信息的平衡",就是指通过对主要信息的重复,使多余信息成为受众的实得信息①。在对"信息"进行论述时,广播广告中对重点信息进行反复叨念,不仅不会破坏广告语言的精练,反而会增强广告的效果。而文案结构设计的关键点就在于:怎样通过必要重复对主信息进行强调? 强调的重点到底应该是什么?

如好视力眼贴的广告:

女声1:我女儿啊,患了近视,看不清黑板,给配副眼镜吧,就怕一戴就摘不下来了。

女声2:我儿子啊,爱玩电子游戏,近视都快300度了,要是再发展下去可怎么办呢?

旁白(男):视疲劳,用眼不科学,极易导致青少年近视发生,近视已成为青少年的普遍现象。

好视力眼贴,缓解眼部疲劳,放松睫状肌,模糊变清晰。

好视力眼贴,中国国家射击队专用护眼产品。

童声(男):赶走视疲劳。

童声(女):恢复好视力。

合:我的眼贴,我的好视力。哈哈……

旁白(男):眼睛干涩发痒,酸胀流泪,视物模糊,快用好视力眼贴。庆贺好视力眼贴上市9周年,回赠新老顾客,打进电话就有惊喜。好视力电话:010-51280909,51280909。

老年人(男):好视力眼贴,可是中国射击队专用的护眼产品,中国射击队员可都在用。

呵护眼睛健康,请用好视力眼贴。咨询电话:010-51280909,51280909。

这则好视力眼贴的广播广告可谓是将"重复"运用到了极致,家长为孩子选择产品,孩子自己现身说法,老年人打"保票",都把重点放在了"好视力""中国射击队专用"和咨询电话的号码上,宣传重点突出,产品功能鲜明,给消费者留下了极为深刻的印象。

10.1.2.3 避免使用容易引起误解和歧义的字词

有则绕口令说:"提锡壶,游西湖,锡壶掉在西湖里,惜乎! 惜乎!"听的人当然莫名其妙。

---

① 朱月昌:《广播电视广告学》,厦门大学出版社,2000年版,第86页。

写在纸上明明白白的东西,说在嘴里却未必听得明白,甚至会产生误解和歧义。

双音节词匀称,念起来顺畅,听起来自然。单音节词不便于即时理解,就要用双音节词。如以下几个单音节词一般应做相应替换:

若——如果
前——之前、以前
时——时候
曾——曾经
如——例如
或——或者

可能会因为同音不同义的字词引起歧义的,一定要改换说法。如以下几组同音不同义的词语:

其中——期终
履行——旅行
切记——切忌
石油——食油
致癌——治癌
兼顾——坚固

根据不同语境,改换说法是制作广播广告文案的必要之举,否则看不见字形,只凭声音,难辨其字,听众不免会不得要领,甚至造成误解,闹出笑话。

10.1.3 告知性媒介:信息的简明化

大多数听众把广播当成背景媒体,听广播与其他行为如开车、做家务、锻炼身体等是平行发生的,很少完全投入其中,而且广播主要通过听觉传播,没有视觉参与。这就要求广播广告文案一定要简明单一,用极其单一的诉求和极富冲击力的创意,将主题钻入听众脑海,使其牢牢记住。

在广告中,商品要突出主题,就必须强调品牌,并且突出宣传产品的主要功能。一种产品可能有多种功能,但宣传时,只能抓住一至两种功能做重点描述。

如格力空调节能热水器的广告:

  女儿:妈,找时间咱们全家去旅游,泡温泉,怎么样?
  妈妈:花钱那要花得聪明,用格力空调节能热水器,每天8毛钱,天天都能在家泡温泉了。
  旁白(童声):格力空调节能热水器,××只需要一度电。

这是《央广新闻》播放的一则广播广告,最后一句的头两个字前思后想都想不出是哪两个。然而这句旁白正是这则广告的"口号",可是听众的耳朵却偏偏在这里"卡壳"了。听众的耐心是有限的,广告的最终目的不是让每个人都去听广告,而是刺激消费者的购买欲望。

热水器节能,关键证据就是如何省电,到底一度电对于这种热水器来说能创造多大价值,听众却听不明白。这个广告中的"××"已不是专业用语或书面用语的问题了,而是本该简明的信息让消费者听起来不知所云,当然就失去了广播广告的告知性功能,广告的宣传效果即使不是化为乌有,也会大打折扣。

还有一点值得注意:最后这句最关键的广告词由一个小孩子说出来,不合时宜。热水器产品广告本身并不是针对儿童消费群体,小孩子们对这种广告根本不会感兴趣,他们本身也不会关心热水器是不是节能省电,让他们作为热水器产品的广播广告代言人不是好创意。偏偏又碰上广告中的这个小朋友童声可爱稚嫩,让这些本该被广告所打动的实实在在的消费者——成年人,怎么都听不清楚那关键的两个字。

10.1.4 吸引不专注的听众

广播广告是听众在无意注意的情况下听到的,如果广告没能吸引听众的注意,广告的创作者就已经在这场"注意力争夺战"中输掉了。

广告这种以促成消费者购买为目的的特殊信息,除了个别人外,没有人主动去盼望它的出现。一般来讲,收音机旁的人分为以下几种:①在心理上想要像关掉令人不愉快的声音或消息一样屏蔽掉广告的人;②因为广告太乱或太难以理解而懒得去听广告的人;③漫不经心地收听开头,几秒钟后就走神的人;④从开头到结尾都全身心投入的人,但这种注意力高度集中的听众只占1%[①]。所以,广播广告制作者的工作重点是去争取其他三种听众,也就是去吸引不专注的听众。

广播媒介区别于其他广告媒介的特殊之处在于:广播媒介更是作为一种伴随性媒介而存在于人们的生活中,广播随时随地到达听众,不管听众正在做什么。必须意识到,广播听众不是静止的,专注的。现在的广播听众很难认真仔细地一个接一个收听广播节目,而是很容易就转换频率,或者左耳进右耳出。他们只是把广播当作进行其他活动的一种背景。在广告开始的几秒钟做些什么才能"强迫"听众从其他事务中把注意力集中到广告上来,关乎广告的成败。这就要求广告一定要有一个好的开头,先声夺人。俗话说:"良好的开端是成功的一半。"广播广告的开头非常重要,既要直入主题,又要别具一格,绝不能拖沓。

通过广播广告语言吸引听众可以从三方面着手:一是语言内容本身,二是语言环境,三是语音效果。语言的内容也就是文案,关于文案的文字使用要求在前文已经讲述,这里就语言环境和语音效果再做分析。

10.1.4.1 恰当、生动的语言环境

在广告的主题和创意方向决定之后,根据广告表现内容的不同,目标消费者的不同,诉求方式的不同,需要给广告语言设置一个合适的、生动的环境。

(1)直陈环境。这种方法对广告语言的要求比较高。文字不加修饰,每个字都要恰到好处,不多不少,清晰有力。

如平安车险的广告:

大路小路,在开往春天的每条路上,都有平安车险道路救援,拖车、接电、送油、换胎,一呼就有,让你平安无忧! 400-800-0000。买车险,就是买平安!

男播音员掷地有声地把平安车险优质的产品和服务直接陈述,告知消费者,没有华丽的

---

① [美]菲利普·沃德·博顿著,程坪、丁俊杰译:《广告文案写作》,世界知识出版社,2006年版,第263页。

语言,诉求点明确突出,让人信得过。

再如平安保险的广告:

女声:平安寿险,信守合约,为您寻找理赔的理由;

平安车险,万元以下,资料齐全,三天理赔;

平安信用卡,挂失前72小时保障,最高达5万元。

男声:你的平安,我的承诺,中国平安。

文案平铺直叙,将平安保险的各类保险产品对投保客户提供的守信、高效和保障娓娓道来,用数字说话,"承诺"更易令消费者信服。

(2)对话环境。对话者可以是两个消费者角色,也可以是广告主和消费者或者其他角色,但这些对话者的角色多是虚设的人物。

如肯德基的广告:

(背景音乐周杰伦《甜甜的》渐渐起)

男声(略为痛苦):喂,老师,我今天肚子痛,想请一天假。

女声(关切的):行,记得明天的作业哦。

(这时背景发出一阵类似亲吻的声音)

女声(疑问并且带一些责备):干什么呢?

男声(尴尬而慌张):哦哦,没什么,没什么,老师再见。

(挂电话声)

男声(欢快而幸福):肯德基最新推出鸡柳汉堡,挡不住的诱惑,好吃听得见,木嘛(类似亲吻的声音)。

(背景音乐消失)

对话环境中气氛比较轻松,给人一种亲近感和真实感,循循善诱,一唱一和,引出广告宣传的产品,并技巧性地把广告的重要信息引出,有助于消解听众对广告的逆反心理,增强宣传效果。

当然,对话的形式是多样的,也可以两人以上,对话内容会更加丰富。同时要注意:广播广告是纯听觉广告,最好在不同角色的声音差别上体现出较大差异。但是听众是不会花费太大精力在辨别对话中交错出现的不同声音上的,在对话环境中不宜设置过多角色,以免因听众辨不清声音差别,混淆角色,反而对广告信息产生误解。如果不可避免地设置了两个以上角色,切记对话不要过长,角色间交错对话不要过于频繁。

(3)其他特殊的语言环境。所谓特殊的语言环境是指把一些文艺作品的创作手法运用到广告文案的写作中来,从而使产品的广告文案具备了一些其他文化作品特质。正是由于广播听众的"浮躁和漫不经心",近年来广播广告的娱乐倾向越来越明显,越来越多的文艺因素被广泛应用到广告文案的创作中来。而为了增强娱乐性,幽默的应用也越来越多。

我们可以把故事、小品、戏剧、相声、快板、歌曲、新闻报道等类作品的语言环境借用到广告中,使用比喻、拟人、对偶、夸张等多种修辞手法,赋予广告为听众所"喜闻乐听"、丰富多样的形式。如若将这些语言环境在广播广告中恰当地综合使用,何愁文案写不好?何愁广告没人听?

10.1.4.2　典型、特别的语音效果

电台节目主持人的声音,大多柔和充满磁性,因而引来许多听众。从这一点上说,广播广告要取得效果,就要从广告的语言艺术上下功夫。

浑厚有力的男性声音能够增强广告的权威感和可信度;温柔关切的女性声音给人贴近生活的真实感;稚嫩的童声贴近生活,使用在特定的广告中具有较强的感染力。如公益广告、儿童用品广告、环保商品广告等。

如由延安人民广播电台播出的一则公益广告:

> 早晨,百鸟齐鸣和扫帚扫地声,构成一首和谐悦耳的晨曲。突然,咳嗽吐痰声、啃甘蔗吐皮声起,一切显得那么不和谐。
>
> (混入孩子们的游戏声)
>
> 童声:"你拍一我拍一,常洗手来常换衣;你拍二我拍二,每天都要带手绢;你拍三我拍三,不要随地乱吐痰;你拍四我拍四,打死苍蝇和蚊子。"
>
> (一会儿,有洒水车驶过,扫帚声又起,回复到清新的早晨)
>
> 男声:吐痰入盂,垃圾入桶。
>
> 女声:爱国卫生,人人有责。
>
> (扫帚扫地声,鸟鸣声不断……)

改了歌词的《拍手歌》变成了倡议文明卫生的儿歌,用天真甜美的童音唱出了一片洁净的天空,将人们心中的不快统统"扫去"。

再者,人们所熟知明星的"招牌式"声音也能有效吸引听众注意,而且广播广告中的代言明星一定要是靠其"声音"而独具一格的明星,而不是靠面貌或其他特征。例如葛优为中国移动神州行所做的广播广告:"神州行,我看行!"葛优不用自报家门,听众一听之下便知其人,他特有的调侃式语言和音调让听众瞬间不自觉地在脑海中浮现出他那独具风格的"草根一族"的幽默表演。"神州行,我看行"成了中国移动公司神州行卡的"招牌"广告语。

10.2　文案与广播广告其他要素的配合

广播广告的创意是声音总谱的创意,所有声音元素的高低、长短、快慢等特征构成了这个声音总谱。虽然有声语言可以在广播广告中独立使用,而音乐和音响在当代广播广告中已是不可或缺的因素,有了音乐和音响效果的广播广告才会更生动形象地吸引听众,以实现广播广告的宣传效果。美国著名销售专家爱尔玛·赫伊拉说:"不要卖牛排,要卖吱吱声。"为什么呢?因为单纯只吆喝"卖牛排"完全无法刺激消费者的听觉、视觉、嗅觉和味觉,又如何能卖得掉牛排呢?而在广播广告中传递出的烤牛排时的"吱吱"声则直接感染消费者的耳朵,他们马上就会联想到烤牛排的情景和感觉:焦黄诱人的牛排,萦绕扑鼻的香气,嫩滑爽溢的口感……

虽然文案的长短并不是广告效果的最终决定因素,但是为了实现广播广告声音总谱的整体效果,文案的篇幅设计应该与广告的语言、音乐和音响要素相配合,在听众意愿范围内让听众实现信息接收量的最大化。

10.2.1 文案与音乐、音响的有效配合

在广播媒体广告中,语言、音乐和音响这三要素并非只是简单相加,而是高度融合,和谐搭配,共同传递广告信息,塑造品牌形象。没有环境衬托的言语,缺少生命力,可信度自然降低,而音乐和音响就是要为广告语言提供适当、贴切的外在环境,有了这些,广告中的语言才是活生生的、富于表现力和感染的语言。为了实现最佳的组合搭配,文案需要充分考虑三要素的特点,扬长避短,恰当安排。

10.2.1.1 音乐

音乐是人类共通的语言,它虽然是一种极其抽象的艺术形式,不像语言和音响那样能表达特定的内容,但在表现力上是最强的。广播广告中的音乐是指为广告配置的广告歌曲或广告的伴奏音乐,主要有以下两种类型:

一是背景音乐。给广告语言配上突出体现内容和主题的音乐,用以塑造形象、烘托气氛或暗示背景。可以专门创作,也可以使用音乐资料。这种方式是广播广告中的常用方式。

二是广告歌曲。广告歌是电子传播媒体特有的一种广告形态,是专门为某一广告量身定做的主题音乐,贯穿广告始终。广播广告的广告歌在一定意义上可以看作带有音响背景的有声语言,其语言创作也应符合前面讲到的广播广告有声语言的各个特征。成功的广告歌曲有时会在社会上快速流行起来,将有助于树立良好的品牌形象,产品也会被消费者广为认同,为广告主带来巨大的商业利益。

音乐是用节奏和旋律表达思想感情的特殊语言,它的主要内涵式情感,必须符合广告主题的需要。广告中的音乐绝不同于独立的音乐作品,它不能单纯追求音乐本身的旋律美和节奏美,而必须根据广告本身的创意设计要求,去寻找与广告语言和音响的最佳结合形态。要能够以艺术的感染力与听众建立感情,使听众在艺术的感染之中记住广告的内容。

广播广告的音乐是常随广告内容而变化的,在使用音乐时要做到最基本的两点:第一,音乐为文案服务,与广告语协调、配合,并融为一体,不能喧宾夺主;第二,音乐要简单明快、通俗顺畅、精练浅显,易于听众接受和记忆。音乐何时进入,怎样进入,何时隐去,何时压低混播等,都需要精心设计以配合广告语言。

10.2.1.2 音响

广播广告中的音响指的是除了有声语言和音乐之外的各种声音,是运用专门器具和技法,模拟和再现现实生活中和自然界中的各种声响。广播广告中的音响不必按照新闻真实原则到现场采录原声,大多是通过各种方法"制造"出来的。

音响在广播广告中虽然不像语言那样举足轻重,不可或缺,但是在广告创作设计中,因其具备逼真性、表意性、表象性的特质,而有着不可忽视的特殊功效。它可以提示背景、渲染气氛,也可以表达情绪、引发联想。成功使用音响效果,能够有效诠释、深化广告主题。用汽车广告来举例,如果没有引擎的声音、车门关上的声音来做陪衬,文字会显得多么苍白。

声效的使用一定要恰当选择、精心制作,应该选用与产品相关的声效,而且声音很容易让听众辨别,否则需要用语言提示或直接告知听众他们听到的是什么声音。

有一句话这么说:"此时无声胜有声。"在音响效果中,无声的效果当然也属其一。

如可口可乐的广告①：

  冰块相互碰撞的音响效果，3秒钟后加入人声并作为背景音响。

  冰块冻冻（男）：冰块玲玲，别往我身上靠！大热的天！！

  （加入人声嘈杂的背景音）

  冰块玲玲（女）：冰块冻冻，别挤我，热死啦！！

  （背景音停，加入易拉罐拉环拉开的声音及拉环落地的"啪"声，还有气体喷出的"嗞——"声，表明可乐已经被打开）

  冰块玲玲（女）：那是什么啊？

  （可乐被倒入杯中的"咕咚咕咚"声）

  冰块（合）："哇——可口可乐啊！"

  （众人欢乐的笑声的音响效果，表明冰块的愉悦心情。继而是人"咕咚咕咚"喝下可乐和喝完后"啊"的舒畅声音）

  旁白（男）：这个夏天，可口可乐，带给你清凉一刻。

  冰块碰撞、3秒钟停顿、拉开拉环、气体喷出、可乐倒出、畅饮可乐的系列音效，都与产品特质密切相关，一听之下，带给听众在炎炎夏日里的一刻清凉，再加上人的声音，年轻、活力、激情四射如在其身。广告主题明确，宣传效果显著。虽然在广告起始冰块相碰撞的声音不易被辨别，但联系后文冰块之间的拟人对话可有效帮助听众识别出刚才的声音。

  音响是广播广告塑造语言环境最理想的选择。如风雨声、流水声、鸟鸣声、掌声、笑声、机床轰鸣声、汽车汽笛声等均能使听众有一种身临其境的真实感，激发人们的想象力。它就像舞台艺术的背景，给人以真实感和现实感，有利于吸引听众的注意和兴趣。

  广播广告中音响的使用要把握两条原则：一是必要性原则，使用音响要有明确的目的，避免造成噪声；二是充分性原则，既然使用了音响，就要给予它恰当的展现时间和显著程度，充分发挥其效果，以免因音响使用不到位而影响广告的整体效果。

  一则成功的广播广告并不一定同时包含有声语言、音乐和音响这三要素，但当它们经过不同组合出现在广告中时，就一定要注意在节奏上和气氛上的搭配。如舒缓的音乐搭配慢节奏的语言，吉他音响背景表达年轻热情。要素间的节奏和气氛和谐，才能取得好的广告效果。和谐并不等于同进同出、同样音量，它指的是三要素在广告中的适时、适量、适度露出，以达到听众听觉上的平衡。用唯物主义辩证法来解释这个问题的话，可归纳为以下三点：

  第一，有主有次才平衡。特定时空总有一个要素是主要的，其余则应位居次要的、从属的地位，甚至完全退出。不然主次不明，相互干扰，必然影响广告信息的有效传达。

  第二，合理转化才平衡。广播广告中如果出现两个或三个要素时，占主导地位的要素往往不是自始至终的，随着广播广告的演进，主次要素之间应合理转化，扬长避短。

  第三，各就各位、分立统一。不同要素在广告中按照各自的规律发展，充分发挥各自的作用，既相互独立，又相互协调，在特定的时空相互配合，融为一体，形成一个具有特殊表现力的对列形式。广告中的某一句精彩台词，或者是富有特色的广告语，或者是某种典型的音质，就会成为声音的Logo，在消费者心中形成可识别的独特印象。

---

① 严三九：《广告文案》，中国建筑工业出版社，2008年版，第161页。

10.2.2 广播广告文案的篇幅

在广播媒体中，一则广告的时间非常有限，一般广告时长规格为60秒、30秒、15秒、10秒、5秒，也有极少的长广告。广告文案的篇幅长短还要根据不同的产品类别和诉求方式而合理安排，但就一般来说，为适应听众"听"的习惯和广播媒体按照时间长短为收费标准的模式，文案要求语言简洁凝练，要在短暂的时间内将播出的信息量最大化，切忌冗长啰唆，不着边际。

与印刷媒体的广告相比，作为电波媒介的广播和电视在信息容量限制方式上完全不同。正常的播音速度是每分钟180个字，超过了这一字数限度，时间就容纳不下，也就是说单位时间内广播广告只能播出一定数量的声音信息。因此，广播广告文案除了要精心计算文字多少之外，还要充分考虑音乐、音响所占的时间和位置。

10.2.3 广播广告脚本

广播广告制作的依据——广告文案，也被称为广播广告脚本，是广告创意的文字表达，是体现广告主题、塑造广告形象、传播信息内容的语言文字说明，是广告创意构思的具体体现，也是制作广播广告的基础和蓝图。

广播广告脚本由内容和形式两方面要素构成，两者间是相互依赖、互为表里、密不可分的。文案撰写者应该对广告主题深刻理解，对广告创意全面把握，写出详细的广告脚本。

脚本的内容就是广告主所要传达的商品、服务或企业信息，及广告创作者对这些信息的认识、评价或主观意念。脚本中的内容是主客观的统一，它的基本要素是广告的核心素材和主题。

脚本的形式是由内容决定的。创作者要把信息内容传达出来，必须通过创意、构思，并借助于一定的结构形式和表现要素，最终把这些要使用的形式和表现要素通过语言文字在文案中表达出来。包括结构形式、表达方式技巧和语言等，它是内容的外在表现。

从结构上来看，广播媒体广告脚本主要由标题、广告语、正文和随文构成，写作方法与印刷媒体广告文案有相通之处，但也有区别。

10.2.3.1 标题

通常情况下，作为广告题目的标题并不播出，只作为写作时的标志，广播媒体播出广告时会直接进入广告正文。因此广播广告的标题有时可以省略，或者以品名、企业名称、活动及宣传内容代替标题，作为识别性特征，不必像印刷媒介广告文案写作时精心创作标题那么消耗脑力。

10.2.3.2 广告语

广播媒体中广告语一般会在广告正文中播出，或者在结尾处强调，视不同的文案风格和表现手法而定。其写作要求与印刷媒体大体相同，要凝练精粹，能概括广告主旨。除此之外，广播广告的广告语在用词用字的发音上要求更具体些，还要读起来朗朗上口，听起来易懂好记、感情充沛、富有节奏。

10.2.3.3 正文

广播广告文案的正文部分要求结构清晰,按照听众接受信息的习惯由浅入深再总结的惯性心理机制,其结构也通常是由开端、中心段和结尾三部分构成。开端引出话题,推介产品;中心段具体明确地介绍广告信息;结尾再强调主旨,或再补充交代一些联络信息,如联系电话、联系人、销售地址等。

正文部分是文案的主要内容,其写作方法和表现形式灵活多样,前文已详细叙述。

10.2.3.4 随文

广播广告的随文一般是在文案的最后,也可穿插在正文中顺带播出,较为简短,会重复强调企业名称、品牌名称等信息。但不少广播广告是没有随文的,因为听觉习惯要求广播广告文案内容结构必须凝练紧凑,而不像印刷媒介那样在纸质版面上辟出特定大小的空间留给随文,以供有兴趣的读者慢慢去看。

总体上来说,广播广告的创作灵活多变,不能用印刷媒介广告文案的结构范式来约束广播广告,广播广告脚本中的结构并不要求各要素俱全,不同要素的配合应视产品类别、广告风格、表现形式等特点的不同合理选择。

并不是所有的商品都能够只凭声音就能说明清楚,因此广播广告的文案题材有一定局限性。一般来说,一些与人们的物质和文化生活密切相关的产品广告适合选用广播媒体,这些产品必须是人们比较熟悉的,广告容易说得清,听众才能听得明。如某些高科技产品、生产资料产品,或者符号多而复杂,或者外文字母较多,或者消费者并不了解,这样的产品是无法有效地通过广播媒体进行广告宣传的。

从实践意义上来讲,要想弄明白到底应该如何写广播广告,第一条要做的就是在写文案之前,先把自己当成听众。你在收听广播时会在什么地方,会在干什么?在出租车上?躺在床上?在洗衣房里?在看书?在做饭?在去往目的地的路上?在这些地方做这些事情的时候你听到什么样的广告会被吸引?切记:"己所不欲勿施于人。"

写完了文案并不等于大功告成,广播写作最重要的一条法则是:在得到你自己的认可之前,每一个写在纸上用来广播的文字都要大声地读一遍,这条法则必然适用于广播广告。因为写文案的时候你习惯于"看"写出来的文字,但看起来通顺的文字读起来却并不一定顺畅。如果广播广告文案提前经过了"朗读测试",就会有效防止播音员舌头打转的尴尬情况,有效防止后期广告制作时再反复修改、费工费时。

虽然一直强调广播广告只是供人听的,但我们在进行广播广告文案设计创作时,却要力争让广告"视觉化",制造视觉图片。就是要用形象思维,让人听了如临其境,如见其状,如享其物,实现听觉广告的视觉化传达。如果文案写得好,就能让听众的耳朵"看见"。

从多年的发展趋势看,广播广告的影响力仍然很大,并以其独特的魅力在特定环境下彰显其他媒介不可比拟的宣传优势和广告效果。

10.3 文案对电视媒介特性的配合

电视广告文案撰写人员要想创作出行之有效的电视广告,除了遵循广告的一般规律外,还要了解、熟悉电视广告的个性特征,充分发挥电视的表现优势。

10.3.1 视听符号:注重综合的视听效果

供阅读的文字符号和供收听的声音符号,相对抽象性强;视听结合、声形色兼具的传播符号,相对形象性强。在信息传播中,形象性强的符号信息损耗相对小,抽象性强的符号信息损耗相对大。电视因其娱乐性强、表现形式多样等特征,吸引了广泛的受众。可以说,电视是我国影响最广泛的传播媒体。

电视除了看,还能听。看,电视可以给媒体受众以具体的形象,直观的感受,使人身临其境,目睹其物;听,电视可以给媒体受众带来逼真的声响效果,而且通过电视语言弥补画面无法交代的一些内容。在电视广告中,消费者可以看到商品的形象,广告演员的模样,在一定程度上对商品能做出主观评价,并最终决定是否购买。

电视广告视听结合、形声兼备,易于传播,再加上电视媒介的大众化和高普及度,引得众多广告主们在选择广告媒介时主动投怀送抱,你争我抢。

10.3.1.1 信息的具象化演绎

电视广告为观众提供了与声音和文字相对应的具体形象,更容易被人们感知声音和文字所要传递的准确信息。如绿箭口香糖的30秒电视广告(图10-1):

图10-1 绿箭口香糖《在自然辽阔的土地间篇》电视广告

广告歌响起:"在自然辽阔的土地间……"如果仅仅是文字和声音符号传递信息的话,我们很难给予"自然辽阔的土地"一个可触的印象,而在电视广告中就可以通过具体的影像让观众真切感受:镜头一,绵延的长城在满眼碧绿的山脊上像巨龙一样隐现;镜头二,与天相接的金色沙漠中,一行驼队走向远方,影子倒映在黄沙之上。前后紧连的两个镜头构成了观众眼中"自然辽阔的土地",在色彩和影像的视觉冲击中,观众被深深打动。

产品和商标的模样、广告人物的表情动作,往往要费很多口舌也难以确切表述的东西,通过在电视屏幕上经过具象化演绎,就能轻而易举地搞定。

10.3.1.2 更具现场效果和超强感染力

电视传播活动的图像和真切的同期声能给人以最为强烈的现场感,在新闻事件中的现场报道,让人身临其境。电视广告完全可以发挥这种优势,使观众在看广告的同时将自己置身于广告现场中。

在雪碧饮料的一则电视广告中,映入观众眼帘的是空旷没有一滴水的游泳池,周杰伦与一群友人在泳池边看着无水的泳池,再抬头看了看热辣的太阳,颇为无奈。这时周杰伦示意友人打开一个箱子,里面装满了冰块和雪碧饮料,这与刚才的火热形成了鲜明的对比。大家将雪碧互相分发,畅饮无限。这时,周杰伦突然率先跳入没有水的泳池,而此刻显示着泳池底却溅出了水花,人们纷纷跳入看似没有水的泳池里,做着各式各样的动作,有的跳水,有的水上冲浪,给人一种清爽凉快之感。这时画面结尾出现字幕:"雪碧,透心凉,心飞扬。"(图10-2)

图 10-2　雪碧饮料《泳池篇》电视广告

在广告中,我们看到了人们喝完雪碧饮料后享受的样子,伴随着激昂的背景音乐,我们的感情被卷入广告所设置的环境中去;快节奏的镜头切换一个紧过一个,眼睛被牢牢锁定在电视机屏幕上,仿佛我们也能够像他们那样在炎热的夏天跳进清凉的泳池赶走酷暑。

短短几十秒的广告,就像一个快节奏的冒险游戏,感觉到思维总比镜头慢半拍,在电视机前的观众又怎能分心从广告带来的情绪中跳脱出来呢?由于其内容和制作手法在国家政策和技术水平上的差异,国内的电视广告目前多属正统,国外的电视广告趣味性、幽默性和生活性上走得更远一些,广告给人们带来的是真正的生活乐趣。在戛纳广告节上,观看电视广告的人们一会儿开怀大笑,一会儿掌声四起,一会儿嘘声一片,那都是广告片中的幽默、精彩或败笔感染了他们,在广告面前发自内心地宣泄他们的情感。

10.3.2 非持久性媒介：追求即时效果

电视媒介拥有无限魅力,而寸有所长,尺有所短,广告在电视媒介上的传播也有其局限性。这个局限性就在于,它同广播媒介一样属于非持久性媒介,信息易逝而不易保存,因此在进行文案创意时必须考虑到实现信息传递的即时效果。从这一点上来讲,适用于广播媒体的广告文案语言创作要求同样适用于电视媒介,如语言的口语化、通俗化、形象化及节奏感等。另外,重复播出也是电视广告采取的追求即时效果、加深观众印象的必要之举。

不过比起广播媒介,电视媒介对即时效果的追求道路上,多了两个重要帮手:字幕和画面。这就使得观众在理解接受广告信息时有了更直观、更丰富的渠道。关于这两点我们后面再详述。

10.3.3 告知性媒介：简单信息和简明解释

电视和广播同属告知性媒介,电视广告中只适合运用简单易懂的信息和解释。

一方面,电视媒介与广播媒介一样受到时间因素的限制,在广告中一般只强调主要信息,保证将有效时间都花费在有效信息上。

电视广告一般有 5 秒、10 秒、15 秒、20 秒、30 秒、60 秒这几种类型的时间长度,广告时间过长会引起观众的厌烦。有人可能会问,5 秒钟能做出什么广告?甚至连一句话都说不完整呢。事实上,现在电视媒体上 5 秒钟广告并不少,都是电视标版广告,也就是由商品标志、商品名称、品牌标志、品牌名称、广告语等标识性信息的有机组合而构成一个固定电视画面并配以旁白的一种电视广告形式。

电视媒体的特征要求电视广告应在相对较短的时间要表达诉求点明确、艺术感染力强的主题。因此,广告画面的时间设计是一项要求非常精确的工作,仅仅像制作电影或电视节目那样精确到秒是不够的,要在对每一个电视广告画面的选择、编排、处理上精确到每一帧画面。根据这种精确化要求,电视广告的画面多数是跳跃式的,通过技巧性地运用蒙太奇手法,电视广告总是在观众能刚好理解这段画面所要表达的意义时就马上跳到下一段画面,绝不浪费一秒的时间。在这一点上,电视广告的拍摄就如同是一个短小紧凑的悬念电影,让你观看时全心投入,看完时意犹未尽。

也有一些广告时间较长的,主要是商业电视广告中的专题类电视广告,如电视购物广告、短信平台广告,由于其播放时段一般在电视正规节目量少、广告时间相对充裕的"垃圾时段",所以时间长度一般都多于 1 分钟,大多数成整数时间,如 1 分钟、2 分钟、3 分钟、5 分钟等,依靠一遍遍地重复播出,加深观众印象,但这类广告一般易受到观众的排斥而令其选择转换频道。

另一方面,与广播媒介不同,电视媒介广告带给观众的是以视觉为主,听觉辅助的感性说服,信息一闪即逝,过多、过复杂的信息只会干扰观众对主要信息的印象。

来看郑爽和杨洋合作的康师傅茉莉清茶电视广告(图10-3)。广告中杨洋在思考向郑爽表白的方式,被郑爽发现,逗他:"说了这么多,不渴吗?"此时康师傅茉莉清茶的瓶子被郑爽握在手里,在画面的正中央被突出出来。短短几秒钟就让观众知道了广告向观众介绍的产品。广告中有一句台词:"花清香,茶新味。"将康师傅茉莉清茶的特点直接表达出来。广告结尾杨洋和郑爽坐在长椅上,杨洋看着郑爽说:"以后我的茶都让你喝。"紧接着画面一转,康师傅茉莉清茶茉莉蜜茶突出在画面里,广告语:"康师傅茉莉清茶茉莉蜜茶,遇见浪漫。"突出了新一季产品以浪漫暖心爱情为主题,让观众很轻易地就能明白广告所要表达的意思。

图 10-3　康师傅茉莉清茶《营养篇》电视广告

电视广告信息要用语简明,同时必要的解释也是不可或缺的,特别是对于一些缩略语或专业性词语,如果没有字幕和画面的配合说明,观众还真难以理解广告中个别词句的意义。

10.3.4　应对观众的抵触心理

观众容易对于"不美"的电视画面立即产生强烈的抗拒心理,譬如电视广告中一些夸张的画面表现、过度的宣传、一味的说教、蹩脚的幽默、装腔作势的表演等,都会令观众异常反感。电视媒体在传递信息时的明显优势,使得广告主蜂拥而至,而广告数量过多、过滥及节目中频繁插播,出现广告"拥堵",导致受众对广告产生厌烦心理,削弱了广告的冲击力,也在情理之中。若要有效应对观众的抵触心理,应在以下几个方面做出努力。

10.3.4.1　电视广告要渗透文化因子

电视广告应该多从文化视角着眼,确保它是健康的、积极的,在文案创作中要更多关注与社会及个人价值观念相符的,体现人们信仰追求、行为规范、伦理道德的元素,让电视广告既有趣好看,又有益身心。

10.3.4.2　以情动人,使观众产生情感共鸣

电视媒介被麦克卢汉看作"热媒介",电视广告画面在信息量度上有限,在产生联想的范围上具有一定局限性。只有文案写作充分运用感性诉求方式,写得生动、形象,才能够调动受众的参与意识,引导受众产生正面的"连带效应"。

10.3.4.3　尊重观众的收视习惯

把广告信息适时、适量地传递,盲目插播只会浪费有限的电视资源。

如鹿晗拍摄的可口可乐电视广告：

画面：身为巨星的鹿晗被记者围追堵截，头戴帽子低着头进入大厦的电梯。

音响：记者叫喊声和相机咔嚓咔嚓的快门声。

画面：电梯里除了鹿晗还有一位女性工作人员，两个人在电梯狭小的空间里，女工作人员偷偷看着鹿晗，嘴角带着微笑。突然电梯出现故障，排风扇关闭，本就狭小的空间顿时闷热无比。鹿晗不住地用手擦汗，突然他有所感觉地回过头去，看到女工作人员拿出了可口可乐畅饮，鹿晗盯着可口可乐，吞咽着口水，表现出渴望的眼神。

音乐：一首很欢快的音乐。

画面：女工作人员本来梳着职业的发型，因为享受了可口可乐，将头发披散开来，并从服务车上拿出了一瓶新的可口可乐递给了鹿晗。鹿晗打开可口可乐仰头畅饮，这时画面是鹿晗畅饮可口可乐的侧脸，可口可乐的logo也清楚地展示在画面中央。

音乐：沿用着刚才欢快的音乐。

画面：鹿晗喝完可口可乐之后，意犹未尽地看着瓶子，面带微笑，表现出他对饮料的满意度与享受。而此刻出故障的电梯也恢复了正常运行，鹿晗和女工作人员都喜笑颜开。快乐的氛围达到最高点。

音乐：欢快的音乐继续。

画面：这时候鹿晗到达了所要去的楼层，走了出去，背影留给女工作人员，工作人员微笑着看着离开的鹿晗，电梯门渐渐关上。突然，一只手挡住了即将关牢的电梯门，鹿晗又出现在画面中央，看着女工作人员（实则面对镜头）举着可口可乐的瓶子，logo依旧在最醒目的画面中间，对女工作人员说道："这次换我请。"

音乐：欢快音乐达到高潮。

画面：女工作人员跟随鹿晗走出电梯，二人手里都拿着可口可乐饮料瓶，微笑着走着。

字幕：可口可乐，这感觉够爽。

这则广告借用鹿晗明星的身份，将其与女工作人员安排于同一个电梯内，两人同时享受可口可乐带给他们的感觉，从另一个角度说明了可口可乐的大众化消费与群体多样化的消费，最后的"这感觉够爽"也突出了可口可乐想要传达的目的以及其产品的一个最重要的特点与优势。反复出现的可口可乐logo也突出了可口可乐的品牌。鹿晗作为新生代偶像的一员，其粉丝力量强大，影响力也很强大，广告的播出可能会引发大量粉丝的购买，刺激消费。这样的广告宜心宜神，受到欢迎，也就很容易让人接受广告的宣传内容。

10.3.5 配合观众休息和娱乐需求

没有读过书的人不会去看报、看杂志，但却可以看电视，因为这些人在接受电视信息上极少存在障碍，所以，电视受众具有极大的广泛性，电视文化从总体上来说是通俗文化。

面对这种通俗化倾向，电视媒体本身的娱乐化倾向近年来愈加明显，人们看电视多是为了休闲、消遣、打发时间、放松心情，想要"深刻"的话，就会从报纸、杂志那里去寻找，并认真阅读。如果我们用电视阐述一个深奥的理论问题,或是全文播送一篇理论文章、一篇社论,电视机前可能会"人去位空"。同样的,报纸、杂志上的广告风格也绝不适合拿到电视上来。

10.3.5.1 避免深刻——拒绝抽象、理念

电视媒介在信息传达上长于形象、动态,并依靠这种优势成为人们为满足日常的精神消遣的第一媒介选择。

人们在休闲和娱乐的时候精神是完全放松的,而抽象的、理念的东西是要经过思考才能被理解、被接受的,思考是一个花费脑力的劳动,当然不是人们在精神放松时想要去做的事情。如农夫山泉出品的水溶C100电视广告(图10-4):

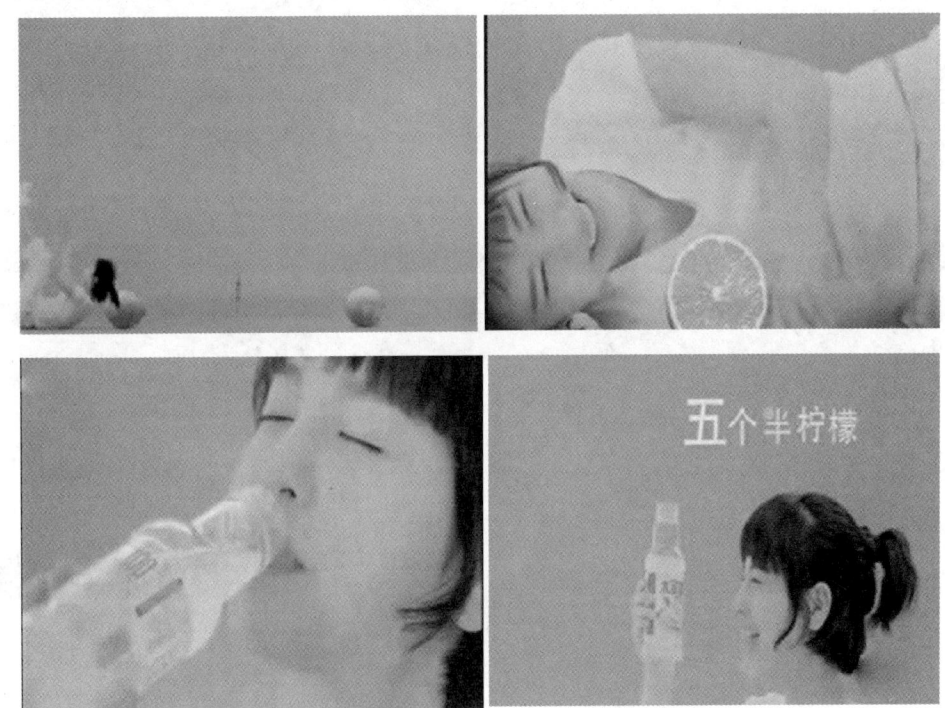

图 10-4　农夫山泉水溶 C100《五个半柠檬篇》电视广告

一个女孩往前努力地翻跟斗,"一个……两个……三个……四个……五个……"翻到第六个的时候没了力气,就只好翻了一半就歪倒一旁。她翻跟斗时憨态可掬的样子和可爱的笑容深深打动了电视机前的观众们。当她拿起水溶C100时,字幕显示"五个半柠檬",让观众恍然间明白了前面的五个半跟斗的意思,广告要表现的是每瓶水溶C100里面维生素C的含量相当于五个半柠檬的维生素C含量,至于翻滚只是一种夸张的表现方式而已。

广告中没有其他的语言,简单富有创意,既轻松,又好玩。试想一下,如果只是将五个半柠檬放在桌子上,通过人物语言,或画外音,或字幕告诉观众水溶C100饮料富含维生素C,其含量相当于五个半柠檬的维生素C含量,这种单纯依靠语言和简单物体形象的广告只能是抽象的、理念的,完全失去了应有的广告宣传效果,说教式的广告甚至让观众产生反感。

电视媒介广告要的就是足以吸引眼球的好看,选择宣传内容的要点,用最好看的画面展

示给消费者,观众既理解了广告所要传递的信息,又收获了轻松一刻。抽象的、理念的东西,则更多适用于报纸、杂志等印刷媒介。

10.3.5.2 多讲故事——提倡轻松、有趣

正是由于电视传播长于形象、动态,所以电视媒介在信息传播上广度无限,但深度有限。形象的、动态的东西难以对其意义、背景、产生的必然性及未来的走势等问题进行透彻的分析,难以表现其思想深处的东西。若要使得电视媒介弥补这种缺陷,最好的方法就是在广告中"讲故事"。如陈乔恩、郑元畅、贺军翔合作演绎的康师傅绿茶电视广告(图10-5):

图10-5 康师傅绿茶《晒出好心情篇》电视广告

三个人在各自的生活中遇到了不开心的事情,回想起朋友们曾经在一起的每一个开心时刻,笑容竟然不自觉地又荡漾在脸上。

总觉得空气里有歌声响/是好朋友呼唤我吗/让天真变成热诚/笑容在阳光下奔放/满心怀期待的你/是否也一样/和我有相同方向

犹豫之下,还是拿出手机拨通了给他们的电话,原来大家是"心有灵犀"!毫不迟疑,骑上单车,驾上敞篷,向快乐出发!

跟我一起晒晒/站在阳光世界/定好约会/就是现在/跟我一起晒晒/相伴相互喝彩/好心情永远在身旁敞开胸怀大声笑/让心情鼓起翅膀/收拾角落的行囊/一起飞翔

好朋友在一起让心情"开始装满阳光"。三个好朋友年轻的约定,要永远牵手天涯海角。一起再去海滩晒晒太阳。

站在阳光世界/张开双手/就是现在/跟我一起晒晒/相伴相互喝彩/好心情永远在身旁/敞开胸怀大声笑/让心情鼓起翅膀/收拾角落的行囊/一起飞翔

他们在感受朋友们在一起的欢乐心情的同时,时刻不忘带上康师傅绿茶,有了康师傅绿茶在身旁的好心情才是朋友们真诚共享阳光、相伴相互喝彩的真正好心情!

三个好朋友的一个小故事构成了广告的主要内容,并由三人合唱的歌曲《晒出好心情》贯穿始终,故事情节贴近当代年轻人的生活,整篇词曲欢快热情,充满青春气息,再加上三位偶像派明星的真情演绎,方方面面都完全符合康师傅绿茶的核心消费者——当代年轻人的欣赏喜好,让他们充满乐趣地用眼睛和耳朵欣赏故事的同时,和广告中的主角们一起欢笑,一起 high,发自内心地接受广告赋予康师傅绿茶的"伴随角色",认可广告给予他们的暗示:康师傅绿茶带给你好心情,朋友欢聚就要喝康师傅绿茶。

故事讲完了,观众目睹了青春偶像的靓丽,欣赏了欢快好听的歌曲,满足了情感和信息需要,这样的广告宜心宜神,受到欢迎,也就很容易让人接受广告的宣传内容。

这里所讲的配合观众的休息和娱乐需求,体现了广告的通俗化,但绝不等于一味迎合某些观众的低级情趣。面对国内外的不少电视广告的庸俗化趋势,一定要适可而止,因为在当代社会,广告不仅是要营销,它还传递文化、引领文化,还承担着提高观众欣赏水平,推动文化发展进步的使命。

10.3.6　文案在电视广告中的表现形式

文案是电视广告综合语言的具体化,其构成包括电视广告中的解说词、图像构成的文字说明、景别、镜头运动、音乐录制等叙述性文字。电视广告文案的脚本包括两种类型:文学脚本和分镜头脚本。

文学脚本有时又被称为剧本,是文案撰写者根据广告策划构思创作而成的,是分镜头脚本的基础。

分镜头脚本又称设置工作台本,是将文字转换成立体视听形象的中间媒介,由导演来完成。它的主要任务是根据文学脚本来设计相应的视听内容,把文学脚本描述的内容按照电视媒体特殊的表现手法要求再次以文字形式呈现出来。这是电视广告文案的二次创作过程。

不管是文学脚本,还是分镜头脚本,文案在电视广告中的表现形式有四种:画外音、人物语言、广告歌和字幕,可以归为有声元素和无声元素两大类。

10.3.6.1　画外音

是指电视广告中声音的画外运用,声音不是由画面中的人或物体直接发出的,而是来自画面外。声音和发声对象可能在同一个空间,却不在同一个画面里。以声音代替形象,以无形表现有形,是画外音的特殊魅力。

画外音是电视广告中一种重要的叙事抒情的艺术方法,有助于变化镜头和交代有关情境。它能突破镜头的限制,打破画幅四框的界限,把电视广告的表现空间扩展到镜头和画面以外。不仅能使观众深入感受和理解画面形象的内涵,而且能通过声音形象获得间接的视觉效果,强化了电视广告视听结合的特征。电视广告中的画外音的运用,是声音作为独立的艺术元素的突出表现。其主要形式有旁白、独白、背景言语和解说四种。

(1)旁白。旁白原是电影独有的一种人声运用手法,由画面外的人声对影片的故事情节、人物心理加以叙述、抒情或议论,更像是以一个了解实情的旁观者的口吻告诉受众有关信息,往往以时过境迁或超然事外的姿态来讲述。通过旁白,可以传递更丰富的信息,表达特定的情感,启发观众思考。旁白一般都是由画面人物以外的人来配音。

(2)独白。独白是广告画面中人物心理活动的语言表述,它表现的是人物此时此地的内心活动,是揭示人物内心世界的重要手段。从技术上看,声源来自画外;而从叙事上看,则是来自画面中某个人物的内心,是对人物心理活动的披露。独白是与之同步的画面中某个人物"发出"的,所以总是"现在进行时"。独白一般都是由画面中的人物自己来配音。

(3)背景言语。话语并不是由画外人来配音,也不是来自画中主人公之口,而是画中主人公所处的环境中包含的言语。背景言语的存在丰满了现场音效,增强了情节的真实感与可触感。有的背景言语还承担着提示情节进度,区分画面段落的功能。

如汤唯代言旁氏无瑕透白面霜的电视广告:

背景音乐:古典钢琴曲。

(音乐起,压混)

画面:摄制人员正在调试拍摄现场,汤唯手持化妆镜端详妆容,离开拍摄现场就一头倒在床上,若有所思,开始翻看杂志。桌子上打开的通告上几个大大的字映入眼帘:"7天后开拍。"挨着通告的桌子一角放着一瓶旁氏无瑕透白面霜。

画外音(独白):要有完美的演出,就要注重每个细节。要有无瑕透白的肌肤,就不能只做表面功夫。

画面:汤唯拿起旁氏无瑕透白面霜,旋开瓶盖……用双手在面部轻轻按摩,似乎在对着镜子观察自己的面部变化……显微镜下的细胞活动……汤唯面带微笑,似乎对镜子中自己面部的变化露出满意之情。

画外音(旁白):全新旁氏无瑕透白,深入肌肤底层,减少色斑和瑕疵,肌肤尽现无瑕透白!

字幕:减少色斑,瑕疵。

(音乐突出,混入拍摄现场的各种原声)

画面:拍摄现场,灯光亮起,汤唯入位。

画外音:Action!

画面:汤唯入戏,回眸一笑,画面下方出现产品形象和字幕。

字幕:全新无瑕透白,七日完美演绎。

画外音(独白):全新无瑕透白,七日完美演绎。

广告中的人物是无声的,但画面外的语言始终都围绕画面中的人物、情节和所宣传的产品而展开,配合广告演绎的电影拍摄现场,欧式高大古典建筑场景,引发联想,不禁让人觉得充满了神秘感。背景言语"Action"提示了故事情节的进度,向观众表明,这是在7天后,汤唯成功获得"无瑕透白"的肌肤,充满自信,影片正式开拍。

(4)解说。顾名思义,画外音中的解说就是介绍、解释广告画面的内容,阐述广告创作者思想观点的一种语言表达方式。如"农夫山泉矿物质水"电视广告的画外音:

身体中的水每18天更换一次,水的质量影响着生命的质量,健康的生命需要弱碱性水,水必须流经不同的岩层,通过溶滤,离子交换,才能从自然中获取钾、钠、钙、镁离子,成为天然的弱碱性水,任何人工都无法复制出弱碱性的天然水。从第一瓶水开始,农夫山泉就坚持水源地建厂,水源地灌装,12年来从未使用过一滴城市自来水,每一滴农夫山泉,每一种矿物质都完全来自天然。

通过画外音的解说配合字幕,对广告画面内容做以科学性解释,帮助观众理解农夫山泉矿物质水的不同之处,阐明广告创作者的观点,引出广告主题:"每一瓶农夫山泉都有它的源头。我们不生产水,我们只做大自然的搬运工——农夫山泉有点甜!"

画外音与画面内的形象和声音相互补充,相互映衬,营造出一个立体的声音环境,丰富了画面内容,烘托渲染了气氛,给场景以真实感,加强了艺术感染力量。通过画外音所带来种种蒙太奇效果,广告所宣传的内容随着观众观看广告时的听觉路线糅合进视觉的感染中。

画外音是随着电视广告画面的展现而做的讲解,是用以增进观众对画面的理解,因此,画外音要简明扼要,并与不断转换的画面密切配合。

10.3.6.2 人物语言

人物语言包括广告中人物的对话和人物面向观众说的话,语言要符合人物的性格和广告风格的需要。电视广告中的人物语言要做到:

(1)个性化。人物语言应该是人物性格的流露,每个人说的话都会在不同角度、不同程度上表现出他的性格。文案撰写者应该选择那些最能反映人物个性的语言来表现人物。

(2)生活化。电视广告必须尽可能地贴近观众,广告中的人物语言也应该保持生活中口语化的原本形态。

(3)互动性。人物语言要能够和电视观众实现沟通和互动,要能调动观众的参与意识。这种参与意识可以是思想上的,也可以是行为上的。譬如一些电视广告中的情境会引发观众联想到自己,或者一些广告语会被人们记忆深刻并广为流传。

(4)和谐性。电视广告中的人物语言应注意配合广告的节奏和画面的意境,保持人物语言与画面的和谐。

语言的作用至关重要,只有通过语言的意义识记,在短暂的时间里诱发观众的记忆,才能达到广告的长时记忆效果。而电视媒体的信息是不可保留的,转瞬即逝,仅仅通过人物语言把广告要传达的信息表达出来是不够的,必须让观众记住这些语言,才能逐渐转化观众的消费意识,才有可能打动他们去实施购买行为。

10.3.6.3 广告歌

作为广告语言的一种特殊的形式,广告歌可以用画外音,也可以出自广告中的人物之口。广告歌能够深化广告主题,凝结广告所要传达的信息,在广告中起到画龙点睛的作用。它有助于塑造品牌形象、产品形象和企业形象。它丰富了广告的形式,并能有效增强广告的吸引力和感染力。我们往往一听到某些歌曲就会想起某些产品,这就是广告歌的魅力。

但要特别指出的是,广告歌的选择必须恰当,必须与产品的目标消费者的喜好相一致,必须符合产品的特色和广告的主题。除此之外,广告歌还应该好听易懂,便于记忆,富有感染力。

与广播广告相同的是,广告歌只有让观众先在情感上产生共鸣,观众才能认同、接受它。不同之处在于电视广告的广告歌主要是配合电视画面来实现信息传达的,它必须与画面保持内容上和风格上的内在一致,歌词和旋律既要创新,又要通俗,不然就无法吸引消费者的耳朵和眼睛。

10.3.6.4 字幕

在电视广告的内容传达和画面构成中,字幕是一个十分活泼的元素。它有时单独出现在屏幕下方,有时以二维、三维的方式直接入画;有时随画面同步演进解说,有时与商标一起出现打出广告语;有时还被辅以光影效果,形成字幕画面。根据需要,字幕可出现在广告的任一时间,或者配合产品形象,或者在最后在广告标版中显示产品名称和广告语。

字幕出现时可以有画外音同步读播,以强调信息,解释画面,确保观众接收到信息,加强观众印象。如前面提到的农夫山泉矿物质水电视广告中,字幕与以画外音存在的解说同步进行。

在1分钟的广告里,画面、字幕和画外音同时向观众展示了农夫山泉矿物质水的纯天然、富含矿物质的产品特征,如果没有字幕配合的话,按照广告中播音的语速,观众仅凭画面和画外音很难完全听明白每一个字词的意思。因为这是一个颇具知识性,展示产品特殊性能的文案,而不是休闲娱乐性文案。观众在听话语、看画面的时候,阅读字幕成为看懂广告的必要帮助。

紧接着的画外音是两句旁白:"每一瓶农夫山泉都有它的源头。我们不生产水,我们只做大自然的搬运工。"以广告主的身份向观众做出承诺。在我们的生活习惯中,往往只有写在纸上的才会被认为是有凭据的,这种习惯也会延伸到我们对广告主的态度上,用字幕的形式把承诺明明白白让观众看到,远远要比"只说不写"更可信赖。

最后的广告标语"农夫山泉有点甜"已家喻户晓,字幕搭配产品形象,强化视觉效果,重复加强消费者对产品的相关性联想。(图10-6)

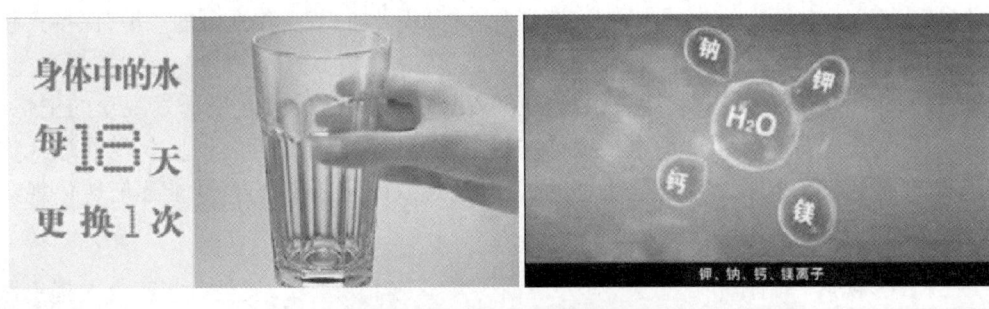
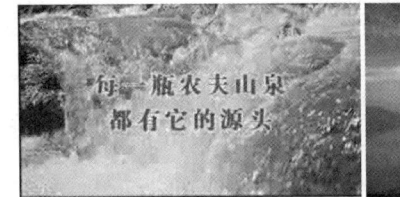

图10-6 农夫山泉矿物质水《健康生命篇》电视广告

另外,也可以只利用字幕来单独显示文字信息,以期观众用"心"观看,并在画面、字幕和音响效果以外留下更广阔的联想空间。如别克轿车的一则电视广告就是靠音响效果和画面

的完美结合创造出了一种意境。（图10-7）

图10-7　别克轿车《豪情篇》电视广告

整个广告进程中未使用有声语言，对画面的解释靠的是字幕。在关键的节点，屏幕上浮现出寥寥几字，画龙点睛地阐释产品的性能与品位。随着广告的演进，观众会情不自禁地跟随字幕的闪现默念出字幕上的文字，或者在心里，或者喃喃出声。

"志于胸，猛于舰，劲于力，疾于行。激扬动力，别克豪情。"中国传统与西方汽车文化在特定的时空融合为一体，字幕恰到好处，无声胜于有声。

作为电视广告中一个重要的视觉要素，字幕必须精心设计，力求多样变化。如字体选择、字数多少、色彩选择、图形构成、分布位置、如何进入、怎样运动等，都要经过反复考虑，甚至多次实验。总体上来说，电视广告的字幕在写作时应注意以下几点：

第一，字数不宜多，用字要精简巧妙，恰如其分。

第二，字体不宜小，且易被辨认，草书、篆体之类较难辨认的字体最好不用。

第三，生僻字最好不用。

一般广告制作不采用同期声做话语音效，而是采用后期配制话语。画外音和人物语言只需配音者按广告创意的要求在后期做配音即可。

在现代影视广告制作和创意中，有人说话语并不是十分重要，甚至有些广告人提出影视广告根本不用话语也可完成广告主题表述，只需将所有广告话语以字幕形式艺术地闪现在画面上即可。从市场角度考虑，这种说法不具备普遍性，特别是当观众不在电视机前的时候，要达到吸引观众的目的，画面已无能为力，只有声音才能起到作用。这是因为，人的听觉任何时候都能容纳周围的全部空间，而人的视觉只能覆盖60°的角度，尤其是好的广告歌曲能从众多声音干扰中凸显出来，重新引起观众的注意。

话语在许多广告中不仅承载着概念表达任务，还承担着"教"观众"说"广告的商品名称和广告语的任务，在特定的电视广告中当然可以达到无话语的特殊效果，但绝大多数电视广告还是离不开有声语言的，只有将画外音、人物语言、字幕和广告歌这四种电视广告文案的表现形式和谐搭配，才能使得观众看、听一起，眼、耳皆宜。

10.4 文案与画面的配合

电视是一种视觉媒介，人们看电视时，是以看为主、以听为辅的，观众耳眼并用。所以有人说电视广告是画面居主导地位，语言文字居辅助地位的，电视广告创作者首先应寄希望于受众通过画面看懂广告，而不是寄希望于受众通过语言听懂广告。这种说法有一定道理，但绝不是说电视广告的语言不重要，或者电视广告的语言创作简单容易，而是说文案一定要与画面配合默契，相互融合，才能更好地实现电视广告的宣传效果，两者不可偏废。

电视广告文案是图画语言、文字语言、音乐语言的总和。画面要向观众展示一个场景，仅仅靠画面本身去传递信息，观众在理解它所承载的意义的时候很可能是模糊的，这时就需要字幕或有声语言来解释说明。而且画面是无法规定观众的情绪走向的，而音响和音乐却可以引导人们的情绪走向，比如在无限的草原画面旁，配以悠扬的风笛声，就会使人感受到希望和生机，而配以疾驰的马蹄声，就会使人产生一种进取和向前的欲望……电视广告也决不能缺少声音符号来助阵。

电视广告文案的创作必须与画面、声音所构成的画面联系在一起，并能够使其有机融合。电视与广播都是电波媒介，都有转瞬即逝的特点，广告中属于供受众"听"的要素其特点相同，凡是广播广告中对"声"的要素的创意要求，电视广告也都应具备，因此，关于电视广告文案写作与"声"的要素配合部分在此就不再赘述，这里只着重讲述与"画"的配合。

10.4.1 与画面的互补

电视画面是电视广告中最重要的因素，画面的表现力和视觉冲击力是电视广告获得效果的最强有力的表现手段，画面语言成为电视媒介优于广播、报刊等其他媒介的显著特征之一。大卫·奥格威在他的《一个广告人的自白》中写道："在电视广告初期，我犯了一个靠语言来推销的错误，我习惯了没有画面的广播，现在我知道了，在电视中你必须只做你自己的画面去讲那个故事，你所播映的图像比你要谈的更重要。"可见，电视广告和其他媒体上的广告相比，虽然没有本质上的区别，但由于传播手段的特殊性，画面在电视媒介中的重要地位已经有目共睹，要写好电视广告文案，必须与画面效果配合好。

人们可以通过画面感知它所传递的信息，而电视广告的画面并不像影视作品那样有着较强的情节连贯性，电视广告画面是按照蒙太奇的组接原理来贯连画面的，这就会造成画面本身的相对无段落性。也就是说，观众可能会无法把一组表意画面和另一组表意画面准确地分隔开来。或者当有些广告画面在表意上不够明确，画面无法强化和清楚地表达预想的概念时，就必须使用人物语言(对话、歌词)或书面语言(字幕)来完成对画面组接段落的注释。前面在讲到人物语言和字幕部分列举的电视广告实例时，我们已就这个问题做了分析。

另外，在文案中也可以预设特定的音响效果，因为，通过切换音响效果的风格也可以达到实现注释。如一组画面由低缓的古筝音连接着，慢慢地，古筝音消失，而激昂的电吉他音响起，观众就会明白另一个段落的画面表意开始了。实际上，随着人们对电视的日益熟悉，他们打开电视机的目的多半是为了让家里有点声音。此外，在电视机开着的时候，人们也并不是只盯着屏幕，他们同时还在做饭、看书，甚至写东西。观众并不是每时每刻都盯着电视屏幕,声音的作用就变得更加重要了,人们在不看画面的时候仍然能听到销售讯息。

不过,虽然视觉演示在有些情况下可能不像在观众眼睛紧盯着电视屏幕时那么重要,但屏幕画面依然是最重要的一个元素。

10.4.2 以文案传达最重要的信息

电视广告制作的不确定性、复杂性与普通广播广告或印刷广告的那种简洁是无法相比的。印刷广告和广播广告的文案人员只用写好标题和正文,就能够得到粗稿,广告成品则是对已有粗稿的精加工。在电视广告中,由广告文案人员负责写好的文学脚本只是第一步,只不过意味着刚刚开始,到制作过程的结束,还有好长一段路要走。因此,电视广告文案与广告的全部还相差甚远,不要期望仅凭一个文案就能制作出一则完美的电视广告作品。

事实上,对于已经完成的电视广告,即使是再优秀的文字工作者也没有能力将其画面用文字形式全然还原纸上。那么,用文案形式展现电视广告的创意,当然不可能将广告的最终效果悉数写出。在电视广告制作中,分镜头脚本要根据文学脚本来创作,广告的实际拍摄则要根据分镜头脚本一步步完成,拍摄好镜头最后还要根据文案主题来组接合成。电视广告的文案必须是广告创意的精要部分,用以传达最重要的信息。

经过创意、构思之后,文案人员需要通过语言文字把信息内容传达出来,这就需要创作者首先明确广告定位,确定广告主题。在主题之下,电视广告文案人员需要运用蒙太奇思维,根据所构思的广告形象、表现形式和技巧,用语言文字描绘出广告画面,并写出广告解说词。这是电视广告文案人员与其他媒体广告文案人员在进行文案写作过程中的不同之处,对文案人员的形象思维和想象力水平提出了更高要求,写作难度也更大一些。

如网盾工程的一则电视广告:

背景音乐:节奏缓慢、低调的钢琴曲。

画面:天色灰暗,足球场上,三名高中毕业的男生踢完球打算休息,谈起毕业后的打算。不远处有一些人在自由走动。

男孩A:"高中毕业了,有什么打算?"

画面:A迎面走向靠着球门坐着的同伴们,顺手把足球扔给男孩B。

男孩B:"我决定了,去读网盾!"

画面:C和A望着B,面露疑虑。

男孩C:"现在学IT的人多着呢!"

男孩B:"网盾学的可是网络安全!这不是哪儿都能学得到的!"

画面:B把玩着足球起身走向A,两人一起面向C。

男孩A:"我们老师也说,网络安全是21世纪更有前途的专业!"

男孩B:"嗯,读网盾,提前几年当白领,不比重点大学差!"

画面:C认真地望着A和B,听着他们说话,若有所思;B把足球放在地上用脚控制着足球的转动,飞起一脚将球射入球门。C迟疑一下,捡起了弹回的足球。

男孩C:"那我也读网盾!"

画面:C顿时充满信心和勇气,立即起身,走向A和B。

男孩B:"走,一起报名去!"

画面：三人比肩向外走去。
背景音乐：音响，轻松欢快的。
画面：足球场镜头隐去，广告标版逐渐展开，显示网盾标志和字样。
旁白：网盾热线，0371-65825533。

文案是电视广告制作的依据和基础，应该起到画龙点睛、突出主题的作用，通过三个高中生之间的对话，广告表现出了他们对未来的憧憬与不确定，从盲目不知方向到下定决心去网盾报名，之间的心理变化，需要用文字详细解析，为导演二次创作分镜头脚本和广告拍摄制作提供必要依据。

在创作文案的时候，还要注意，应该把画面难以表现的内容以话语、字幕和音响的形式写出，作为画面的必要补充，以限定画面意义，消除画面的多释性，克服画面的不足之处。

如前面提到的农夫山泉水溶C100电视广告：

画面：女孩开始做前翻滚，每翻过一个就在她身后出现一个柠檬，到第六个的时候，因为没了力气只翻了一半就歪倒一旁，这次她身旁只出现了半个柠檬。女孩起身拿起一瓶水溶C100饮料，喝上几口，脸上现出甜美的笑容。

画外音：一个，两个，三个，四个，五个……五个半柠檬C，满足每日所需维生素C。

字幕：五个半柠檬C

…………

画面可以做直观表现，但准确传达具体信息还要依靠文字。文案中必须将画面、画外音、字幕等必要信息写出，以少量的文字将重要的信息组合起来，否则，就难以让导演理解画面中的内容所要表现的含义，在创作分镜头脚本的时候就无法确切理解广告的主题和完整的创意，甚至理解错误，谬之千里。

10.4.3 文案与画面进程一致

在电视媒体的广告文案写作中，一定要按照镜头的先后顺序进行连贯性写作，视觉要素中的画面、字幕和听觉要素中的话语、音响一定要搭配起来，要叫"声画对位"，以保证文案中的文字描述与广告创意画面保持进程一致。

为了使文案在写作过程中能够更好地实现"声画对位"，电视广告在脚本创作时大体上有三种类型：文学脚本、图画故事脚本和分镜头脚本。

10.4.3.1 文学脚本

有的电视广告脚本把画面、解说词与音响按照顺序依次排列，写在一起，用文字详细标注，我们可以把这种方式称为文字说明式脚本，即文学脚本。这种方式连贯性好，有利于对广告进行"全景化"描述，把握整体化特点。前面我们举例子时所使用的都是此种方式。

10.4.3.2 图画故事脚本

通过把文学脚本描述的创意构想通过美术手段进行视觉化呈现，将其转化成一种模拟图片，并把这些图片连续起来以展现广告讯息，这种形式则称为图画故事脚本。文学脚本中的图像说明在这里变成图像浓缩的形式，一般来说，一帧画面通常表现一个完整的镜头、上一个镜头的延续或二者的结合。

为了使提案方便且更具体、更具说服力,有时会将主要画面都事先加以绘制和拍照,再依次序录制在录像带上,并和旁白及其他音效、音乐等同步录制,制成仿录脚本。或者为了使创意概念更加清楚明白,可以借调其他广告影片中既有的场景加以剪辑,并将旁白及其他音效、音乐同步录制,制成借镜脚本。

根据图画故事脚本的艺术处理程度不同,它可以清楚具体地写明需要什么地点、布景和道具,也可以只对此提出建议。不管处理程度如何,故事脚本都是一个纲要,是电视广告创意确定讯息结构和初步图像表现的蓝图。故事脚本处理得越具体、详细,就越接近文案创意人员预想中最终完成的广告,在提案时也就越利于让人接受和信服。如健民药业健脾升血片电视广告图画故事脚本(图10-8)①:

图10-8　健民药业健脾升血片《战地女记者篇》电视广告图画故事脚本

10.4.3.3　分镜头脚本

采用画面与解说分述的方式,左边描述画面内容,右边标明解说词、音乐和音响,根据镜头的转换进行脚本创意写作,这种方式叫作分述式脚本或分列式脚本,即分镜头脚本。各种要素分述分列,便于对文案进行二次创作时详细对照,避免遗漏。

在文案写作中,信息的展开应该与画面同步,音乐的段落、旁白的起落也应随着镜头的

---

①　吕尚彬:《广告文案教程》,北京大学出版社,2007年版,第259页。

变换恰到好处,听觉要素和视觉要素要保持进程一致,含义一致。如广州双喜文化传播有限公司的电视广告,从其分述式广告脚本(表10-1)中可以看出,音乐贯穿始终,随着电视广告中故事情节的发展,音乐从始至终缓急有致,旁白也是随着画面的展现而应景推出,简短精练、对仗易懂,即使没有字幕,同样能够达到即时即景感染观众的效果。(图10-9)

表10-1 广州双喜文化传播有限公司《分享篇》分述式广告脚本

序号	景别	画面	旁白	音效	字幕
1	中景	父亲在书房教儿子写字		轻扬、欢快的音乐(持续)	
2	特写	红纸上正写着大大的金色"囍"字			
3	近景	父亲和儿子站在窗前,儿子将叠成飞机的红纸投向远方	放飞心愿		
4	近景	红色的纸飞机飞过高楼大厦,落进男子上衣口袋。此时的他正和女友闹着别扭不开心,坐在车位上互相不理			
5	近景	男子将飞机折成花的形状送到女友面前,女友开心地笑了,他们又拥有了往日的幸福笑容,开车远去	传递喜悦		
6	近景	女友上班看着桌子上的纸花回想着			
7	特写	同事拿起纸花将它折成了一只纸青蛙	真心分享		
8	中景	同事们在工作之余忙里偷闲,在桌子上玩起纸青蛙,顿时欢笑声充满办公室			
9	远景	纸青蛙一弹,一下子从窗口跳下,落到楼下另一名正和朋友们开心聊天的男子怀中,男子惊讶地望了望天空	满载而归		
10	近景	男子将纸青蛙又折成一个红色的方盒子,连同其他礼物一起送给了一个小朋友	收获因喜悦而精彩	加入门铃声	
11	特写	小朋友打开小小纸盒子,显出那个大大的金色"囍"字	喜悦因分享而永恒		
12	近景	小朋友被高高举起,手里拿着那张红色的方形纸,房间里洋溢着欢声笑语			
13		标版	广东双喜文化传播		

图10-9 广州双喜文化传播有限公司《分享篇》电视广告

因为声音和画面是分立的两类元素,它们在现实中并不是每次都同时出现,有时会先听到声音,后看到影像。在电视广告中一定要使它们紧密衔接,保持两方面的统一。在创作电视广告文案时,选择最恰当的方式把不同要素有机、和谐地编排在文案脚本中,一一对应,进程一致。

10.4.4　文案尽量少而精

与广播媒体一样,电视媒体也是即时性信息传递媒体,信息一闪即逝。因此,电视广告文案中的人物语言、画外音和字幕都不宜过长,广告的整体长度一般也应控制在60秒之内。特别是在制作插播广告时,创意者可能会忍不住在视觉表现和听觉表现部分塞进很多东西,这只会导致令人厌烦或毫无意义的文字或影像堆砌。

文案四种表现形式有画外音、人物语言、广告歌和字幕,这些元素的作用主要还是弥补画面的不足,用以表达画面不易表达的内容,揭示和深化主题,进一步强化品牌或信息内容。一则电视广告可根据创意和主题的需要,选取其中的一两类,不一定包罗万象,贪多求全绝不可取。画面和音响效果描述、人物语言、画外音、字幕等一定要精练、直观,以把握宝贵的广告时间。

【本章小结】

广播是通过声音进行传播的媒体,这使得广播广告文案的写作不同于报刊广告,有自己独特的写作规律。广播广告文案的写作要点是为听而写,必须通俗易懂、句式灵活、引发想象、讲求节奏、适当重复、注意停顿。广播文案写作人员不仅要写作广播广告文案,还要担当整个广告的导演,协调人声、音响、音乐等要素,包括演员的选择。电视广告文案不仅是人物的话语和画外音,还包括字幕。文案写作者要懂得视听语言,要在找出创意的基础上,写出文学脚本并与设计人员一道制作故事版,并参与整个的制作过程。

【案例分析】

河南电视台的台标广告文案《泼墨篇》

镜头一:一滴墨汁在宣纸上化开

字幕:仰韶文化

镜头二:一支画笔在宣纸上挥毫泼墨

字幕:大禹

镜头三:画笔继续作画

字幕:老子

镜头四:画笔流畅地画着山水

字幕:庄子

镜头五:画笔继续作画

字幕:吴道子

镜头六:画笔作画

字幕:李商隐

镜头七:画笔作画

字幕:杜甫
镜头八:画笔作画
字幕:韩非子
镜头九:印拓出河南电视台台标
字幕:五千年的文化,五千年的空间
镜头十:作成的中国山水画
字幕:问鼎中原,风光无限
镜头十一:河南电视台台标

这则电视广告以河南历史文化名人为线索,把不同的镜头画面串联在一起,形成了一个完整的作品,让人联想到上下五千年的中原文化和纵横十万里的锦绣山河。既宣传了河南文化,也弘扬了中华历史,营造出深邃的文化意境,产生情景交融的意境和神韵。

【思考题】

1. 电视广告中画外音的表现形式有哪些?
2. 为达到电视广告文案与画面的有机配合,在文案写作中要怎么做?
3. 广播广告文案有哪些写作要求?

【延伸阅读】

1. [美]朱丽安·西沃卡著,周向民、田力男译.肥皂剧、性和香烟.北京:光明日报出版社,1999.
2. [美]保罗·莱文森著,何道宽译.数字麦克卢汉——信息化新纪元指南.北京:社会科学文献出版社,2001.
3. 苏夏.影视广告创意与制作.上海:上海人民美术出版社,2016.

广告性电视专题片文案写作

导言

本章学习目标

通过本章的学习,明确广告性电视专题片的本质特征,尤其要深刻理解该类型电视专题片的广告属性,在此基础上掌握其文案写作的基本规律。

本章难点

如何实现广告性电视专题片文案的创新性表现;不同类型广告性电视专题片的差异化写作方法。

课前导读

由明确的广告主发起并自主投资,运用电视表现手法,对广告主的发展历程、主营业务、整体实力、发展战略、经营理念以及公众形象等方面,给予集中而深入的展示。广告性电视专题片除了用于电视播出以外,还广泛适用于招商、投标、公关、市场推广、年会、内部培训、店面促销、展览展会和路演等。从而达到信息传播、树立品牌、塑造形象、彰显文化的目的,是介于电视专题片和电视广告片之间的一种电视文化形态。

11.1 广告性电视专题片概述

广告性电视专题片即运用电视专题片的形式达到广告宣传目的的专题片类型。从某种程度上而言,其既可以被称为电视专题片的一种表现类型,也可以称为电视广告的一种表现形式。可以确定的是,对于此类影视制作,电视专题是手段,广告宣传是目的。因广告性电视专题片与一般性专题片最根本之区别在于商业上的应用,本节将在广告的相关理论阐释基础上对广告性电视专题片的基本情况进行概述。

11.1.1 广告性电视专题片界定

广告性电视专题片应符合两个必要条件:一是电视专题的形式;二是广告获益的目的。如果将其列入电视专题片范畴,必须讨论其具备的广告特性;如果将其列入广告片的范畴,必须讨论其具备的电视专题片的特性。依据以上对广告本质的阐释,不难理解的是广告性电视专题片在制作发起、资金支持、效益期待三重角色存在一致性——明确的广告主。所以,我们在本章倾向于将广告性电视专题片列入广告的范畴来讨论。

11.1.2 广告性电视专题片与一般性电视专题片的区别

(1)一般性电视专题片具有某些新闻的特性,强调的是传播思维;广告性电视专题片则不考虑新闻特性,强调的是营销思维。

(2)一般性电视专题片追求历史的、文化的和社会的价值;广告性电视专题片则通过对历史的、文化的和社会的价值挖掘,最终追求的是经济效益(企业)和社会效益(事业单位或某社会组织)。

(3)一般性电视专题片的发起者和创作者主要是电视台或电视工作者;广告性电视专题片的发起者是广告主,即企(事)业单位或社会组织,创作者主要是广告从业者。

(4)一般性电视专题片的选题广泛,题材集中于"生活"本身,即现实生活中的人物、事件、历史、文化、社会现象等;广告性电视专题片的选题几乎无自由度,题材集中于"广告主"本身,即围绕广告主的现实情况进行组织、挖掘素材,以形成利于广告主宣传的内容和形式。

(5)一般性电视专题片的播出途径主要是电视台;广告性电视专题片的播出途径除了电视台外,还有网络及广告主自主播出途径(经营店面、产品发布会现场、以DVD形式赠送客户等)。

(6)一般性电视专题片在电视上播出属电视台节目播放安排,无须付费;广告性电视专题片在电视上的播出时段需付费购买。

11.1.3 广告性电视专题片与一般电视广告片的区别

11.1.3.1 功能不同

一般电视广告片在内容涵盖和表现力度方面点到为止;广告性电视专题片主要从广度

和深度上介绍广告主形象或其他情况。

11.1.3.2 时长不同

一般电视广告片时长大致为5秒、10秒、15秒、30秒、60秒,60秒以上至3分钟的不常见到;广告性电视专题片一般时长控制在3分钟到30分钟之间。

11.1.3.3 使用范围不同

一般电视广告片主要用于电视播出;广告性电视专题片除了用于电视播出以外,还广泛适用于招商、投标、公关、市场推广、年会、内部培训、店面促销、展览展会和路演等。

11.1.3.4 制作手法和创作要求不同

因为两者之间的差异性,注定一般电视广告片和广告性电视专题片创意思路、创作手法等方面要求不同。这一点在后续章节中另有详述。

综上,我们将广告性电视专题片释义为:由明确的广告主发起并自主投资,运用电视表现手法,对广告主的发展历程、主营业务、整体实力、发展战略、经营理念以及公众形象等方面,给予集中而深入的展示,达到信息传播、树立品牌、塑造形象、彰显文化的目的,是介于电视专题片和电视广告片之间的一种电视文化形态,既有电视专题片的真实性和时效性,又有电视广告片的艺术审美价值,可以称为广告化的专题片,也可以称为专题化的广告片。

11.1.4 广告性电视专题片制作流程

广告性电视专题片创作应建立在电视专题创作规律和电视广告创作规律兼备的基础之上,具有自成系统的制作特性。广告性电视专题片的文案写作者要充分了解其制作流程,同时,还要深入了解广告主的详细情况、产品或服务的特点、组织的历史、宗旨、理念、发展规划等。只有这样,才能写作出优秀的文案,为广告专题片的拍摄提供依据。现针对广告性电视专题片的广告创作知识进行必要性介绍。

11.1.4.1 前期准备阶段

(1)制作方与广告主有效沟通,深入了解其对专题片的各项制作要求以及宣传意图。广告性电视专题片可适用于招商、投标、公关、市场推广、年会、内部培训、店面促销、展览展会和路演等,专题片创作团队必须了解该专题片的使用场合。

(2)制作方根据广告主诉求,开展调查,搜集广告主资料,制定专题片制作整体思路。广告主的想法有时是成熟的,有时也可能是不太成熟或者肤浅的,这就需要创作团队深入组织实际,挖掘资料,发现亮点。

(3)整理、撰写专题片创意脚本,分镜头故事板,制定预算表。广告创作团队把广告主提供的资料、通过实地考察收集到的资料进行加工整理,写作出专题片的文案。

(4)广告主确认广告专题片创意脚本以及核准摄制费预算后,双方签署委托制作合约。

(5)制作方围绕广告主确认专题片创意思路,召开制作组主创人员创作会议,并制订详细的工作计划。

(6)拍摄器材、拍摄道具、演职人员等各项统筹工作准备到位。

11.1.4.2 现场拍摄阶段

(1)专题片拍摄人员分工表的制定。

(2)广告主代表现场监制并协调统筹配合摄制组工作,如发现问题应及时与导演沟通,便于双方妥善处理。

(3)摄制组演职人员及拍摄器材准备、彩排、拍摄。

11.1.4.3　后期制作阶段

(1)制作方剪辑师将拍摄素材采集到影视非线性编辑系统,整理拍摄素材。

(2)导演根据创意和拍摄的素材,通过反复观看逐步形成具体的编辑构思,编辑出一个或几个片子的初剪方案。

(3)制作方导演和剪辑师在广告专题片创意脚本的基础上精剪画面。

(4)制作方动画师根据广告专题片创意脚本中规定的特效画面,进行动画制作、视频特效制作、视觉艺术包装。

(5)广告主试听录音小样选择合适的配音员,制作方完成配音配乐、音效合成。

(6)制作方完成广告专题片整体形象包装合成,输出送审片。

(7)广告主根据确认的广告专题片创意脚本审片,并提出具体的修改意见。

(8)制作方根据广告主提出的具体审片意见,修改完善并经广告主同意后输出成品带,客户签收。

以上广告专题片制作流程为提炼总结后的描述,其实一次广告专题片的制作难免有多次的反复和对突发性问题的处理。在广告专题片的制作中,制作方要牢固树立身为服务者的角色观念。从业务介入开始,全面、细致地为广告主谋划。衡量一次广告制作业务的成功与否,在于为广告主的业务提升贡献度的多少,而非仅为获得制作酬金。所以在调查阶段,要真正尽到调查的职责。国内许多中小型制作机构对于广告调查的忽略,成为广告行业不成熟的标志之一。不做调查的广告文案制作就是拿广告主的钱赌博。忽略广告调查原因有二:一是没有广告调查的必要性观念;二是没有广告调查的专业性能力。

以上仅为广告专题片制作流程,还不能称之为广告活动的流程,后者还包括对广告效果的测评。许多广告制作机构认为只要完成交片即算此项业务的终结。从广告服务的角度而言,还应对广告效果进行后续测评,一是评估此次制作的得失,为广告主提供科学的测评结果,更好地为广告主业务开展提供帮助;二是为广告主之后的广告策略调整提供依据。

广告制作机构要想使自身规范成熟,必须做好广告调查和广告测评的功课,此举也是广告行业健康发展的需要。为此,广告制作机构可在与广告主洽谈业务的时候予以申明,以取得广告主认识上的理解和合作酬劳方面的支持。

11.1.5　广告性电视专题片的类型分析

11.1.5.1　从性质上划分

(1)商业性广告专题片。在此可理解为,有着明显的商业愿望需求的即商业类广告专题片,此类专题片广告主多为企业。如河南建业住宅集团曾经制作时长7分钟的《建业绿色家园》专题片,介绍企业产品、历史、市场格局等信息,此显然为商业类广告专题片。

(2)公益性广告专题片。有着确定的公益诉求的即公益类广告专题片,此类广告主多为政府、协会等非营利性机构。

2011年1月12日,国务院新闻办公室启动的国家形象系列宣传片的拍摄完成,该片时长15分钟,旨在塑造和提升中国繁荣发展、民主进步、文明开放、和平和谐的国家形象。作为与世界进行沟通的重要桥梁,国家形象传播在我国与其他国家交流中扮演着重要角色,随着我国综合国力的不断提升,国家形象传播中的"大国形象"也在不断凸显。随着2011年1月17日中国国家形象宣传片亮相于纽约时报广场,更是掀起了"大国形象"的讨论热潮。此宣传片显然不存在任何商业获益目的,属公益类广告专题片。

11.1.5.2 从诉求方式上划分

按照诉求方式,可分为理性诉求和感性诉求两类。广告性专题片在此基础上可大致分为以下几类:

(1)说明式广告专题片。此类专题片的文案诉求属理性诉求方式,力图通过数字、图示、论据、类比等客观表述,使受众经过概念、判断、推理等思维过程,理智地接受广告主诉求主题。

(2)形象式广告专题片。形象式广告专题片大概有以下几类表现形式:企业理念式、社会公益式、MV式、剧情式等。此类文案的诉求属感性诉求方式,针对消费者的心理、社会或象征性需求,表现与企业、产品、服务相关的情感和情绪,通过引起消费者情感上的共鸣,引导消费者产生购买欲望和行动。

理性诉求和感情诉求的文案都达到广告实效的目的,只是涉及"怎么说"的问题。两种诉求皆诉诸受众的行为动机。人们的行为受观念支配,有时是在理性驱动下采取行动,有时是在感性作用下采取行动,这些区别于行动事实及行动动机的选择。如果涉及大宗商品的购买,如房产、汽车等,大多是反复比较研究后付诸行动。如果涉及经常性购买的商品,如洗发水、衣服等,大多是在一种情绪的影响下即可付诸行动。也有的是要在理性和感性的双重作用下对受众产生影响。所以在选择广告文案诉求方式时,应该在研究商品属性、信息特点、发布时机、受众特点等要素后做出决定。

11.2 广告性电视专题片文案创作要求

基于我们对广告专题片的分类情况,结合目前各类表现形式的制作特点,本节将分类介绍广告专题片的文案创作要求及解析创作特征。关于广告性电视专题片的分类方法,目前理论界并无一致说法。本节主要从广告性电视专题片的创作表现、诉求方法和传播目的的差异化,将其分为说明式广告专题片和形象性广告专题片两类。在该类型的电视专题片创作实践中会有很多形式被开发和运用,可遵照以上分法对应归类。

11.2.1 说明式广告专题片文案写作特征及要求

11.2.1.1 说明式广告专题片表现特征

(1)说明性强。此类专题片从文体上讲应是说明文体的电视版,这种表现方法多为企业采用。在展示过程中借用说明的方法一一介绍。受众看过后,会从理智层面激起对企业的信息接收兴趣。即使冗长的叙述完毕后没能记住每一则信息,但在整体上会理解企业的传

播诚意和表达意向。一般有以下几种说明的方式:

一是列数字。为了使被说明事物的特征具体化,可从数量上以数字的形式加以说明。从受众接受心理上而言,数字本身就意味着一种客观态度和科学倾向,因而人们对于数字阐释时往往采取相信的立场。

二是画图表。为了把较为复杂的事物说清楚,采用画图表的方法,弥补仅用文字表达的欠缺,可对被说明对象解说更加具体、更加直观、更加完善,从而达到轻松解决问题的目的,使人看了一目了然。

三是分类别。对于包含面比较广的事务,如果从单方面说不易将其说清楚,这时需要针对事物的子部分按性质分成若干类逐一说明。

四是做比较。说明某些抽象的或者是人们比较陌生的事物,可以用具体的或者大家已经熟悉的事物和它比较,使读者通过比较得到具体而鲜明的印象。

除以上常用的说明方法外,说明式广告专题片还会用到下定义、举例子、打比方等说明方法,在此不一一而论。

(2)信息量大。相对于60秒以下时长的广告,专题片在较长时长范围内可以向受众展示的信息量是丰富的,尤其说明式广告专题片根据其自身特征和制作目的,更蕴含了广告主认为值得传播的大量信息。一般情况下,一则10分钟左右的专题片,解说词容量为2000个字左右。这其中必然有关于企业状况、产品特性、营销网络、经营理念、企业文化等方面的全面介绍。所以说,看了一则15秒的或30秒的广告能知道一个企业或产品(服务),看了一则广告专题片能了解一个企业或产品(服务),前者犹如一个产品说明书的封面或扉页,后者则如一个企业或产品的说明书的内容部分。许多企业选择制作专题片的一个主要用意也是希望借此向经销商、消费群等传递更多的关于自身的情况。

(3)纪实突出。如果从专题片范畴解析,说明式广告专题片是纪实性类型的电视专题片。所谓纪实性,即强调真实性,这也是专题片的生命之所在。广告主必须传达真实的信息,这是专题片创作的要求,也是一个广告主应恪守的职业道德和法律约束的底线。说明式广告专题片的纪实性在文案创作上体现在两个方面:一是内容的纪实性,广告主要表达自己有多大的厂房面积、什么样的生产设备、如何安全地生产等信息,需要有写实的镜头加以体现;二是创作手法的纪实性,体现在构图、色彩、光效、影调等画面语言上的写实及解说词、同期声等声音语言上的写实。

(4)结构明晰。基于说明式广告专题片的信息量大,表述角度多,所以在片子结构处理上一般会按照结构处理原则使其明晰化。说明式广告专题片具有单向信息传递的冷静特质,尤其需要在专题片组织方式和内、外部构造上,力求达到合理而匀称地对内容加以组织和安排。实际上结构合理化的目的就是帮助受众梳理信息、理清思路,使受众接受较为庞大的信息时尽可能消除排斥心理。

(5)风格稳重。风格指的是作品在思想内容和艺术形式方面所显示出的综合性的格调和气派。说明式广告专题片则大多表现出稳重、严谨的风格。之所以如此,有以下几层因素的制约:

一是内容决定。以上我们简述了此类专题片内容多为广告主关键的纪实性信息,在表述时失去稳重则会减弱信息的严肃性和可信度。

二是形式决定。此类专题片在形式表现上也往往采用纪实性手法,在制作包装和艺术加工方面无须做太多的工作。即使偶有特效的介入,也往往是在片头、过渡或配合某个局部信息介绍的需要。

三是联想高度统一的需要。无论企业、医院、学校、城市还是任何一个广告主,选择制作说明式广告专题片的出发点就是向整个社会传递自身的信息状况,进而赢得形象上的认可。风格可激发受众的联想认知,专题片的稳重表述很容易使人联想到发布广告的企事业单位是有责任感、规范的经营或服务单位。至少认为该单位比较"靠谱儿"、正规。

正因为说明式广告专题片普遍具备风格稳重的特征,所以人们才会形成一种感觉——大多数此类片子感觉是如此的相似,唯一的区别是展示内容的不同。我们认为,这既是说明式广告专题片风格形成的标志,也是此类片子的创作瓶颈,如何在形式上创新,体现广告的创意精神是每一个广告人应思考的课题。

11.2.1.2 说明式广告专题片文案写作要求

说明式广告专题片是广告性专题片中最为典型的一种类型,此类广告专题片的创作要求和表现手法适用于其他类型的广告专题片,在此我们重点从以下几个方面进行分析。

(1) 重视前期的广告调查与广告策划。任何一项广告活动的开展都是从调查和策划作为起点,广告调查是在广告目的明确的前提下,有针对性地收集影响广告活动的各种因素资料,并运用科学的方法加以分析,以此为基础提出广告活动的策略性建议,是制订广告方案、提供广告制作依据、保证广告效果的必然行为。广告调查一般分为三项内容:信息研究、媒介研究和效果测评,信息研究为文案的写作提供坚实的基础。我们针对广告专题片制作特点,主要对前期的信息研究进行简要论述。

目标市场受众调查包括对目标受众的数量、性别、年龄、职业、收入、行为等因素的调查;目标市场政治、经济调查包括对目标市场范围内有关国家政策、地方性法规、社会经济发展水平、商业布局等因素的调查;目标市场的文化与风土人情调查包括对民族特点、地域特征、文化特征、风俗习惯、生活方式、宗教信仰等内容的调查。以上种种因素中的一点或几点都有可能成为广告文案写作的依据和避免的理由。如宝洁公司全球著名的护肤品牌OLAY(玉兰油)邀请贾樟柯为其拍摄了电视广告片,后又将拍摄过程制作成一则5分钟的专题片,主要体现广告制作过程中挖掘"中国女性之美",配以京剧、红色调转场画面等中国元素画面,其实就是针对中国市场女性消费群体的情感挖掘。

广告产品(服务)调查包括产品历史、生产过程、生产设备、生产技术、产品功能等一系列和产品有关的因素。广告制作机构不了解广告主产品情况注定是无法开展广告活动的。调查广告产品情况,就是要找出与其竞争产品的差异化优势,以便在广告制作中加以凸显。如诞生于1996年的"马可波罗"建陶品牌,以"文化陶瓷"占领市场,享有"仿古砖至尊"的美誉。在生产过程中,将中国文化及东方神韵融于产品设计之中。所以在其推出的专题片中强调"新古典主义""建筑陶瓷时装化""建筑陶瓷艺术化"等概念,详细介绍了产品的独特优势。

企业发展情况调查包括企业历史、企业规模、人员构成、管理模式、企业文化、经营理念等因素。企业情况也是专题片表现的重要元素,是制作机构必须掌握的情报之一。说明式广告专题片一般会在片子中开辟专门章节介绍企业整体情况。也有的广告专题片以企业的某个方面作为主题元素进行创作。如2012年是中国银行的百年行庆,在这一年,中国银行投资制作了25分钟的专题片,主要以中国银行的历史为线索进行创作,回顾了中国银行的前身大清户部银行、1912年孙中山批准成立中国银行以及北洋政府时期、国民政府时期、新中国成立之后社会主义建设时期、改革开放之后中国银行各个时期的命运沉浮,全力诠释了中国银行作为中国第一家银行及中国最大银行的形象认知。

必须说明的是,广告调查的实施者往往依据企业已有的市场调查资料为我所用,因为企业在营销活动中会主动开展大量的调查活动,或有成形的调查数据和结论报告。而非等到有广告制作需求之时才实施调查,否则不符合营销活动开展规律。所以广告制作者可在企业现有的调查数据基础上做重点部位的调查研究。同时,无论广告主还是广告制作者也可委托专门的调查公司进行有目的的调查。但不管是谁实施了调查行为,作为广告制作者必须掌握大量和企业有关的情报数据,并能形成服务于广告制作的可行性报告。

在充分调查的基础上,接下来需要对广告活动的具体实施提出方案。广告策划即广告制作者在对企业或产品进行周密的调查和系统分析后,做出的战略决策和广告计划,以合理有效地布局广告整体活动的进程。广告策划承担以下工作任务:

1)分析调查报告就是对调查研究报告进行有价值的信息提炼,分类成条加以归纳,作为实施以下所有广告行为的出发点。

2)确定广告目标。本次广告活动要达到什么样的传播效果,在哪些方面对营销整体活动有所支持。

3)明确诉求对象。即明确广告"对谁说",分析诉求对象的心理特征、行为习惯。诉求对象是15—25岁还是35—45岁人群,广告内容和广告方式是截然不同的。

4)提出广告策略。广告策略主要包括媒介策略(选择哪种受众接触方式)、表现策略(广告作品创作的指导性策略)、实施策略(广告制作完成后怎么具体实施,是否有配合广告发布的其他行为等)。

5)制订广告计划。这是广告制作和发布的具体分工和日程表,是一份广告活动开展工作指南。

6)预测广告效果。制定广告发布前效果测定方案和发布后效果测定方案,并初步预测广告实施后的效果。

7)编制广告预算。这是广告策划的重要组成部分,是广告活动顺利开展的资金保障。广告主一般最为关心两个问题:广告表现和广告预算。广告表现再好如果超出了其资金投入预期,也会影响广告制作机构的委托合作。广告预算包括市场调研费、广告设计费、广告制作费、广告媒介费、广告机构办公费与人员工资等项目。

广告调查和广告策划的完成,等于广告制作机构与广告主在广告开展思路上达成一致,此时应签订一份正式委托合同。按广告策划内容和步骤,实施广告计划。

(2)文案要合理安排专题片框架与结构。结构担负着对所拍素材进行取舍、组织和衔接的任务。在此我们仅对说明式广告专题片文案的惯用结构做一论述。

惯用结构:"凤头、猪肚、豹尾"式。

A."凤头"——开篇处理的方法

指的是专题片开头一定要精心设计,力求达到吸引人的眼球,视线和思维迅速被征服。

这一点和文章写作理论极为一致。明代谢榛有语:"起句当如爆竹,骤响易彻";清代戏曲理论家李渔也曾言:"开卷之初,当以奇句夺目,使人一见而惊,不敢弃去!"这些强调文学作品开头要有充足的阅读吸引力。说明式广告专题片为影视类创作,仍然符合此理。所以,说明式广告专题片大多采用"凤头式"开篇方法,即"好看",能把人"震"住。我们不妨列举几则广告专题片的开头,来分析如何做到吸引人。

阿里巴巴电子商务专题片开头画面为一个古典色调的卷轴,引用了孙子的一句话:"激水之疾,至于漂石者,势也;鸷鸟之疾,至于毁折者,节也。"之后为几个气势磅礴的战争画面,显然使用了影视剧的素材。可以说势的形成源于节奏或速度的加快,而一旦大势所趋,则锐不可当,唯有顺应趋势方可掌握先机。

该广告专题片开头吸引人的方式有:引用名言,引出所要表述内容;画面大气,追求视觉冲击;音乐激昂,充满力量。

奥康集团2010年专题片开头画面为一轮初升的朝阳渐渐升起,城市在其辉映下充满生机;一座高楼直耸云霄,几位身着西装的白领青年随之仰视;2008北京奥运会开幕式"大脚印"绽放的画面;奥康旗帜与国旗在风中飘扬;辽阔的白云蓝天,奥康企业大楼的仰拍镜头;阳光在戈壁上掠过,瀑布呼啸而下的壮观,快速掠过奥康大楼、旗帜后,在燃烧的烈火中出字幕——超越梦想,大道前行。解说词(雄浑的男中音):"他,站在时尚潮流巅峰,以恪守着商道古训;他,让千家万户实现梦想,也为一个民族的产业发展,挥舞大旗;他,不断地造梦,不断地圆梦,23年,励精图治,缔造了一个又一个传奇!"

该广告专题片开头吸引人的方式有:对仗解说词,听觉连贯;画面大气,追求视觉冲击;音乐激昂,摄人心魄;解说铿锵,充满力量。

以上简析中不难发现,此类专题片开头有相似之处——大气着手,引出主体。常见的表现元素有:

1)用大气的自然景物制造气势。如初升的朝阳、辽阔的天空、无垠的草原、奔腾的海洋、倾泻的瀑布,或用特效制成无边的宇宙等。

2)用充满力量、节奏感强的解说词制造气势。如引用的名言诗句、排比的句式、对仗的用词,甚至在表意恰当的情况下刻意"炫耀"词汇。

3)音乐恢宏大气,听者为之振奋。音乐担负着开篇吊起人们"胃口"的职责,所以一般会选择大气的音乐,将人们的听觉注意力迅速抓住。这一点,超越了文字作品、平面作品等只能从视觉上吸引的局限。

4)解说者无论是男声还是女声,都应情绪饱满、感情充沛、中气十足。实际上从我们的大量研究资料中不难看出,解说多为男性中音,这样刚性稳重成分就更多了一些,符合企业的稳重踏实、充满前进动力的气质需求。

除了"大气着手"的开头方法以外,说明式广告专题片还可有以下几个设计思路:

1)除去雕饰,直奔主题。直奔主题符合写作学中"开门见山"的说法,指的是在开始直接显示企业名称或品牌标志,使人一看便知这是"某某"的广告专题片。这样的处理并不意味着违反了"凤头"之原则。通过音乐以及特效的处理,依然可以做到引人入境。如中国银行四川省分行制作推出的专题片开头,直接显示出中国银行的标志在时空中划过,引出"中国银行"的名称。开头过程中没有解说词,但是镜头自然转换,标志一直在运动中,加上激昂的音乐,达到了预设的吸引效果。

2)巧设疑问,引起注意。在任何情况下,只要有一个巧妙的提问,总能引起听者的注意兴趣,比如演讲中,讲课中,写作中,甚至是生活情景中的一次谈话。说明式广告专题片也不例外。创作者可根据广告主的产品显著特征或企业显著特征提炼出一个问题,在开篇中配以画面加以提问。

3)移植使用,借力生效。移植,指的是将该企业已经在电视媒体上播出的一般广告片,或5秒、或15秒、或30秒,直接用在广告专题片的开头,然后再进入正题逐层解说。使用的广告片事先被人所知且制作水平得到了广告主先期肯定,这种处理方法最为省时省力。

4)寓意于景,温馨开始。针对广告主企业提供产品的消费属性,有时也可以以一种温馨写景的方式作为广告专题片的开始。如一种茶品的专题片,以一组自然美景和颇具文化气息的书卷、笔墨等元素介入。以河南建业住宅集团的《建业绿色家园》专题片为例,开始部分就是以阳光、蒲公英、清泉、绿树为表现元素,配以解说词"一缕阳光、一丝清风、一泓流水、一片绿色,当我们在都市的快节奏中日渐疲惫,告别喧嚣,回归自然就成为人们越来越强烈的居住梦想",温馨绵柔,自然闲适,轻易地将受众的情绪带入对绿色家园的主题叙述之中。

需要说明的是,"大气着手"的开头方法使用频率较其他几类更为常见。随着人们接受免疫力的不断增强,寻求更富创意的开头方法是广告专题片制作者不懈的追求。但须注意的是,创意的本质是效果的最大化,在追求创意的过程中,刻意求"异",不顾效果,反而会陷入不伦不类之尴尬境地。创作者应该恪守两个创意准则:个性的表现方式+更好的传播效果。这也是目前广告界"模仿易,创新难"的原因所在。

B. "猪肚"——广告专题片文案主体部分

这样表述只能说明广告专题片的主体信息量很大,还不能完全说明其结构特征。此类专题片因为信息量繁多,在结构处理的时候一定要本着统筹、优化、有序、易懂的原则进行组织和安排。统筹学最重要的概念就是全方位把握事物的内在联系,科学地优化事物的结构,做到"整体大于部分之和"。广告专题片文案的结构处理必须在专题片结构知识的指引下进行。根据广告专题片的传播任务,我们将说明式广告专题片结构处理方式做一梳理。

1)以时为序,逐次推进。以时间为线索,逐步介绍企业在各个时期的发展状况,主要目的是让受众了解一个企业的发展历程。这样安排结构的最大优点是符合受众接受习惯,思路不乱,按部就班,顺着直线思维的轨迹,跟着片子的时间节点,逐渐了解企业"是怎么来的"。

拟定时间线索结构需要做到两点:一是确定企业的典型发展时间节点,即什么时候开始运行,什么时候开始发展,什么时候做了根本性改变等。二是提炼每个时间节点的典型特征与做法。选择以时为序安排结构应针对有着较为光辉的发展历史的企业去构思,并且每个时间节点的表述不能平均使用笔墨,要有所侧重,做到详略得当。一般情况下,应将企业时下的情况做重点描述。因为广告专题片是商业片,不是人文历史片,对于历史的过往有典型性地梳理即可。

2)化整为零,分解说明。广告专题片包含的方面一定很多,在介绍的时候可提炼一系列优势点,并且这些优势点是重要的,所谓重要就是受众有了解的价值。比如一所学校做广告专题片,目的是吸引广大学子能够报考该校,所以受众有必要了解的是专业情况、师资情况、实验实训设备情况、校园文化、培养效果等主要方面。一个企业较为重要的信息一般包括：企业的发展历程、企业的技术与实力、企业的产品与服务、企业的人才与文化、企业的成就与贡献、企业的规划与愿景以及企业与竞争者最大的优势点或模式描述。以点带面，以关键带全局，是广告专题片结构的安排的基本思路之一。广告是真实的，但广告又不是真实的。广告的"真实"在于广告所披露给受众的信息一定是真实的，广告的"不真实"在于广告所披露的不是广告主所有的信息。但广告必须对其时段中所有信息的真实性负责，从这个角度上说，广告归根结底是真实的。关于广告的真实性，有待理论界从广告伦理角度进一步论证。不过，广告专题片选择性展示提要信息，以此为依据安排片子的素材及编辑顺序，这是不悖之论。

我们以浙江传媒学院建校三十周年专题片为例，该片时长8分钟，全片没有解说词，但画面展示的内容和顺序显然是经过选择的。以校园风景作为开始后，主体部分依次出现了摄影、绘画、舞蹈、播音、发射技术、后期制作等各类教师授课画面，溜冰、足球比赛、文艺晚会现场、音乐演奏会等校园各种活动画面，毕业授学位、往届毕业生寄语母校画面，最后以学校标识墙定格结束。主体部分第一类画面显然在说教学，包括专业、实验操作设备、师资面貌等；第二类画面显然在说校园文化，体现学习之余的校园文化熏陶下的学生风采；第三类画面在说学院的培养效果，有代表性的毕业生对着镜头表达对母校的眷恋与感谢。第一类画面达到让受众了解这个学校的目的；第二类画面达到让受众羡慕这个学校的目的；第三类画面达到让受众信赖和向往这个学校的目的。这种结构安排依据要点提炼、有序组织的原则，尽管是遮蔽式的局部呈现，但达到了全貌展示的效果。

3）确立中心，据此布局。有的广告专题片不是重点表现广告主全身全方位的情况，而是择其最为闪光或明确的一个方面，作为专题片中心。比如一个企业在某项新技术革新或管理模式等方面取得根本性突破，同时形成了行业竞争优势，可在专题片中专门介绍。这时，专题片的布局方式就从全面的梳理总结转向重点的选择和铺陈。

大亚湾核电站运营培训中心专门制作推出了介绍其人才培训的专题片，人才资源是一个核电站的重要组成部分，但毕竟仅仅是核电站的一个方面，围绕一个方面则要摒弃核电站规模、分布、效益、设备等内容，专心围绕一点布局全片。该片以三句话作为内容提炼，也是转场标志，进行了正文结构划分：

有准备的人，可以创造历史——主要讲述了30年前，大亚湾核电站从法国引进技术并接受培训，然后形成了自身人才培训模式，自主培养了大批专业人才，现在实现了人才市场输出，令30年前法国的专家感到惊讶。

学习的乐趣，只有用心才能体会——这部分内容没有解说词，全部是人物发言。其中有年轻员工谈到了培训的收获、老员工谈到了参加工作20年依然要接受培训的必要、培训部门管理层谈到了课程安排、培训体系，这部分最后一个发言的居然是一名清洁工，她谈到虽然自己在核电站只做清洁工作，但依然要接受培训。整个过程画面流畅，富有节奏，在人物的现身说法下显得亲切、可信。

春华秋实，硕果满园——此部分展示了在人才培训方面取得的成果：一是为大亚湾核电站发展提供了人才保证；二是为国内其他核电站提供了人才输出；三是吸引国外核电技术人员来此学习。

正文部分围绕一个中心,采集相关素材,分类进行了结构安排,总体上加深了对主题的阐释。

C. 豹尾——广告专题片文案的结束部分

"豹尾"原指在写作结尾时要简洁、干脆、突出中心。广告专题片可借鉴这种方法形成自己的结尾特点。

1) 呼应开头,完整统一。指的是片子开始部分与结尾部分相呼应。这种结构处理方法与文章写作极为相似,不同的是文章只能用文字做到首尾呼应,专题片则可以运用音乐、画面、解说词、人物,甚至典型的道具等实现首尾呼应。首尾照应最大的好处是结构显得严谨、完整,主题得以明确和强调。

如有着少数民族地域特色的某药品专题片在开头运用了一首瑶族民歌引出企业所在地,结尾时再次使用片首歌曲予以展望企业未来,做到了首尾照应。这是以音乐做照应。

再如东风本田汽车有限公司专题片《梦想九天 超越无限》中开头依次有四个主要画面:一是驰行的本田汽车;二是东风本田企业的名称墙体;三是东风本田企业旗帜和国旗在风中飘扬;四是鹏鸟在空中掠过。结尾时依次仍为四个主要画面:一是东风本田企业旗帜和国旗在风中飘扬的画面和意气盎然的企业员工叠化出现;二是镜头由近及远显示企业标志墙全景;三是翱翔的鹏鸟;四是驰行的本田汽车。开头与结尾画面相似或近乎相同,做到了结构的完整统一,首尾照应。

观众在观看首尾照应的片子时可以获得一种表达的完整感,诉求的清晰感,隐约有一种接受上的完满情绪。所以古往今来,大量艺术作品选择首尾呼应的方法处理结构,而从来没有人认为这是过时的理论,可以说是常用常新。

首尾照应固然是处理结构的常用方法,但一定要灵活使用。仅仅把开头的画面或音乐放在结尾重新编辑一下,这就显得生硬和呆板了。如上述案例中前后四种相同事物的镜头在顺序和造型上是略有变化的。有的广告专题片在开始说企业的发展肇始时用象征性的嫩芽破土而出的镜头,结尾说企业发展步入成熟期时用了参天大树的镜头,这种首尾照应就避免了复制之后机械粘贴的生硬,体现了对变化趋势的巧妙诠释。

2) 展望未来,充满希望。广告专题片不同于社会类、人文类等其他类型专题片,其他类型专题片若挖掘社会深层次状态,可有悲剧性事件及人物,所以结尾多以引发思考为主。广告专题片旨在表现广告主健康正面、昂扬向上的活力状态,所以结尾多围绕豪迈、希望、力量、愿景来设计画面、音乐等元素。

如黛妃化妆品在长达15分钟的专题片结束之际采用这样的解说:"十年,风云际会,光荣如颂。黛妃将带着昨日的锐意进取,今天的坚持不懈,融入明天的灿烂辉煌!黛妃将一如既往地发扬一直所秉承的价值传统,与时俱进,锐意创新,让这份美丽的事业永葆生机,让每一个未来的日子更加闪亮!在百折不回的奋斗之路上,在坚持不懈的梦想追求中,黛妃意志坚韧、激扬飞跃!黛妃的美,女人的美。"画面则在快节奏中配以激昂的音乐,最后以一人昂首看飞翔的鸽子切换至黛妃品牌标识定格。

3) 卒章显志,标版定格。标版,指的是以企业或产品 LOGO、名称、主题广告语等为基本要素的信息版,一般出现在影视广告的结束部分,又称尾版。在专题片正文表述完毕时,自然地用一句话或一段话进行广告信息的揭示和强化,最后以标版定格。这是广告主最为关心的要素之一。

(3) 撰写好广告专题片解说词。解说词与电视画面是一对"孪生"兄弟，两者相辅相成共同完成对信息的传达。广告专题片的解说词与一般性电视专题片解说词有着较大的差异性。本章第四节专门讲述广告专题片解说词的写作，在此不再赘述。

(4) 选取恰当的声音元素。声音元素包括人声、音乐、音响。人声包括解说声音、现场采访声音。挖掘声音的潜力是提升专题片艺术感染力和吸引力不可或缺的手段。

1) 解说声音。解说者必须由经过专业训练的具备播音功底的人员完成。专业人员一般在音准、语调、语速和节奏上有较好的把握能力。最主要的是要在熟悉解说词和画面的基础上，有准确的情绪控制。不同的播音人员的声音特征也是有差别的，有的浑厚、有的清新、有的亲切、有的有力等不一而足。广告专题片一般会选择中气充沛、充满力量的男性播音员完成解说配音，这是因为大多广告专题片在塑造企业充满生机和昂扬向上的态势。根据不同类型的企业和不同类型的专题片风格，解说配音选择上可有较大的选择余地，不必拘泥于一贯的力量型解说。

2) 现场采访声音。广告专题片难免会对企业管理者、员工、消费者等具有代表性的人物进行采访。被采访者要做好发言的模拟后再面对镜头，避免出现过多的停顿、重复和不准确的表述。有些许方言反而会增强采访的真实性，但应淘汰那些质量不佳以至于破坏专题片美感的声音。

3) 音乐。广告专题片的音乐选择至关重要。音乐除了有渲染气氛的作用外，还承担了结构划分的功能，往往音乐转换的时候就预示着表述内容发生了转变。音乐要做到与专题片解说词、画面和风格一致。专业的广告专题制作是要有专业的音乐创作人员依据具体的专题片单独进行创作，这无疑会增加创作成本，但却保证了音乐的高效率运用。广告专题片在开头和结尾一般会选择激昂的音乐，这是强势介入和高调展望的需要。但中间部分则不必全然如此，比如画面表现的是企业捐助的爱心活动内容，也延续铿锵有力的音乐伴随就不能很好地释意了。音乐选取要根据内容不同，做到高低有度、缓急结合。在编辑音乐的时候也要注意淡出与淡入，一段音乐不能正在高声部分戛然而止，也不能骤然而起，这些会破坏广告专题片的结构的完整和谐，也不利于受众的情绪融入。

4) 音响。音响是指除了人的语言、音乐外的其他声响，包括自然环境的声响、动物的声音、机器工具的音响、人的动作发出的各种声音等。广告专题片中不宜频繁使用音响元素，这和社会人文性专题片有着明显不同。偶尔使用时要注意使用的时机和效果，不能为了使用而使用。有的音响加入也不必完全是现场声音，可由创作人员富有创造性地构思后，制作出一个典型的声音环境。如表现某房地产企业时为了体现居住环境的优雅，配合画面加入的流水声、鸟鸣声等，显然不是现场采集的声音，而是后期制作加入的声音，只要能增加现场感和真实感即可。

11.2.2　形象性广告专题片特征及创作要求

11.2.2.1　形象性广告专题片与说明式广告专题片的异同

形象性广告专题片旨在通过感性诉求的方式，完成对广告主企业整体形象的塑造和传达。而说明式广告专题片对具体信息理性传达的同时,也完成了对企业"高大"形象的塑造。我们可以从以下几个方面来理解二者的区别:

一是内容重心不同。说明式广告专题片的创作重心集中于对企业具体信息的收集和整理;形象性广告专题片的创作重心则在于对企业精神资源的挖掘。

二是诉求方式不同。说明式广告专题片采用理性诉求的方式,依托实据完成逻辑推理;形象性广告专题片采用感性诉求的方式,寻找感情完成情绪引导。

三是创作手法不同。说明式广告专题片多采用写实手法进行创作,与现实距离差别不大;形象性广告专题片多采用写意手法进行创作,艺术创作空间较大。

四是传播效果不同。说明式广告专题片从片子开始到结束,功利性的传播目的贯穿始终;形象性广告专题片没有明显的功利性传播目的。当然,所有的广告宣传最终都具有功利动机,形象性广告专题片将功利目的淡化或隐藏于艺术化处理后的制作过程之中。

从直观感受方面而言,似乎形象性广告专题片更好看些。说明式广告专题片更直截了当,容易引起人们的抵触心理。但必须说明的是,说明式与形象性两种广告专题片没有优劣好坏之分,只是承担了不同的传播功能而已。无论动之以情,还是晓之以理,最终目的都是企业在市场竞争中营销计划得以实现。

11.2.2.2 形象性广告专题片文案创作要求

说明式广告专题片是广告性专题片的主要表现类型,其制作流程、画面剪辑、音乐配置等创作基本规范适用于形象性广告专题片。但形象性广告专题片又有着自身的特点,不可忽视其以形象塑造为中心的创作策略。具体可从以下五个方面着手:

(1)明确形象特征。企业在长期的发展中是否形成独有的精神文化,是衡量一个企业发展成熟与否的一个重要标尺。所以,形象性广告专题片更适用于步入成熟发展期的企业。明确广告对象的形象特征,是开启形象性广告专题片创作的第一步。

企业形象的构成可分为三个子系统:理念形象、行为形象和视觉形象。企业理念形象是由企业哲学、企业宗旨、企业精神、企业道德、企业风气等精神因素构成的企业形象子系统;企业行为形象是由企业组织及组织成员在内部和对外的生产经营管理及非生产经营性活动中表现出来的员工素质、企业制度、行为规范等因素构成的企业形象子系统;企业视觉形象是由企业的基本标识及应用标识、产品外观包装等构成的企业形象子系统。其中,基本标识指企业名称、标志、商标、标准字、标准色。明确以上三个形象子系统的特征,是进行该类专题片创作的创意基础。

我们以大众汽车(中国)的专题片为例做一说明。1984年大众汽车进入中国市场,是第一批在中国开展业务的国际汽车制造商之一。自进入中国市场以来,就一直保持着在中国轿车市场中的领先地位,也赢得了广大消费群体的信赖。在市场优势和制造实力的基础上,专题片自信地提出"有多少心,用多少心"的企业精神阐释。依此,时长4分35秒的形象性广告专题片创作完成,以"忠""志""恳""态""惠""想""聪""慧""悠""感""恣""惹""爱"等13个带有"心"字部首的汉字贯穿全片,配以说明性画面和背景音乐,无解说词,最后以"有多少心,用多少心"总结,定格企业形象识别标志及口号:"中国路,大众心。"

在片中,我们看不到企业产品的生产工艺、质量描述、市场占有等情况,全力诠释一种精神气质。这种以企业精神作为创意灵魂的广告制作,是典型的形象性广告专题片。

(2)构筑情感依托。形象广告专题致力于牵动受众的情感神经达到情绪共鸣,所以在此类广告专题创作中不可避免地要构筑各类情感的依托,包括亲情、友情、爱情、怀旧之情等。其说服思路为:认同某种情感诉求转化为认同企业诉求。而专题片中所涉及的情感不分民族、种族、宗教、国情,乃人类共通之情感,其被认可几乎是一定的,所以企业形象的被认同就成为一种必然。

腾讯公司2011年年初推出的《12年相伴》专题片就以亲情为创作依托,完成了一次形象的修复。广告中儿子以第一人称完成叙事:"她是我最亲近的人,但也许正因为相聚太近,反而有了距离。"(画面:母亲让儿子教怎么使用遥控器,儿子不耐烦)"那个时候,我好想逃开。"(画面:儿子出国学习,机场家人送行,母亲不舍地挥手)"我终于实现了这个愿望。"(画面:在国外枯燥寂寞的学习中)"没想到有一天她竟然在QQ上出现。"(画面:儿子独自相处的一系列画面)"当与她相隔在地球两端,我才逐渐读懂生活,读懂她。"(画面:母亲与儿子视频,父亲端上热腾腾的饺子,告诉儿子明年一定回来吃他亲自包的饺子)"对她的思念因为距离而不断放大,对她的偏见因为距离而消失不见。距离远了,心却近了,爱突然变得清晰,唠叨变得动听。不论母亲离我有多远,弹指间,我觉得她就在身边。"最后定格为腾讯"12年相伴"的企业标版。

当时腾讯与另外一家网企"360"进行过一场恶战,相互指责,互不让步。抛开孰是孰非,这场争执肯定影响了腾讯的企业形象。在2011年春节期间,腾讯公司推出的这则亲情广告,缓解和释然了用户对其的不满情绪。

(3)注重公益关联。企业制作公益广告类型的专题片无疑可以提升自身的形象高度,但也往往会被冠以虚以伪之意图。这就要求在创作时,寻求公益与企业自身价值观念的最大关联,做到巧妙融合,无懈可击。所以此类创作尽量使企业的信息置于最末,并且是水到渠成式的自然呈现。这样,受众在观看过程中并未产生抵触、质疑情绪,完全沉浸于公益表述之中。

潘婷洗发水在泰国推出了一则励志公益广告,4分多钟的片子里讲述了这么一个故事:一个失聪的小女孩因为看到一位流浪艺人的小提琴街头演奏,萌发了对小提琴的热爱。但在学习中屡屡受挫,常常受到指责和蔑视。在沮丧和困惑之中,与那位流浪艺人有了一番交流。原来那位流浪艺人也是一位失聪者。在流浪艺人的精神指引下,她重拾信心,再次投入艰苦的练习。最终在一次大型比赛中获得了观众和评委惊呆式的认可。标版定格出现了潘婷的名称和标识。

如果去掉标版,隐去潘婷的信息,这无疑是一则纯粹且较为成功的公益广告。而作为形象性广告专题片成功的关键在于公益的主题和潘婷的诉求达成了一致。公益的主题可以用"自信"一词概括,潘婷作为洗发水以"柔顺秀发"为产品特点,显然也是增强使用者自信的一种助力,剧情与产品的结合顺理成章。如果置换成一个饼干、房地产等企业则就牵强过度,不堪使用。

(4)深植文化基因。广告本身就是经济活动与文化活动的结合体,其在追求商业目的的同时,也在传播着文化价值。说明式广告专题片更多的是在传播消费文化,形象性广告专题片则更多地融入了社会文化。文化有六大子系统之说,即物质、社会关系、精神、艺术、语言符号、风俗习惯等。将其中一种或几种文化形态融入专题片创作,既可提升专题片的传播效率,又连通了公众的内在心理,可谓是征服人心的策略运用。

百事可乐在2013春节期间推出的贺岁专题片《把乐带回家》,时长8分钟,深植中国人"回家过年"的春节风俗,讲述了三个子女回家过年的故事。广告中周迅、张韶涵和罗志祥三个人是张国立的儿女,原本都因为工作很忙不打算回家和父亲一起过年,在被古天乐触发的珍藏于童年记忆中的"父爱"刺激后,纷纷选择了放下工作,回家与父亲过年。周迅、张韶涵和罗志祥三位演员分别代言百事旗下的三个子品牌纯果乐、乐事薯片和百事可乐,与扮演父亲的张国立一起向人们讲述了一个由冷清到团圆的春节故事。画面中所有关于春节的行为(家庭团聚、吃饺子、发红包等)、语言(拜年语言、唠叨过年等)、符号(对联、灯笼等)无不体现了中国人的文化倾向:基于千百年来农耕文明对根与家的情感重视。

可见,广告与文化的激情碰撞和完美结合,在企业形象塑造过程中发挥了润物无声的攻心效果。

(5)善用叙事手法。形象性广告专题片中的叙事现象比较普遍,创作动机是要借助于故事的感染力提升形象的认可度。因为媒介特征不同,电视叙事和文字叙事在创作方面有共通之处,又存在较大差异。广告专题片在叙事语言、叙事思维、视听造型等方面既要符合电视叙事特征又要发挥叙事本身具有的表意功能。可从以下方面予以考虑:

一是选材要精。广告专题片要制定高规格标准,严把素材关,"故事"选择要有亮点、有看点、有传播点。

二是结合要准。所选"故事"的主题倾向要与企业的精神内涵结合准确,"故事"不能敷衍于广告企业,不可用于广告企业之外的各类宣传。

三是主信息要隐。广告的主信息要隐藏于叙事过程之中,要"耐得住""摁得住",尽量不干扰"故事"的讲述,在"卒章"时刻方可"显志"。

四是手段要全。要充分调动电视制作的各种手段,在时空转换、细节刻画、音乐营造、特效制作等方面全力服务于"故事"表现。

五是感受点要强。此类专题片的传播途径往往是先经过大众传播,因为效果极佳,受众之间又进行了人际传播。所以,故事所设计的感受点必须得到充分的实现。能否最大可能地达到二次传播,是制作此类专题片的一个目标,也是衡量创作成败的一个重要评价指标。

(6)注重艺术品位。提升形象性广告专题片的艺术层次并不意味着说明式广告专题片可以放低要求,在此强调的是形象性广告专题片尤其需要在画面精致、艺术手段运用方面投入更多的精力和心思。说明式广告注重的是"实在",形象性广告注重的是"好看";说明式广告就是让人将其当作广告来解读,形象性广告则更多的是希望人们首先从艺术欣赏的角度来解读,其次才是从广告的角度被接纳。尤其城市宣传、地域性旅游宣传、企业的MV式专题宣传等都必须从艺术格调和品位层次上下足功夫。

11.3 广告性电视专题片创作注意事项

广告性电视专题片在创作过程中的每一个环节都极为重要,从调查、策划、脚本写作、拍摄以及后期合成等任何一点出现纰漏,都会影响作品的传播力度。在创作中,需要注意的事项较多,如导演的选择、制作日程的合理安排、时长的选择、类型的选择、道具的准备以及布光等,不胜枚举。本节将针对需要特别注意的事项进行必要性说明。

11.3.1 避免千"片"一律

目前,越来越多的企事业单位青睐于利用广告专题片的形式来推介自身。广告专题片数量上的激增,带动了此类专题片的整体发展水平。但不容忽视的是,大多数专题片在内容和形式上存在着千"片"一律的雷同现象。创意,是广告活动的灵魂。如果广告专题片创作只满足于基本规范的实现,放弃创新求异的创作理想,那么只能为广告主提供低水平的"克隆体"专题片。这样,既未尽到为广告主服务的职业责任,也不利于广告制作者自身水平的提高。

创意=创异+创益。好的创意是最大不同与最好效果的结合物。思维的跳跃与多变,应该是一个广告创作者的基本素养。憎恶与人相同或相似,应该是一个广告制作者的基本心态。广告专题片文案的写作者在创作时必须问自己三个问题:第一,我真正了解广告企业了吗?第二,我的制作优势点有哪些?第三,制定的创作方案有哪些独特点?第一、第二个问题是要做到知己知彼,第三个问题是要寻求一种与类型化、大众化的专题片差异化的路径。

耶鲁大学曾经制作了一个宣传片,得到较好的评价,从创新角度而言,具备了一定的特色。该片开始是一个招生宣介会的场景,由家长提出疑问,招生介绍人为一个中年男子,一一耐心回答。几个问题后,突然一个提问震惊了现场:那你选择耶鲁的原因是什么呢?之后片子便以这位招生介绍人作为线索,让他出现在耶鲁大学的各个场所,或说,或唱,将学校的情况一一进行了介绍。歌词内容回答了选择耶鲁大学的原因是什么。最后再次回到招生宣介会情景,家长起立用掌声表达了理解和肯定。该片内容也是介绍学校如何如何好,在这一点上与其他所有同类片子没有本质区别,但在形式上有两个创新点,增加了艺术观感:一是线索人物贯穿;二是一首介绍性歌曲贯穿。这样在介绍众多信息时不显得累赘和单调。

11.3.2 VI元素的主动融入

VI 全称 visual identity,即企业 VI 视觉设计,通译为视觉识别系统。基本要素包括:企业名称、企业标志、企业标准字、标准色彩、象征图案、口号等。

在广告专题片中可有意地将 VI 元素主动融入片子的制作之中。如企业标准色彩在专题片中的应用就至关重要。标准色是用来象征公司或产品特性的指定颜色,是企业的标志要素之一,具有科学化、差别化、系统化的特点。百事可乐的标准色为蓝色,专题片色调就要着力表现蓝色;可口可乐的标准色为红色,专题片色调就一定以红色调贯穿。具体可在场景设计、银幕色彩、人物服装、道具设计等方面做倾向性表现。

11.3.3 广告特效的有效使用

广告专题片以实拍为主,但如果没有广告特效的加入,就不能发挥影视制作的特点和优势。使用广告特效主要作用是可以完成在现实生活中不能或不易拍摄的镜头制作。具体有以下几种情况:

一是拍摄对象或环境在现实生活中根本不存在,或者即使存在也不可能拍摄到。例如表现化妆品的活性元素、药品中的有效成分等,而广告特效技术可以通过虚拟的空间结构和技术表现形式将这些完美地表现出来。

二是拍摄的对象和环境虽然在实际生活中存在,但无法同时出现在同一个时空中。例如红塔集团的"山高人为峰"中人在群山之巅的镜头,实拍是很难实现的。

三是实拍危险系数过高的镜头可通过广告特效完成,例如爆炸场景等。

四是无法重现的镜头可以通过广告特效技术来实现,比如广告中需要太空漫游的场景和画面时就可以用三维动画技术来实现。

五是实拍成本过高的镜头可以通过广告特效来实现,以降低成本。

广告特效一般由 3D MAX、Adobe After Effects、Maya 等几种常用软件制作完成。但必须强调的是广告专题片中不易大量使用特效镜头,否则就违背了"专题片"的本来特征。适当使用特效则可以增强广告专题片的艺术魅力和表意效果。

11.3.4　媒介策略的立体选择

广告专题片与一般电视专题片的区别之一就是其不仅仅在电视上播出,广告专题片的投放策略不是在制作完毕之后才选择的,而是在创作之前就必须做到心中有数。这关系到创作时能否依据所选媒介的特点进行适应性的设计。广告专题片在传播环节一般采用立体媒介策略完成传播。

11.3.5　遵从职业道德

广告活动和任何经济活动一样,是受约束、限制和控制的活动。如果一则广告专题片因为触犯法律或法规而被禁止传播,除了在制作成本方面造成损失之外,也会给广告主带来不可估量的形象损失。广告专题片的创作者应十分明确法律和道德的规范。大卫·奥格威在《一个广告人的自白》一书中强调广告人应该要有"崇高的个人道德标准",主张"先要学会做人,再学会做广告"。

广告专题片的制作人员应该恪守以下道德约束:

11.3.5.1　做"真实"的广告专题片

这是对从事专题片制作工作的底线要求。在专题片中切勿做违背事实的信息表述,这样有可能误导受众的行为和理智,以致给其带来损害。广告专题片制作固然要服务于广告主,但不是无条件屈从于广告主。也许极个别广告主会授意将虚假信息掺入专题片中,作为专题片制作者要善意地提醒广告主放弃这样的意图。而当因此产生分歧不可调解之时,宁可放弃这项广告专题的制作业务。真实,是广告专题片制作的最高原则。遵从此原则,是为广告活动本身负责,最终也是为广告主负责。

11.3.5.2　做"有效"的广告专题片

这是对从事广告专题制作工作的专业要求。广告专题片创作者不能仅从获得业务需要角度开展工作,应本着为广告主营销目标的实现进行创作。在这个过程中,通过"应付"手段取得广告主信任,虽能在业务收益上有所获得,但因为广告专题片失去效果,直接摧毁和破坏了广告活动的本来面目。做无效广告,是一个专业的广告人的耻辱。

11.3.5.3 做"好看"的广告专题片

这是对从事广告专题制作工作的社会要求。只顾真实和有效原则,不顾社会道德、审美的基本需要也是一个广告专题片制作者应避免的。一些噱头式、恶俗式的广告设计,往往因为人们的热议,在促销效果上能起到一定作用,可是却对社会文化、公众情感造成损伤。所以即使这样的广告不违法,也应该极力避免。

11.3.5.4 遵守法律、法规约束

广告专题片制作应服从于法律法规对广告活动的约束。广告的法规管理主要包括以下内容:对广告主的管理、对广告经营者的管理、对广告发布者的管理、对广告信息的管理等。

广告文案创作者应熟知广告管理的法律、法规。不同国家、地区的法律法规存在差异,在专题片制作中应严格遵从相适的法律、法规的约束。

11.4 广告专题片解说词的写作

电视作品中画面为尊的位置是不可动摇的,但解说词之美也是绝不可忽略的。声画之间是相互连动又互相依托的,一部完整的广告片包含着声音、画面、字幕等多重元素,解说词是其中不可或缺的元素之一。解说是广告专题片中以客观叙述者的身份直接用语言来交代、介绍剧情或发表议论的一种方式。

11.4.1 广告专题片解说词的作用

解说词的主要作用宏观上就是补充画面的不足,完善电视的形象报道;整合画面信息,创造明确的指示关系;充分挖掘画面内涵,使观众在理解的基础上更好地感受画面;通过解说,调动观众的想象和联想,引导观众的主动性和参与性;帮助画面,顺利进行过渡和转场。但解说词作用的发挥、解说词的处理和安排,都不是孤立进行的,一定要注意在同其他手段配合的前提下,充分发挥解说词的优势。

在实际写作中,解说词的具体作用表现在:

11.4.1.1 交代环境,介绍背景

画面语言是直接地、形象地展现作品环境的重要手段。它可以将观众带入特定的、真实的环境氛围之中。但是,一些抽象的、理念的内容,画面却难以明确地表现出来,只有靠解说词来加以说明和交代,使观众对其有更深入的认识和把握。

电视系列片《河之南》第一集"大河之源"开头这样介绍:

这是黄河中下游交汇处的一段河流,曾经奔腾喧嚣的波涛,在这里变得舒缓而温情。河南岸屹立着我们的先祖炎帝和黄帝,他们用深邃而坚毅的目光凝视着东向的黄河,也凝视着中原大地和他们的后人们。……就在河南西部的渑池县有一个村庄名叫仰韶村,与中国大多数的乡村一样,今天的仰韶村并没有特别之处,浸润着绿意的麦田,悠闲自在的老人,黄色的土丘,还有躺在泥土里的静默的青石板。

这里,不仅告诉观众这是黄河中下游,并且对其流经的仰韶村做了具体明确的交代,这为后面介绍河南文化做了很好的铺垫。

解说词除了交代环境之外,还可以介绍背景,新闻的"五个基本要素"能满足人们最起码的好奇心和求知欲,任何一部专题片都要重视这一点。但电视图像有时不能完成这项任务,那就只能依靠解说词来回答了。

解说词还可以补足画面无法回答的有关背景、政策和知识。《走向世界的今天》意在揭示今天中国已经开始走向世界。电视画面该怎样展现"走向世界"这样一个主题呢?作为背景在片中有这样一段解说:

> 从洛杉矶第一次传来的中华人民共和国国歌,作为时代的最强音,强烈地冲击着每一个炎黄子孙的心,在我们居住的这个星球上,人们看到了,我们三十五岁的祖国正在走向世界。

这段解说词直截了当地把整个节目的背景全部告诉了观众,就是中国已经开始走向世界。画面所展示的是从宏观角度记录下来的祖国新貌,音乐是雄壮的国歌,给人的整体印象是深刻而又富有哲理的。

11.4.1.2 创造意境

电视专题片营造独特意境的重要手段是画面语言,也能将观众带入作品所营造的诗化的氛围之中。但是,要让观众对特定意境产生更深切的思想感受,进而产生理念认识,也不得不借助于解说词的描绘和阐发。

解说词充分调动了文学特殊的描绘力量,对画面所展现的意境,给予了进一步的深化和升华,使观众得以从视觉和听觉两个渠道,感受到人与自然融为一体时所产生的特殊美感。

如陈汉元先生撰稿的系列专题片《话说运河》第一集《一撇一捺》中的解说词,采用情境再现的手法,启迪观众的联想和思索,有着惊人的创意和过人的笔墨:

> 我们从地图上粗略地看,长城跟运河所组成的图形是非常有意思的,它正好是我们中国汉字里一个最重要的字眼"人",人类的人,中国人的人……巍峨的长城,是我们祖先用自己的骨和肉铸造的;深沉的运河,是我们祖先用自己的血和汗灌注的……阳刚的一撇是万里长城;阴柔的一捺是京杭运河,这才是一个顶天立地,有血气,有温情的中国人。

这段解说词,将长城与运河的形象、意韵,及其阳刚之美、阴柔之美结合得如此完美,将二者刚柔相济的风范展露无遗,引发观众去体味画外之意、画外之境、画外之理,收到言有尽而意无穷的艺术效果。

11.4.1.3 抒发感情

由画面抒发情感时,虽然形象,但毕竟是间接的。而运用解说词来直抒胸臆,观众的艺术感受则是直接的。因此,在电视专题片创作中,运用解说词直接抒发创作者对人、对事、对物的情感,则可以直接撞击观众的心扉,拨动观众情感的琴弦,使其与作品所倾吐的情感,产生强烈的共鸣和认同。

《话说长江》第25回《走向大海》中,创作者便采取按捺不住的、直抒胸臆的解说词,对长江,以及长江的儿女们,做出了最热情的礼赞。

> 长江,伟大的长江,你的浩瀚而甜蜜的乳汁,养育着世世代代的炎黄子孙;你的儿女,伟大的中华儿女,必将以非凡的聪明才智,制定并实施治理长江的最佳规划。

江河不废万古,不愧为世界巨川的长江,将永远托举着一队又一队名副其实的巨轮,驶向世界五大洲四大洋。
　　长江,伟大的长江,你流经神圣的中华大地,你多次奔流在亿万中华儿女的心上。

这种感情的勃发萌动和直接抒发,带给观众的心灵碰撞,当然是画面本身所难以替代的。

11.4.1.4　刻画形象

电视屏幕上出现的人物形象,可以给观众一种具体、形象的艺术感受。但是,此人是谁?干什么的?有什么特征?还得靠解说词介绍和说明,交代和评述,以使观众对人物具有全面的认识和把握。

11.4.1.5　拓展画面信息

电视本身,就是信息传播的重要媒介和载体,除了画面语言之外,有声语言,特别是解说词,也同样承担着信息传播的重要任务,特别是那些概念的、抽象的、理念的信息,更需要运用解说词来传递,使画面信息得以拓展。

11.4.1.6　升华画面,深化主题

一篇好的解说词,除了完成其介绍、信息补充、联结等最基本作用外,更重要的是对整个片子的主题、内蕴进行提炼和引申,成为作者与受众沟通的心灵渠道。如果说画面语言着重是对生活现实形象展现的话,那么,解说词则重在对社会生活的理念阐述。因此,解说词也是揭示作品思想、深化作品主题的重要手段。

专题片《透亮的世界》中,一组镜头是社会实践课,在盲校老师的引导下,盲孩子们学习用盲杖在城市车流中穿马路、避让障碍物。解说词写道:
　　在老师的带领下,孩子们走向这个社会。有点磕绊是正常的,他们必须学会适应这个社会,学会独立地与这个社会打交道,因为,毕竟有一天他们会长大,前面的路终究是要自己来走。

这段解说不仅仅在说盲孩子学习独立使用盲杖行走,而且引申出:盲孩子们未来的路是艰难的,但必须独自勇敢面对。其背后蕴含着对盲孩子的鼓励和期待,正是这种引申,赋予画面更多层次、更意味深长的意义。

11.4.1.7　衔接与转场

解说词是画面和内容的衔接,以及转场的重要方法。如果前期拍摄中没有考虑到或者漏掉了画面的自然过渡,解说词更是不可少的连接手段。专题片《庐山散记》在介绍宋代工匠陈氏三兄弟建造的一座石拱桥时,用这样一段解说词使画面自然地从石拱桥过渡到"白鹿洞书院":
　　像陈氏三兄弟这样的能工巧匠,大概没有进过哪个高等学府的门,尽管在离这座石拱桥不远的地方,当时就有一所最高学府——"白鹿洞书院"。

衔接是为了使上下段落、画面之间连成整体,一气贯通,在逻辑上顺理成章。在用解说词衔接时,应避免多余的、牵强附会的、生拉硬扯的解说词。

11.4.2 解说词的特点

11.4.2.1 配合性

解说词的配合性主要是指解说词与画面的配合。当画面在屏幕上出现的时候，解说词说什么，怎么说，什么时候说，必须掌握好恰当的火候和分寸。这不仅是个技巧问题，还能鲜明地体现出思想性和艺术性。

解说词的配合性，具体表现为如下两种形式：

一种体现为与画面的同步配合，也就是解说词紧贴在画面上。这种配合，解说词紧紧地跟在画面的后边，屏幕上出现什么画面，就用相应的解说词去加以说明、交代、重复和强化。观众不理解或者不明白的画面信息，通过解说词为观众释疑解惑。

另一种是解说词与画面若即若离的组合方式。这种方式，解说词与画面互为桥梁、互为引线、互为主导、互为衬托。有时，以画为主，解说词只是揭示其抽象的思想内涵；有时，以解说词为主，画面为其做形象的展示；有时，解说词为即将出现的画面做必要的铺垫；有时，画面为已出现的解说词做必要的形象补充；有时，在一幅画面的启示下引出一段解说词；有时，在一句解说词的后面引发一组画面。这样，观众可以在声画对位的配合中，时而以看为主，时而以听为主，时而是先看后听，时而是先听后看，从中获得一种耳目常新的艺术感受。

既然画面与解说词是广告专题片的两种重要语言形态，那就需要处理好两者之间的辩证关系。解说词离不开画面，在一部电视专题片中，画面语言永远是基本语言，没有了画面，也就没有了解说，解说对画面有着一种不可摆脱的依附性。但是，解说词又不能被动地从属于画面，这样就剥夺了解说词反映社会生活和表达思想感情的主动性，仅仅化作了画面的附属品。所以，画面与解说的关系不是绝对的"统一"，而是有机的"组合"。

11.4.2.2 准确性

一篇优秀的解说词，不仅要文理通顺，更需真实可信，这就要求解说词的语言必须准确。解说词的准确性，并不排除运用文学的手段和修辞方式，诸如比喻、象征、对比、夸张、双关等艺术手法，但在具体运用时，也应以生活真实为依据，无须过分夸饰文字，力避华而不实。

下面这段是《椰风海韵》中介绍海南岛上"苏公祠"时的解说词：

> 这是一块最受海南同胞尊崇的圣地，因为这里有一座明朝万历年间为纪念宋代大文豪苏东坡而建的苏公祠。苏东坡为我们留下了"大江东去浪淘尽，千古风流人物"的绝唱，当年他以60岁的高龄被流放到海南岛，在这里度过了他生命中最后的三年，并留下了对海南岛人民无限依恋的诗句。

这段解说词十分精到、准确，解说词对苏轼与苏公祠的有关年代、时间、地点、诗句的介绍，准确无误，从而增强了作品的知识性和可信性。

11.4.2.3 艺术性

解说词是构成广告专题片形式的重要元素，既要求准确性，也要求艺术性。正是这种艺术性，确保了解说词构成审美对象，给观众以听觉的审美享受。这种艺术性，主要体现在语言的运用上。

(1)"长句短化"。解说词的句子不能过于冗长,解说词是"线性"流出的,烦琐冗长的解说词,观众听到后边,忘了前边,形不成完整的印象,容易引起观众的记忆混乱。因此要将长句尽量短化,一个长句设法分作几个短句说,字数越少,越容易记忆,句子越短,印象越深,这符合人的听觉生理的特殊要求。

(2)"复句简化"。解说词的句型,要尽量减少复句,尽量减少那些不必要的"因为、所以、不但、而且、如果"等关联词语,努力将冗长的复句简化为短促的单句,目的是易于理解,便于接受。

(3)"倒装句正化"。倒装句往往是谓语提前,主语推后;或者体现为一种"欧化"的句子,不大符合中国人的听觉习惯。因此,要尽量将倒装句正过来,以有利于观众接受。

(4)"书面语口语化"。书面语,诉诸人们的视觉;口语,诉诸人们的听觉。因此,解说词要将书面语转化为口语,也就是日常用语、生活用语,这样观众听起来既不费解,又倍感亲切。

(5)"文言文白话化"。文言文是过去时代的语言,现代人读起来都费事,更不要说听了。因此解说词要尽量将文言文转化为白话文,也就是大实话,甚至连"之、乎、者、也、哉"等文言虚词也尽量少用,以便利于观众理解。

总之,解说词的语言力量不在华丽而在于朴实,越朴实,越有艺术魅力。

11.4.3 广告专题片解说词的语言要求

电视解说词既是为"听"而写,也是为"看"而写,这就要求解说词的语言要做到:

11.4.3.1 生活化与口语化

解说语言是介于书面语与日常口语之间的一种语言表述形式,是经过提炼加工的一种听觉语言。它摒除了口语中那些芜杂的成分,使之更准确、更精炼,但又充分吸取了口语中那些生动、活泼、流畅的成分,使之同观众的交流更为自然。

解说词的生活化就是要体现出比较鲜明的时代特色,而生活化的语言,往往凸现出强烈的时代色彩。如"秒杀""卖萌""给力"等语言表述方式,可以明显感觉到现代的生活气息。

11.4.3.2 机智幽默

电视解说词要吸引观众,必须接近观众。如果能把深刻的道理用机智幽默的语言表述出来,把蕴含的深层价值用轻松的方式揭示,避免教化面孔引起的逆反心理,使观众在轻松愉快的心态下,通过语言的独特魅力、通过趣味的接近和调动,接受知识和道理,这样往往能取得事半功倍的效果。从而使观众在不知不觉的欣赏状态下,对精彩的解说发出会心的微笑,潜移默化中获得一种知识和智力的启迪。

11.4.3.3 简洁凝练

电视解说词是严格受到画面时间制约的,不允许漫无边际地自由挥洒和铺陈,要在有限的画面时间内传达较多的信息量。这就要求语言具有高度的概括力,根据画面提供的信息支点,选择最适合的切入角度,选择最有效的形象载体。通过形象的典型特征,调动观众的知识积累和经验积累,高度精练地凝聚在一点上,抓住要害,点到为止,一针见血地说明问题,具有"一叶知秋"的形象表现力。

11.4.3.4 分寸感的准确把握

解说词语言的精确性依赖于思维的精确度,依赖于对画面的理解能力,对画面的揣摩越细致,对问题的思考越精确,笔下语言的分寸感就越强,在写作中要坚持如下原则,准确把握分寸感:

一是少使用程度副词。解说词由于有画面形象的配合,尽量少使用形容词或程度副词之类的词,因为这些词不传达具体的信息。

二是尽量避免使用套话。习惯用假话、大话、空话语言模式,这是电视解说词中屡禁不绝的一种通病。有些句式和表达方式,最初使用的时候,还有一定的新意,但如果用得过多过滥,不分对象,不分场合,什么情况都拿出来乱用,就成为不传达任何信息、毫无表现力的套话。

三是用词一定注意不要把话说得过满,过于绝对,尽量避免直接下结论,结论最好由观众做出,作者的评价和立场体现在报道的过程中。"言有尽而意无穷",以有限的语言去追求无限的意趣,含蓄更体现出对观众的尊重,是一种亲切和平等的交流。

11.4.3.5 慎用简称

在电视解说词中使用简称,一定要非常慎重。电视解说词中使用简称,必须有广泛的群众基础和社会认可,过于生僻、容易误解的简称不宜使用,电视解说词使用简称要特别注意以下问题:

(1)有广泛的群众基础和社会认可,不能随心所欲自己发明简称。简称在电视中使用,必须看它的社会接受程度、媒体宣传中的流行程度,不能想当然地自行其是。

(2)简称有明显的时代特征和代际界限。过去广泛使用的简称,今天的年轻人可能如听天书,不知所云。有些简称,只在一个特定的时期使用,过了那一段特定的时期,就不宜使用了,特定时期后,必须用全称,或做出充分的说明,否则,观众理解起来非常困难。

(3)简称具有非常明显的地域特点和行业特点。在某一地区、某一行业广泛使用大家认可接受的简称,不宜用在跨地区、跨范围传播的电视解说词中。

(4)在企业或地区的简称后面加"人"的时候,一定要格外慎重。许多单位,为了宣传企业文化,树立企业形象,经常在企业简称后面加"人",有些企业简称加"人"就会在听觉上不舒服,比如"一汽人""二汽人"。

(5)使用简称要注意对象、场合。在一般情况下使用的简称,如果遇到特殊情况,比如重要的人物或事件、正式的场合和重要的时刻,需要使用全称。比如重要外事活动、正规的外交公报或照会都要使用全称,尤其是国家单位必须使用全称。

11.4.3.6 数字的形象化处理

广告专题片中经常会出现大量的数字,解说词中的数字听起来相当枯燥,往往影响解说词的艺术感染力。同时,观众通过听觉一次性地感受数字,没有思考计算的时间,很难直接做出清晰的反应,留下准确的印象。如何把枯燥的数字变得生动、形象、易记?

一是在介绍数字的同时,增加一个参照物和可比量,进一步说明这个数字。这个参照物的比量最好用观众比较熟悉、比较形象具体的东西,能够让观众迅速理解数字的基本量度。

二是如果在电视解说词中使用到历史年代,不能仅仅出现一个年代序号,因为观众没有时间思考计算,应该在介绍年代序号的同时,进一步用这个年代著名的历史人物或历史事件做参照。如果是对外宣传的节目,最好用世界著名的历史人物或历史事件做参照。

11.4.4 说明式广告专题片解说词写作的要求

11.4.4.1 广告专题片的解说词有着明显的服务倾向

广告专题片的解说词要句句说广告主的好,却不能太过直白;要处处提广告主的优势,但不能无根无据。在语言措辞方面既要有一颗"夸赞"的心,又要有一支"冷静"的笔。解说词力求达到听之不腻,看之不烦,却真切地感受到专题片服务对象所拥有的闪光点。一般性专题片则没有明显的服务对象,只有表现对象,不着任何的经济诉求和商业目的。

11.4.4.2 广告专题片的解说词要注重"虚""实"比例分配问题

所谓"虚",指的是具有唯美空灵富有文学性的语言;所谓"实",指的是符合实际状态不做修饰加工的科学性和生活化语言。在广告专题片中解说词虚实比例处理原则应为:"实"大于"虚"。如果违背了这个原则,广告专题片就会显得空洞无物,卖弄文采,华而不实。这只会"蒙"那些不甚专业的广告主,却最终完不成广告所要承担的使命。所以,广告专题片解说词的写作者应该定位好自己的角色,此时此刻,自己不是一个文学青年,而是一个广告人,要尽量控制好文字的风格。如果一个广告专题片被人们看过后,赞道:"句子写得真好!"这是写作者的不幸。相反,人们说:"企业还是不错的!"这才表明写作者取得了成功。但这并不意味广告专题片一俗到底,在开头和结尾,尤其中间部分的个别环节,该用文学性语言提升品位或气势的时候,还是要发挥文学语言的优势,虚实比例处理恰当即可。

11.4.4.3 广告专题片解说词是一种客观性写作

一般电视专题片解说词是一种主观性创作,广告专题片解说词是一种客观性写作。后者在写作时,作者完全处于"隐身"状态。因为写作完全着眼于客观事物本身,如企业、产品、城市、医院等。至于自我的性格特征、创作风格、主题倾向、价值观念,在写作过程中没有体现的必要。相反,一般电视专题片从选材开始,到创作手法运用,无不体现了创作者的个体主观特征。所以解说词在表述时会刻意表现作者对社会、人性等主题的把握,甚至不经意间会有自我情感和意识的泄漏,这在创作空间上是自由和允许的。请看下面两例:

> 新商业文明中"CBBS"的电子商务生态圈,最大的特性就是省略了贸易的中间环节,以便捷的IT系统把消费者、生产者、物流商联系起来,是仓储、物流、采购、研发和生产快速加以流转,全力打造畅通营销渠道,加大研发、创建品牌、把握渠道,中国制造的高附加值之路。可以说,电子商务为中国制造业开辟了全新的路径,利用高效的信息传递了解市场需求,促进产品研发,打通销售渠道,利用网络渠道直面消费者实现个性化品牌打造等,从此中国制造不再处于全球产业链的最低端,在新商业文明即将到来的大背景下,中国制造必将策马长鸣,雄视全球。
> ——节选自阿里巴巴电子商务推广专题片

位于秦岭北麓的这座山原名叫石楼山,但今天的人们却习惯叫它楼观台。
传说2500年前春秋时期的老子骑着青牛缓缓而来,就是在楼观台向世人讲授了他的著作《道德经》,从此以后这座海拔只有580米的山梁就成为令后人高山仰止的哲学之巅。楼观台也就取代了石楼山的名字而名扬天下。

老子在《道德经》里有这样一段话。

道之尊,德之贵,夫莫之命而常自然。

生而不有,为而不恃,长而不宰,是谓玄德。

大意是说"道"是这个宇宙万物衍生的根本规律,"德"是循道而行,之所以被尊重和崇尚,就在于"道"和"德"对万物生长繁殖顺其自然,不加干涉。

生长万物而不据为己有,兴发万物却不自恃其能,生养万物而不去主宰,这就是最为深厚的德。

这位老人在如此渺远的年代,就已经告诫人们,不要以万物灵长,万物主宰自居,应当遵循宇宙规律,和自然和谐相处。

——节选自大型电视专题片《大秦岭》第八集《秦风雅颂》

以上两则解说词同属说明文体,但语言风格上却难称一致。前者语言客观冷静,实事求是,却在为阿里巴巴的电子商务模式"说好话"。尽管最后"策马长鸣,雄视全球"略有语言修饰之意,也是为推动片子气势达到高潮的需要。后者则充满文雅之意,追求一种精致与品位。在介绍楼观台时,引用了老子的经历及《道德经》的内容,甚至结合"道",创作者还情不自禁地进行了主观发挥,由此而知,创作者在制作这部分内容时,强烈地引发了对社会现实的思考。

结合以上分析,我们认为广告专题片解说词写作应该从以下几点着重考虑:

(1)资料分析。首先要做的是深入了解广告对象的所有情况,将前期调研资料进行梳理和提炼,确定哪些有价值的信息点是必须进入解说词部分的。

(2)结构归类。按照策划方案中对结构的制定,对初选信息进行大致归类,拟定解说词写作大纲。最好给大纲每一个组成部分进行命名,这样在写作时会更有针对性。如"地理位置篇""生产流程篇""员工培训篇""社会责任篇"等。

(3)情绪渗透。广告专题片解说词的写作者在动笔之前,应该在写作情绪上有充足的酝酿和形成。这包括经过资料占有、理性分析后,确实能感知到广告主的成功之处。这需要对广告主企业进行实地考察、与员工进行访谈,甚至有可能的话可以试用或感受广告主的产品或服务。等动笔之时,真的有所触动,这样语言的形成才不会有气无力,勉强敷衍。现实中,有很多广告制作公司只是通过电子信箱获得了广告主一些简单介绍性的资料,转手给公司的文案人员,后者在懵懂之中便要按规定的时间内提交解说词初稿,这严重违反广告创作和解说词写作规律。

(4)措辞准确。广告专题片解说词写作者应具备扎实的文字功底,对每一个信息的表述务必做到实事求是,准确到位。对于评价性信息要符合实际情况,不能天马行空,任由加工。如"某某企业已经成为该行业的旗舰式代表""某某企业坐稳了汽车行业龙头的位置"等类似表述,如果没有权威机构给出评价,盲目夸大式表述反而会引起人们的质疑。尤其对于数据性信息,写作时要严谨有加。广告写作是在事实的基础上适当修饰,而非违背事实的吆喝吹嘘。每一句的表述要论出有因,数出有据。

(5)朗朗上口。解说词是要入耳的,这与纸质文字入目有着根本的不同。所以在写作时要时刻考虑语言组织的声音特征。更何况广告专题片具有商业企图的动机,具有信息单向强灌输的特性,从类型上就促使观众不自觉地砌起抵御心理之墙。解说词的写作若缺乏连贯、可听的特征,直接就中断了受众的观看过程,也就宣布了此次专题片制作的失败。解说词要注重语法和修辞,注重句式的工整,避免公式化、干巴巴的文字描述和数据的简单罗列。提高解说词的语言艺术修养处理,可使生硬的事实增加温情。但这里面也要注意一个度的把握,语言是服务于主题信息表述的,全片充斥着排比、对仗式语言、古语诗句、成语典故,也会显得僵硬和做作。信息的高效率表述和语言的艺术化处理,是解说词写作者必须完成的突破。

(6)声画对位。画面内容的一致性,是电视解说词的通用要求。这里指在对广告专题片画面进行初剪的基础上,进行解说词的修正。原来的解说词长度与画面的长度可能存在不等情况,甚至在画面感觉、音乐情绪上有不等情况。这时,解说词的写作者应根据实际情形进行适度调整。解说词和画面、音乐是一体的,不分"A""B""C"或"甲""乙""丙",应做到完美的统一。

总之,电视解说词不是一种"堆砌"的艺术,而是一种"镶嵌"的艺术,因此,解说词是附着于电视画面之上的,它不承担"画龙"的工作,只承担"点睛"的任务。

【本章小结】

本章将广告性电视专题片和一般性电视专题片、一般电视广告片进行对比分析,清晰界定了广告性电视专题片的内涵。探讨说明式广告专题片和形象性广告专题片的特点,为两种类型的专题片创作提供了依据。说明式广告专题片文案写作要进行前期的调查,掌握充分的资料,在此基础上构思专题片的完整结构,写作出真实而富于美感的解说词。形象性广告专题片的文案写作必须明确形象特征、构筑情感依托、注重公益关联、根植文化基因、善用叙事手法、注重艺术品位。

【案例分析】

台湾大众银行系列广告专题

一、企业背景

大众银行成立于1992年,由前高雄市"议长"陈田锚于1990年邀集社会贤达共同发起,1992年正式设立于高雄,同年4月2日正式开业。从最早的经营理念"大众结圆 结缘大众"到后来的"关怀客户心 大众用真情",都是立足于社会大众为业务根基,提供承诺与服务。作为银行业的"新人",大众银行的知名度和认可度并不高。2010—2011年,由台湾奥美广告公司承制的三则形象性广告陆续推出,为其形象的塑造起到了意想不到的效果。

二、广告内容

1.《马校长的合唱团篇》。故事讲述了马大山校长15年来带领山区孩子组成的合唱团坚持每天练习,鼓励他们,最终站在了大剧院里演出,赢得了人们的喝彩和感动。以下为广告的旁白:马大山校长先生,他不会乐器,不懂乐理,但是他有一个合唱团。15年来,他坚持每天放学后教孩子们唱歌,他像父亲一样,用歌声教他们长大。他对孩子们说:"你能唱出那么美的声音,就表示上帝对你与众不同,你也要爱你的与众不同。"那个大日子(合唱比赛日),孩子们吓坏了。校长告诉他们:"闭上眼睛,张开嘴巴,只管唱出山上的你自己。"这一天,他终于让天使相信,自己就是天使。(依次字幕:关爱、陪伴、相信;不平凡的平凡大众;大众银行标识)

　　2.《母亲的勇气篇》。故事讲述了一位母亲,不懂外语,没出过远门,却千里迢迢为坐月子的女儿带去一些中药补品,在海关被误以为携带违禁品扣留的故事。片子中母亲坚韧、勇敢的表现令人撕心裂肺,感人至深。以下为广告的旁白:一个老妇人,因为携带违禁品,在委内瑞拉机场被拘捕了。她是一个台湾人,没有人认识她。她告诉他们,这是一包中药材。她是来这里炖鸡汤给女儿补身体的。她女儿刚生产完,她们有好几年没见了。蔡茵美,63岁,第一次出国,不会英文,没有人陪伴,一个人,独自飞行三天,多次转机,她是怎么做到的?(依次字幕:坚韧、勇敢、爱;不平凡的平凡大众;大众银行标识)

　　3.《梦骑士篇》。故事讲述了一群80岁以上的老人因为怀念年轻骑摩托时的激情岁月,扔掉药盒,重新集结,环岛骑行,再次回到了年轻时的地方。以下为广告的旁白:人,为什么活着?为了思念?为了活下去?为了活更长?还是为了离开?五个台湾人,平均年龄81岁,一个重听,一个得了癌症,三个有心脏病,每一个都有退化性关节炎,6个月的准备,环岛13天,1139公里,从北到南,从黑夜到白天,只为了一个简单的理由——人为什么要活着?(依次字幕:梦;不平凡的平凡大众;大众银行标识)

　　形象性广告专题片中的叙事现象比较普遍,创作动机是要借助于故事的感染力提升形象的认可度。如果结合关于叙事的几点要求而谈,这一个系列的广告宣传无疑是成功的。从选材上而言,这三个故事素材取自于现实真实事件,本身就有着强烈的感染力。对校长、母亲还有老人们人物形象的刻画,因真实而动容,因动容而感人,因感人而动心。即使不将其"搬"入创作领域,三个事件在生活中无意说起也能达到感人效果;从故事与广告主企业结合角度分析,也处理得比较自然。角色是"大众型"的平凡人物,表现却堪称不平凡,这与企业的市场竞争态势有相互说明之效。大众银行成立不久,可谓"平凡",但业绩努力、服务卓越,可谓"不平凡"。同时在文案操作上,也以"大众"二字将大众人物故事与大众银行精神结合了起来。同时,大众银行的主信息在片中含而不露,直至片尾才自然出现,极大符合了形象性广告的感性特征。制作手段也非常娴熟,在时空不断转换中交代事情的前因后果,配以相衬之音乐,使人沉浸其中,欣然接受和肯定企业的形象表述。

【思考题】

1. 如何理解广告性电视专题片的广告属性?
2. 说明式广告专题片和形象性广告专题片的异同点有哪些?
3. 如何实现广告专题片的创新性表现?
4. 选择一个代表性广告专题片案例进行深入分析,总结其制作的优劣点。

【延伸阅读】

1. [美]甘布尔等著,熊婷婷译.有效传播.北京:清华大学出版社,2005.
2. [美]范茜秋著,王旭峰译.电影化叙事.南宁:广西师范大学出版社,2009.
3. 曹华强.电视专题片创作.郑州:河南大学出版社,2013.

网络广告文案写作

导言

本章学习目标

通过本章学习了解网络广告特征、网络广告的类型;掌握网络广告文案的写作原则;了解网络广告伦理失范的原因,在实际写作中避免伦理示范。

本章难点

网络广告的类型;网络广告文案的写作原则。

课前导读

广告文案置于何种媒体,必须在该媒体的特征规束下展开创作。网络媒体的出现,为广告推广提供了更为广阔的思路和渠道。网络广告文案和其他媒体广告文案的本质一样,即在服务广告主营销目标的前提下,兼顾社会学、心理学、美学等范畴内的义务。创作网络广告文案首先要明确网络媒体的特征,进而了解网络广告文案的特征、形式,在此基础上知晓网络广告的创作要点。鉴于网络媒体在监管过程中的法律跟进速度和现状不如传统媒体管理得完善,本章设计了网络广告文案伦理的内容,提示广告从业者和管理者如何共同打造良性网络广告环境。

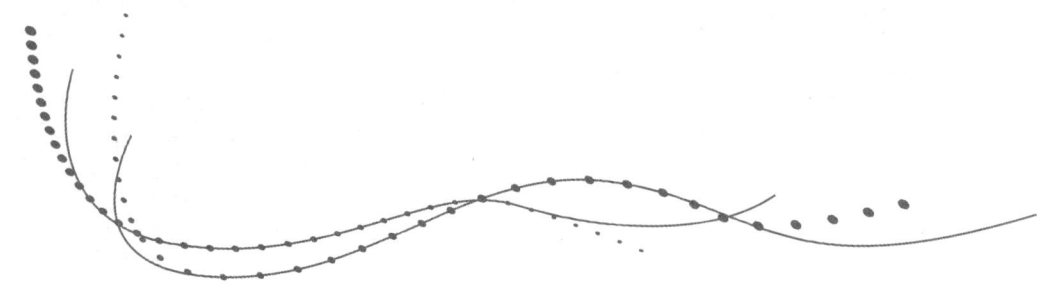

12.1 网络广告特征

随着网络技术的发展和互联网的普及,人们对信息的需求与日俱增,迫切的信息需求促使人们将互联网信息消费从实物消费和劳务消费中分离出来,摆脱依附关系,成为一种独立的消费形式。互联网信息消费的导向是信息需求,消费者通过互联网搜集信息,经过甄别和评价,获取能够满足自己精神需要的信息并分享的过程。这不仅体现出消费者通过互联网获取信息产品和信息服务的消费行为,更是消费者为满足自身精神需求而产生的文化行为。广告学界认为,互联网媒体称为继四大传统媒体(报纸、杂志、广播、电视)之后的第五大媒体。追本溯源,网络广告发轫于1994年的美国。当年10月14日,美国著名的Wired杂志推出了网络版Hotwired,其主页上开始有14个客户的广告。这是广告史上里程碑式的一个标志。

互联网在中国的发展十分迅捷,2016年8月,中国互联网络信息中心(CNNIC)发布了第38次《中国互联网络发展状况统计报告》。该报告显示,截至2016年6月,中国网民规模达7.10亿,其中手机网民规模达6.56亿,占比达92.5%。同时,2016年上半年,中国网民人均周上网时长为26.5小时。这意味着,网民每天平均上网接近3.8小时。互联网的受众数量奠定了互联网信息传播的价值基础,互联网广告投入的比重日益加大,经历了由广告主接纳到广告主青睐的过程。根据艾瑞咨询2015年度中国网络广告核心数据显示,中国网络广告市场规模达到2093.7亿元,同比增长36.0%。(图12-1)

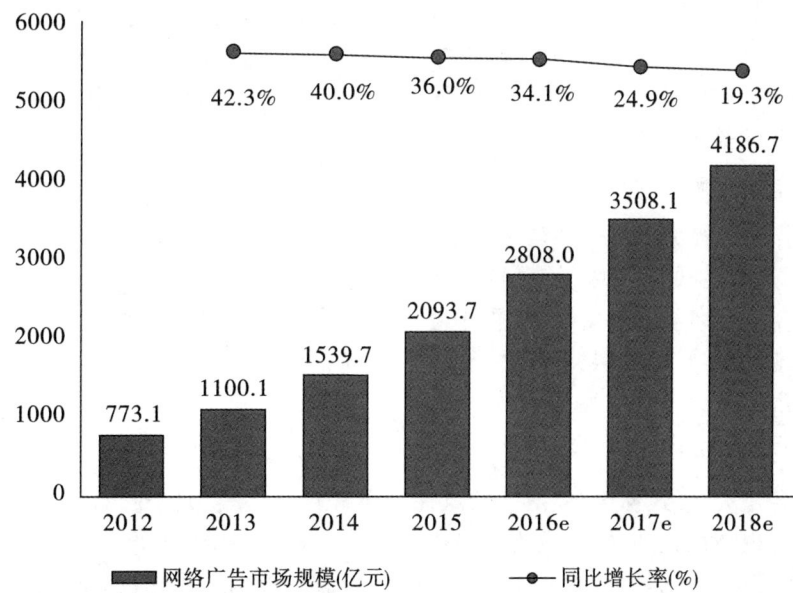

图 12-1 网络广告市场规模及预测

12.1.1 网络广告的定义

网络广告是网络技术发展的必然产物,也标志着网络技术的成熟。网络广告符合广告的本质特征,即具备了广告主、广告信息、广告受众、广告媒介、广告经营和广告管理等必备的要素。所谓网络广告,指的是依托互联网平台,以互联网技术为支撑,向互联网用户传播营销信息的传播活动。广义的网络广告指的是只要利用了互联网技术制作和发布的广告统称为网络广告,包括网站站点广告、移动多媒体广告、电子邮件广告、搜索引擎关键词广告、搜索固定排名广告等。狭义的网络广告仅指放置在网页上的各种规格的广告。

12.1.2 网络广告的特征

因为互联网具有独特的媒体特性,网络广告自然也区别于其他媒体广告,具有自身的特征。

12.1.2.1 覆盖范围广

理论上,网络广告可以全天候、24 小时不间断地向世界各地传播,前提是受众具备登录网络的条件,也就是说,网络广告不受地域和时间的限制。传播范围广,也意味网络广告的受众数量极其庞大。从价值论角度考虑,受众量大无疑是广告主选择网络广告的依据之一。

12.1.2.2 传播速度快

互联网信息的发布不受周期限制,利用这一特性,网络广告可以在很短的时间内完成快速传播和内容的及时更新。这一点,传统媒体无法比拟。月刊的杂志,内容一个月后才能更新,报纸也最多一天后更新传播内容。网络则可以随时发布随时更新,用好这一点无疑可以助力广告主进行事件营销。

12.1.2.3 交互性强

网络广告可以极大地提升广告受众的参与度。网络广告无论是以多媒体、超文本格式文件出现,还是静态网页,只要受众对产品或服务感兴趣,轻按鼠标可进一步了解更多信息,或将自己的需求反馈至界面后台,广告主可根据消费者需求进行精准营销。如受众浏览汽车销售类网站,会有互动式网页显现,受众填写完毕后台统计后,会有销售人员电话沟通,进一步促进销售完成。

12.1.2.4 定向与分类明确

网络信息量大,形式万千,但网络站点往往会针对某一类用户建设,如女性网、汽车网、装修网等,所以相对的定向性就成为网络广告的特点之一。网络广告不仅可以面对所有互联网用户,而且可以根据用户的基本特征确定广告目标市场。如化妆品类的广告主可选择瑞丽女性网、TOM 女性等女性网站,还可以选择综合类网站的女性频道投入广告。

12.1.2.5 形式多样化

网络是一个用强大的技术支撑的融合的媒体。在一个网页上可以同时存在视频广告、图片广告、文字广告、动画广告,这种多类型的广告存在于一个页面上在电视上是不能做到的。而且网络广告可以以不同的方式呈现在受众的面前,网络广告可以在受众浏览网页时弹出,还可以随着浏览网页的动态滑动。这都是传统媒体所做不到的。

12.1.2.6 可统计性强

网络广告借助互联网技术,可以后台统计数据,这样就相对准确把握和评估广告的投放效果。如广告的曝光次数、用户发生兴趣后进一步点击次数、用户点击的时间分布和地域分布等,都可以较为精确地统计,有助于广告主正确评估广告效果、修正广告投放策略。

12.1.2.7 可促进即时销售

传统的媒体广告往往遵循 AIDA 法则,即"attention(注意)— interest(兴趣)— desire(欲望)— action(行动)"的购买行为法则来发挥促进销售的功能。一般从 AIDA 法则的一个环节转换为下一个环节需要时间周期,或频繁信息刺激。网络广告则可以在信息曝光的同时链接付款界面,立即实现销售目的。

12.2 网络广告类型

互联网是一个庞大的信息集散场,在此之中或在此技术支撑下,具体的广告形式也十分丰富。本书无法将所有互联网广告类型一一赘述,在此列举一些互联网广告的主要变现形式。

12.2.1 横幅广告

横幅广告(horizon banner)是互联网广告中最常见的一种形式,有统计显示,这种广告类型占所有互联网广告的一半以上。这类广告多出现在网页的上面或下面,横贯页面,十分醒目,类似于报纸广告中的通栏广告。

这类广告文案一般比较简短,多为商品名称、企业名称、广告口号或标题式的一至两句文案,释放广告主要信息。例如上海大众在网易首页投放旗下产品 POLO 汽车的广告很有代表性,主要信息如下(图 12-2):

广告主企业是上海大众,位于左侧。

广告主企业标识位于右侧。

广告标题:心随"手动",乐在操控,Polo 触手可得。

广告随文:了解更多优惠。

所以横幅广告文案及创意应做到:曝光主要信息;文案简洁;引导下一步关注广告的行为产生。

图 12-2　大众汽车网易首页广告

12.2.2 悬浮式广告

悬浮式广告(floating button)与横幅广告有类似之处,不同的是尺寸相对小些,并且置于页面上,随着鼠标下移其也随着下移,长久地停留在网民视野里,持续刺激关注。有时为博得更大程度注意,往往设计成对称格式,或相同或相关,跟随界面上下移动,一直出现在受众视觉范围内。

12.2.3 按钮广告

按钮广告(button)一般表现为图标。当用户选择点击这些按钮时,会进入另外一个和广告主相关的网页,达到广告宣传的目的。一般这类广告的面积较小,只显示广告的核心内容,一是吸引点击,一是因为小而无意地点击,链接到目标性网页,形成视觉冲击。

12.2.4 弹跳式广告

弹跳式广告(interstitial ads)又称插页广告,这类广告往往是用户在打开一个网页时突然弹出,闯入用户的视野里,强制关注。这需要此类广告在制作时,尽量体现美学原则,运用声画结合,淡化用户的抵触感。

12.2.5 电邮广告

电邮广告(E-mail advertising)是指通过互联网将广告发到用户电子邮箱的网络广告形式,它针对性强,传播面广,信息量大,其形式类似于直邮广告。电子邮件广告可以直接发送,但有时也通过搭载发送的形式,比如通过用户订阅的电子刊物、新闻邮件和免费软件以及软件升级等其他资料一起附带发送。

12.2.6 搜索引擎广告

搜索引擎广告是互联网广告中发展最为快速的一种广告形式,它以搜索引擎作为受众接触的工具,受众通过关键词搜索获取自己想要的信息。这是搜索引擎企业获取收益的最为主要的手段。这类广告需要根据用户习惯,在技术层面设置关键词链接即可,广告文案创作成分较低。

12.2.7 赞助广告

赞助广告(sponsorships)非网络广告中独有,但在网络广告中运用时分为几种形式:栏目赞助、节目赞助及内容赞助。广告主可以根据网络内容与自身品牌或产品定位的吻合度相应地选择赞助,如调料品牌赞助一些饮食类网站等。

12.2.8 流媒体广告

流媒体广告(steaming media ads)以插播的形式出现在网页上,一般采用 Real Media,

Windows Media,Qwektime 等网络流媒体技术来实现,这在视觉展现上与传统的电视广告类似,只不过生成技术有别。

12.2.9　移动互联网广告

　　移动互联网的概念是指"通过移动互联技术,通过国家的通信来提供网络服务,可以使移动端用户在智能终端设备上获取服务或有用信息的产业形态"。移动互联网广告就是在移动互联终端设备上展示的一种新型广告形式。3G、4G、Wi-Fi 等各种移动通信技术的无缝覆盖将移动互联网结构变得更为立体,移动智能终端不仅仅是手机、平板电脑,还有可能是智能眼镜、手表、饰品等各类更便捷、便携的可穿戴设备,这使得移动互联网产生了与桌面互联网完全不同的用户体验。桌面互联网广告形式一般都可在移动互联网上得以实现,但移动互联网借助自身特点,可衍生出新的广告类型。

12.2.9.1　微信广告

　　微信广告一般有两种形式:微信公众号推送和个人推送或转发。微信公众号指的是企业主建立公众号自行或委托广告公司管理,定期或不定期推送一些广告信息,通过移动客户端与受众发生对话。有的微信公众号按照媒体经营的思路,推送有价值内容,吸引用户量("吸粉"),当用户量达到一定量时可做植入或横幅等网络广告。个人推送或转发指的是微信用户通过个人微信号以朋友圈或指向明确的微信号发送广告信息,这种情况一般出自用户的两种心理:一是对自己有用,比如从事微商的用户;二是对有些广告创意特别认同或欣赏,属于主动式分享。

12.2.9.2　开屏广告

　　开屏广告是现在移动互联网广告市场上较为流行的广告形式,一般出现在单个的移动应用程序上,当移动用户打开智能 APP 时,它以全屏的形式、3 秒左右的时间呈现在移动用户面前。这种广告形式或者是以静态的方式出现,或者是以动态的方式出现,出现的方式较为灵活多样,宣传的产品或服务一般是企业的促销信息或者是优惠信息。这种移动广告形式的广告效果最大,在移动用户体验上,基本不会影响到用户的正常体验,而且这种形式主要适用于品牌广告。

12.2.9.3　原生广告

　　所谓的"原生"就是指内容形式皆与承载媒体的语境自然缝合。原生广告即在形式上与所搭载的媒体无缝契合,并在保证不侵扰用户使用体验情况下向受众提供蕴含品牌内容的价值信息的一种付费的广告形态。可以使广告和网站内容融在一起,使消费者根本没有发现正在阅读一篇广告。原生广告就如同有保护色的昆虫一般,在环境中不易被发现真实身份,比如在某款手机游戏中设置"可口可乐墙",用户需要击倒这座墙才能到下一关卡,在此过程中强化了对可口可乐的品牌印象。

12.3　网络广告文案的写作

12.3.1　网络广告文案的写作原则

12.3.1.1　简洁原则

网络广告的尺寸要求与传统的户外、报纸、杂志等相比,尺寸相对较小。同时,网络媒体用户的阅读体验也排斥对单个信息长期停留,这要求网络广告文案大多要遵循简洁原则。简洁原则也是广告文案写作的通行要求,这在本书前面部分已有论述。只不过,对于网络媒体要求更为强烈一些。

12.3.1.2　"跟风"原则

"跟风",固然是根据一个基础或前提,接着往下续接,形成连续式的借力发力的传播效果。跟风文案要求文案写作者对时尚、新闻或竞品的广告文案进行及时的信息捕捉,作为创作的基础。"跟风文案"必须依赖于创作者围绕着某一"原发文案"进行模仿或改写而创作出多则"跟随文案"。根据这些文案的形成过程和所呈现的发展形态不同,可分为竞品对抗型、自我联动型和无咎借势型三种主要的类型。

(1)竞品对抗。这类文案主要是以竞争对手的文案为跟随对象,进行及时性的跟风创作,通过微博、微信、互联网快速地发布,与"原发文案"形成对垒之势,形成良好的传播效应。

案例一:王老吉的"没关系"文案与加多宝的"对不起"文案之间的对抗

背景:加多宝和王老吉曾经因为打官司而闹得沸沸扬扬,2013年1月底事件再次升级,广州市中级人民法院要求加多宝公司在判决前就立即停止使用"全国销量领先的红罐凉茶改名为加多宝"等广告语。2013年2月4日,加多宝在自己的官方微博中连发四幅"对不起"系列平面广告,平面广告以哭泣的外国小孩为主画面,文案表面是用"对不起"来表达歉意,但其实是通过反语来彰显自己品牌的特点。该组平面广告发布后,在加多宝官方微博的累计转发量超过4万次,评论达1万多条。(图12-3)

随后,有网友用王老吉的口吻制作了四张"没关系"系列平面广告,主画面是笑容灿烂的外国小孩,文案内容则与加多宝的"对不起"系列相对,句式一致,进行直面回击。尽管没有直接证据表明这是王老吉的官方出品,其实这只是网友的一次调侃与恶搞,但是王老吉却无意间不花一分钱加入了文案对战中,成为这次营销的其中一个受益者。(图12-4)

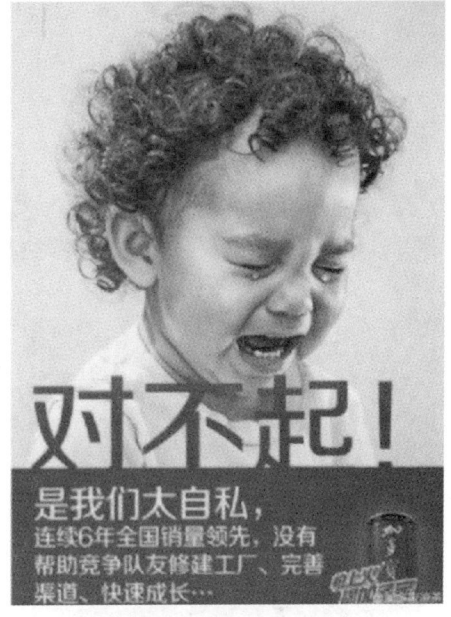
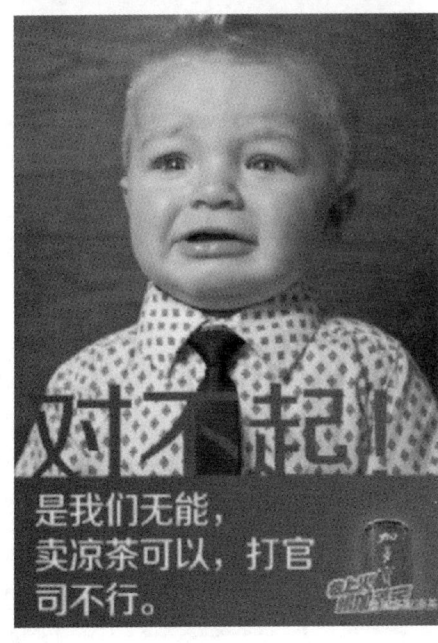

图12-3　加多宝四个"对不起"图

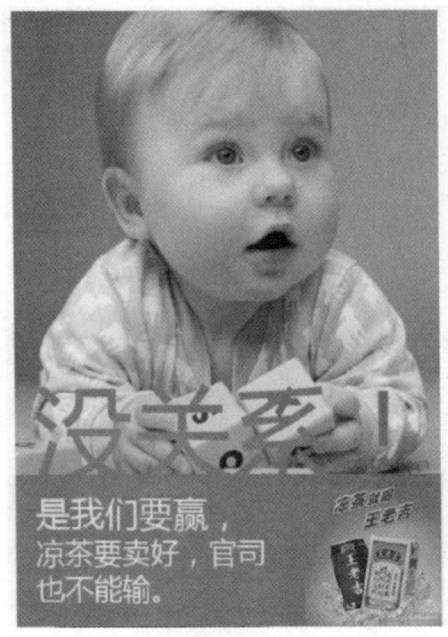

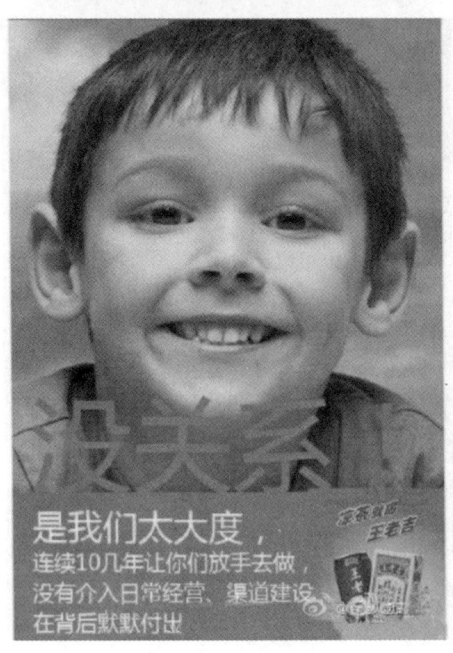

图 12-4 王老吉四个"没关系"图

案例二：汽车品牌 Jeep 的广告文案引发的"跟风"式文案围攻

背景：2015 年 1 月，汽车品牌 Jeep 推出的一组广告文案因同时对 3 个竞争对手进行"挑衅"，遭到了多家汽车品牌的"跟风"式文案围攻。当时，Jeep 邀请李宗盛作为代言人，还赞助了李宗盛的演唱会，并配合此活动推出"每个人心中都有一个 Jeep"系列海报，其文案中嵌入了大众、奔驰、宝马三家品牌的名称，暗示这几个品牌不如自己。（图 12-5）

图 12-5　Jeep"每个人心中都有一个 Jeep"平面广告

而李宗盛的《山丘》一曲中有一句歌词是"越过山丘，才发现无人等候"，其他品牌的广告营销人员则纷纷抓住这一点来创作文案，向 Jeep 品牌进行猛烈围攻，一场轰轰烈烈的"山丘体"广告文案活跃在了许多移动互联网客户端。（图 12-6、12-7、12-8）

图 12-6　宝马"山丘体"平面广告

图 12-7　奔驰"山丘体"平面广告

图 12-8　大众"山丘体"平面广告

与此同时,其他汽车品牌也纷纷加入"战团",在此"风气"下,结合自己产品和品牌特征,适时推出"山丘体"广告文案。粗略统计当时在微信等客户端推出的广告文案如下:

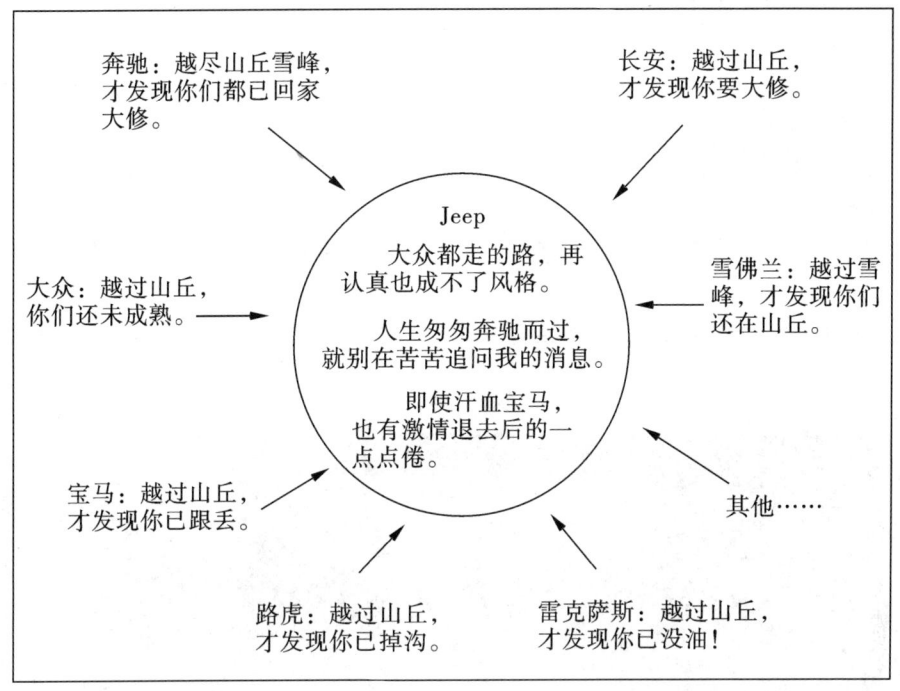

(2) 自我联动型。上述阐述对抗型广告文案主要有两个特点：一是针对竞争对手，二是事先无法约定的迅速跟上。联动型则是事先策划，由一个品牌主导，约定其他品牌或子品牌"跟上"，且品牌之间并无竞争或对抗关系，通过品牌间联动、线上线下联动，制造传播话题。在此策划思想下，形成一定传播基础后，再借机通过微博、微信等移动互联媒体自我跟上，形成系列式、联动型广告文案。

案例：金龙鱼"加油体"引发的联动传播

背景：金龙鱼在2015年8月4日的《人民日报》4个版面上刊登了以"携手八大菜系大师，助力中国美食申遗"为主题的平面广告，并随即在自己的官方微博上发布了这四个版面的照片画及完整版的9张同主题系列平面广告，做出内部联动，调动品牌旗下各产品"加油体"句式为文案创作平面广告，金龙鱼大米、金龙鱼麦芯挂面、金龙鱼葵花籽油等都在自己的微博上进行了发布，然后金龙鱼官方加以整合后通过微博进行传播。（图12-9）

这9则网络广告文案如下：

我是金龙鱼米面油，我和八大菜系领军大师一起，为中国美食申遗加油！

"中国鲁菜，鲜香脆嫩、技法大成。我是山东高炳义，我和鲁菜一起为中国美食申遗加油！"

"中国川菜，麻辣烫鲜、味多善变。我是四川史正良，我和川菜一起为中国美食申遗加油！"

"中国淮扬菜，本真本味、精致秀美。我是江苏周晓燕，我和淮扬菜一起为中国美食申遗加油！"

"中国闽菜,清鲜醇厚、百味见长。我是福建童辉星,我和闽菜一起为中国美食申遗加油!"

"中国湘菜,酸辣鲜香、原汁原味。我是湖南许菊云,我和湘菜一起为中国美食申遗加油!"

"中国浙菜,玲珑精细、清淡鲜嫩。我是浙江徐步荣,我和浙菜一起为中国美食申遗加油!"

"中国徽菜,用料精选、重火重味。我是安徽陶连喜,我和徽菜一起为中国美食申遗加油!"

"中国粤菜,珍馐百味、至鲜至美。我是广东麦广帆,我和粤菜一起为中国美食申遗加油!"

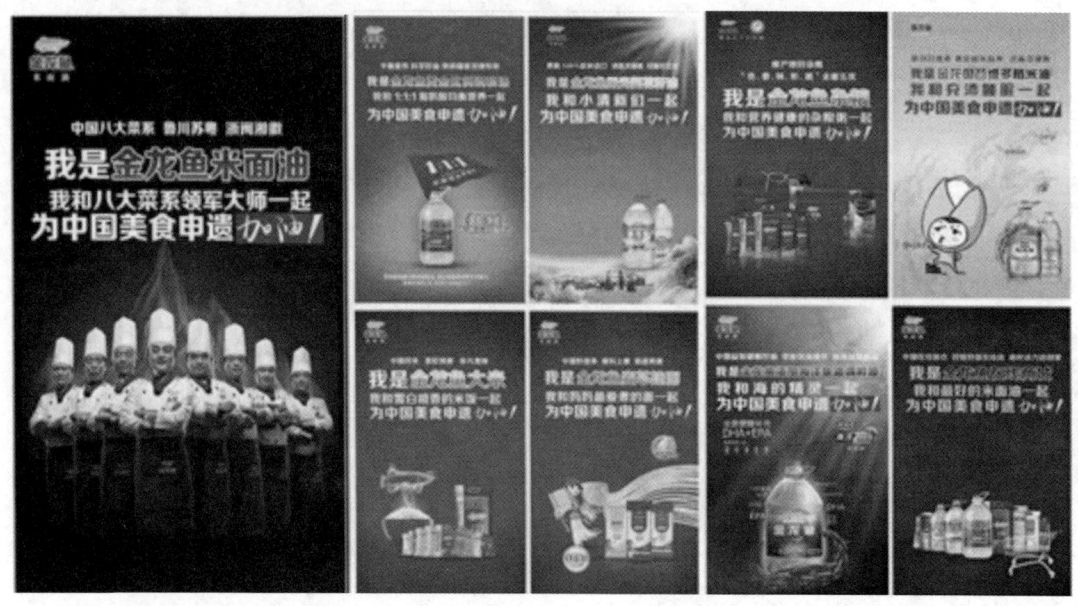

图12-9　金龙鱼携手八大菜系广告

与此同时,金龙鱼还发起"加油体"创意有奖征集大赛,联动网友参与创作。通过金龙鱼的一系列联动,引发其他数十个品牌参与到"加油体":

劲牌:少喝一点,为健康。我是劲牌,我和道地药材一起为你的健康生活加油!

百姓网:在这里,人人都可广而告之。我是百姓网,我和你和他一起,为构建更为便利的生活平台加油!

徐福记:中国糖点首选,安全健康,营养美味,我是徐福记,我和各种糖点一起为时时刻刻能带给你欢乐加油!

赶集网:年轻,因拼搏而无悔。无论你在做什么工作,你的努力无须向任何人证明,你的付出总会有得到回报的一天。我是赶集网,我为拼搏的你加油!

加多宝:正宗好凉茶,我是金罐加多宝,周五有好声音,更有淘金行动送礼券,我和我的小伙伴们一起,为专属于你的金彩星期五加油!

太太口服液:太太美容口服液,和万千爱美女性一起,为好气色,好容颜加油!希望每一个女性都美美哒!

……………

金龙鱼利用线上线下联动的传播路径,找准助力中国美食申遗的核心引爆点,既迎合目标受众的口味,又能起到正面宣传金龙鱼品牌的话题关键点,将传统事件营销模式创造性地引入互联网传播领域,取得了较好的传播效果。

(3)无咎借势型。非网络广告中也经常运用"借势"策略,即当一个热门事件或热门话题出现后,品牌就会将自身品牌带入这个事件或话题中,借助事件或话题的热度来帮助自身品牌进行营销。网络广告运用"借势"策略则会在反应速度上更占优势。"无咎"则指的是不针对任何竞争对手或合作品牌、媒体,借助于公共事件、公共话题,及时"跟风"创作。

案例一:"小目标"引发的网络广告"跟风"狂潮

背景:大连万达集团股份有限公司董事长王健林在接受一档电视栏目采访时,在节目中给年轻人提出了一句忠告:"想做首富是对的,(这是)奋斗的方向,但是最好先定一个能达到的小目标,比方说我先挣它一个亿。你看看能不能用几年,能挣到一个亿。"王健林金句一出,网友纷纷开启刷屏模式。一些企业借机开始了自我的"跟风"。

三星手机:"先定一个能达到的小目标,比方说先用 S Pen 画一幅名画。"以此突出产品"触摸绘画方便"的特点。(图12-10)

图12-10　三星手机广告

360 安全浏览器:"我现在手头有 1 个亿,谁需要赶快找我,要不然等会儿洗手不干了。"以此突出其"搜索量大"的产品特征。(图 12-11)

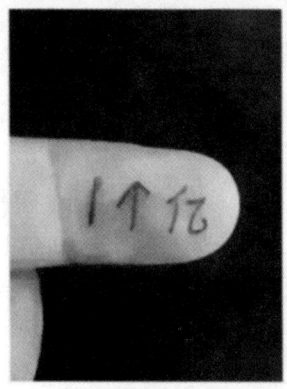

图 12-11　360 安全浏览器广告

戴尔电脑:"年轻人要先定一个小目标,比如从一台戴尔电脑买起。"虽未突出产品特征,却彰显了品牌的影响力。(图 12-12)

图 12-12　戴尔电脑广告

滴滴出行:"先定一个能达到的小目标,比方说先挣它一个亿。不光说,还要做,现在就打我就出发吧。"由说到做,怎么做,从滴滴打车开始,滴滴出行运用得巧妙。(图12-13)

图12-13 滴滴出行广告

案例二:"世界那么大,我想去看看。"一封辞职信引发的广告文案战

背景:一位女教师一封言简意赅的辞职信,因为触碰到了许多人的心灵,引发网络热议。广告商抓住这一流行事件,纷纷推出"跟风"式广告文案,借风出航,推广自我,完成了二次传播。

丰田汽车:开着TOYOTA,伴你走天涯。(图12-14)

图12-14 丰田汽车广告

百度贴吧在原版辞职信下面缀上:一个人太孤单,有朋友才快乐!上贴吧,组织陪你一起去。(图12-15)

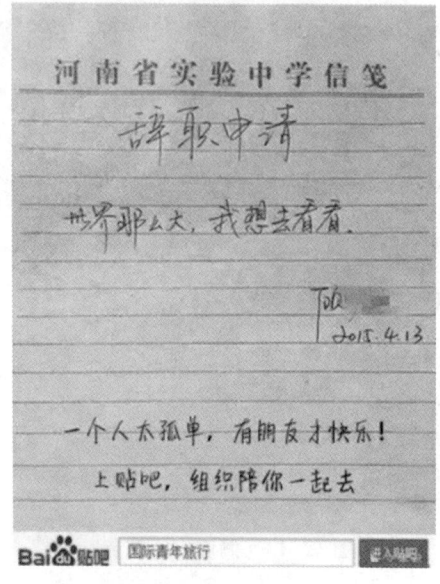

图12-15　百度贴吧广告

百度音乐在原版辞职信下面缀上:边走边看,音乐一路陪伴。(图12-16)

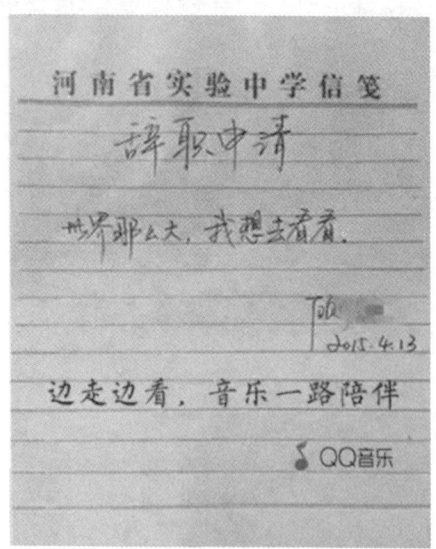

图12-16　百度音乐广告

王老吉饮料在原版辞职信下缀上:同意!要想红,就得有态度!王老吉。(图12-17)

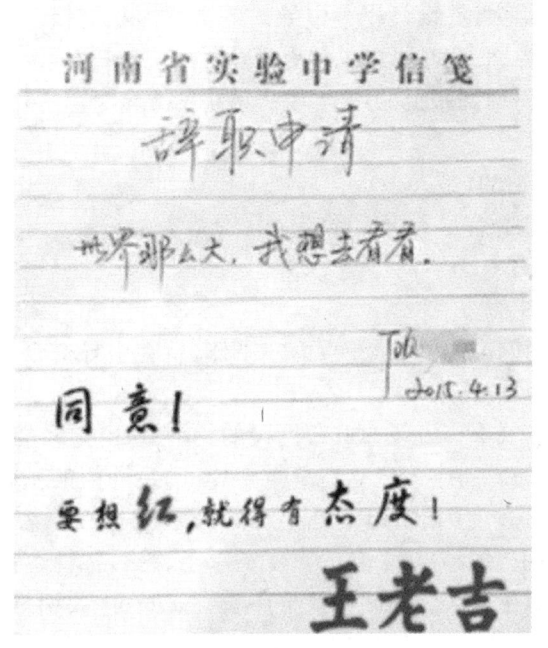

图 12-17 王老吉饮料广告

除以上外,还能列举很多:

　　58 同城:站在这个平台,让你看遍全世界。
　　360 杀毒软件:有事给我打电话,安全第一。风沙大,戴口罩。
　　怡宝矿泉水:同意!祝你心纯净,行至美!
　　人人网:去远方游,找同学接驾。懂你的人,在人人。
　　……

网络广告文案创作在"跟风"时要把握两个基本要点:

一是反应速度要快,要具备新闻事件热点捕捉的敏感性,若跟随的速度滞后,就会被泛滥的"类似体"淹没。

二是要结合自身的特点,不能为了跟而跟,难免落入东施效颦的俗套。

12.3.1.3 互动原则

互动性是所有类型广告文案创作渴求的目标,其他媒体更注重精神、情绪的互动,而网络广告文案结合互联网媒体特征,更注重追求行为上的互动。网民具有强烈的个性满足意识、"链接式"阅读心理习惯、复合信息求知欲、自由参与倾向。

基于此,在网络广告场景设计上:

一要创设互动的情绪,包括品牌体验、娱乐感受、审美情绪等与受众相关的感官情绪催生。

二要有互动的路径,通过文案引导、按钮设计等方式,引导受众进入互动的环境之中,达到与品牌的深度交流、沟通的目标效果。

(1)链接式广告文案。网络信息的碎片化特征、广告画面面积较小等特征决定了网络界面上的广告文案不能长篇大论,设计一个引导式的文案提示链接,如同制造了一扇门,受众点开后即可进入广告主界面,这时可以了解更为全面的广告信息。

如某款网络游戏在门户网站上的广告为一个游戏场景配合一句广告文案,采用链式推进的方式,进行强力推荐。

页面1:比鬼神更可怕的,是人心。

页面2:张起灵,我甘愿舍尽天真无邪。

页面3:只为你的归程。

页面4:吴邪,带我回家。

"进入试玩"的文案按钮一致悬浮于页面左下侧,旨在引导受众兴趣产生后直接进入游戏界面,完成实质性互动。

(2)行动导向式广告文案。互动意味着网民的行动,这也是网络广告追求的主要目标效果。网民的广告参与行动导向应该建立在尊重个体、满足期望的基础上,而不是强制的,或"善意欺骗式"的,或依赖过度刺激产生广告点击的诱导,不然受众容易产生失望甚至逆反的心理。这一类广告文案主要着力在受众的真实需求上,将目标性客户或潜在性客户通过互动抽取出来,文案的华丽在其次。如装修线上广告,往往在主要引导文案进入后,呈现一个互动的界面。真正需要装修的潜在客户会将拟装修的户型、面积、要求等相关信息输入,广告主通过互联网后台数据统计,基本能精准对应目标消费者,完成交易的可能性大增。(图12-18)

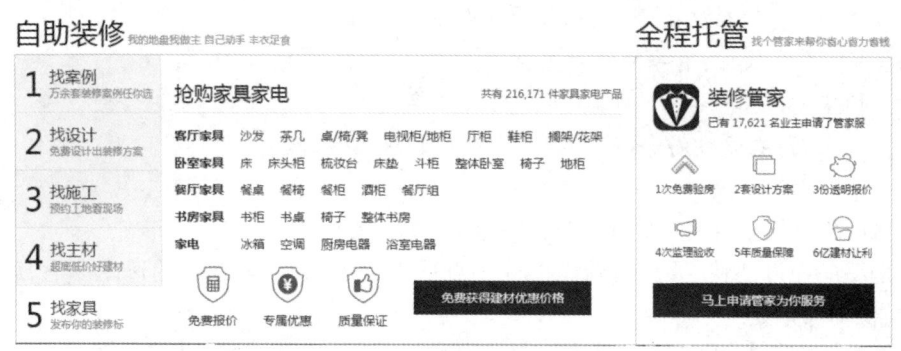

图12-18 自助装修互动界面

12.3.1.4 语境原则

网络广告文案必须符合网络语境的特征。网络语言是指与网络内容有关的或在网络环境中使用的语言。网络语言有两种,一种是与网络内容有关的词语,如网站、下载、聊天室、网民、网络游戏等;另一种是在网络上交际时使用的语言,主要是网民们在聊天室、BBS、微信等网络上使用的语言和各类符号,其中有与正规书面语一致的语言,也存在大量超出常规语言的语音、词汇甚至语法范畴的语言,可以理解为狭义的网络语言。网络语境具备以下特征:

一是网络空间的无限自由性。除了现实性,网络给了网民最大限度的交际自由,使他们在网络世界里可以任意创造富有鲜明个性特点的语言形式。如饮食类的产品网络推广语"你今天饭饭了吗?",这在现实语境中可以视为病句,但在网络语境中,反而直白明了,网民不会担心这是在破坏汉语的使用规则而抵触。

二是网络交际参与者的求新求趣心理。因为网民在接触互联网时,有种区别现实的暂时快感。他们往往不满足用规范汉字交流,更希望网络空间的交流带来乐趣,能够张扬自身个性,能够获得其他网民的认可。这是网民们改造汉语、创新网络表达方式的主要动力。如某面料品牌的网络推广语:"2016年面料趋势:正在流行and已经狗带的。"该推广语中英文混合使用,网络语境中大量出现这种语言现象,网民觉得很有趣,乐于接受。"狗带"本来在汉语中并无此说法,纯为英文音译,即"go die",就是"去死"的意思。这种用法在网络语言中十分常见。

三是遵守了书面语言雅致规范的特征。规范、典雅的广告文案在互联网中犹如清新的空气,剔除俗与平的特征,在传播中也会受到网民的推崇。一篇好文、几段好句在微信朋友圈疯转,其实就符合了人们在互联网世界中依然有对"美丽"文案接纳的心理。

案例:豆瓣《我们的精神角落》广告

2016年,历时十年才为自己做一支广告的豆瓣,与现在浮躁的互联网社交圈格格不入。相比较于微信的"熟人关系"、微博的"大V"和知乎的"高逼格",豆瓣自身拥有独特的气质——去中心化、半开放、平等、理性,决定了它只能是一个私人或小众的"精神角落",而非群众性生活社区。于是,豆瓣推出网络自制视频广告,契合这一群体特征,传播出其不合群和特殊的一面,推出后迅速引爆巨大访问流量。其中文案一改网络语言被诟病的"粗鄙化"特征,披上美丽的衣裳,迎合受众心理,优雅展现。其文案脚本如下:

除了一个小秘密/我只是一个极其平凡的人/我张开双臂拥抱世界/世界也拥抱我/我经历的/或未经历的/都是我想表达的/我自由,渴望交流/懂得与人相处/但不强求共鸣/我勇敢,热爱和平/总奋不顾身地怀疑/怀疑……我在哪里,该去哪里/童年,或许还有过些……/可和你一样/小时候的事,只有大人才记得/我健康,偶尔脆弱/但从不缺少照顾/也尝过/爱情的滋味,真正的爱情/如果不联络/朋友们并不知道我在哪里/但他们明白/除了这个小秘密/我只是/一个极其平凡的人/我有时/会张开双臂拥抱世界/有时/我只想一个人/我们的精神角落/豆瓣

以上4分20秒的视频广告显然是针对网络媒体创作的,针对豆瓣的品牌性格进行了深入的挖掘和展现。作品以"我们的精神角落"作为品牌主张表述,与目标受众展开精神对话,目的是要进行品牌形象的塑造。文案做到了思想性、艺术性和传播愿望的相统一。可见,网络媒体不失美文,网络广告文案不乏佳句,网络作为一种平台,俗与雅、浅与深可以做到共生共融。

12.3.1.5 利益原则

在新媒体时代的传播领域,围绕传播利益进行博弈的主要是国家、社会、公众三方力量,这就形成一种石头、剪子、布的博弈关系。网络媒体作为新媒体,在内容选择机制上遵守利益原则,不过和传统的媒体相比较,网络媒体增加了公众的利益重量。网络广告文案在恪守

国家、社会利益不伤害的前提下,为了传播的需要,更强调提供给公众更多的利益成分。利益分为精神层面和现实层面两种,产品促销类网络广告文案强调的是受众的现实利益,品牌建设类网络广告文案强调的是受众的精神利益。因为利益的"驱使",广告文案有了传播的动力,当然这是基于受众在利益的支配下,悄然进入了AIDA(注意—兴趣—欲望—行动)法则的营销传播模式。(图12-19、12-20、12-21、12-22、12-23、12-24)

图12-19　NARY表广告

图12-20　骆驼皮鞋广告　　　图2-21　楠溪王皮衣广告

图12-22　苏宁易购广告

图12-23　汽车之家广告

 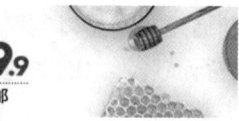

图12-24　日本比那氏漱口水广告

以上案例中图文结合,版式规整,皆是网络广告的常见作品,其中共同点有两个:一是做了链接,点击后可进入详细界面,引导完成直接消费。二是利益倾向明显,有的是价格利益,有的是质量利益,都在用"诱惑"的方式刺激受众进入消费环节。

12.3.2 网络广告文案的伦理遵守

媒体伦理是社会道德价值体系的重要组成部分,也是社会伦理学和新闻传播学等多学科交叉的成果。媒体伦理是对社会行为善恶进行的系统性探究,也是对社会公众所认可和接受的价值体系和生活规范进行的界定尝试。当前,网络媒体对人们生产生活的影响越来越大,在网络环境下,网络媒体呈现出诸多与传统媒体截然不同的伦理失范行为,网络媒体的研究及其治理必须得到重视。网络广告在网络媒体伦理失范的带动下,必然也存在此类问题。如百度的魏则西事件引发的虚假网络广告信息的热议,从本质上来讲是网络媒体伦理失范所致。网络广告从服务对象上而言应坚持广告主第一的原则,从传播效果上讲应坚持深广度第一原则,但在策略选择上应遵循法律、道德和行业规范原则。

12.3.2.1 网络广告的伦理失范的主要表现

(1)广告文案的虚假,违背社会之信。诚信是社会道德的根基,任何个人或组织都应遵守和践行。网络广告文案发布速度快、监管弱,一些广告主或广告从业者在文案创作时为了赚取点击率,违背了广告的真实性原则。如文案宣称"免费获得某某产品使用",网民获得吸引后点开页面,发现"免费"不过是个幌子,情感遭到戏谑。车易拍虚假违法广告案显示,当事人在自设网站上宣称"无差价"和"高价放心卖,透明成交快"等宣传语。经查,当事人在经营活动中存在价格不够透明,卖方收到的车款存在差价等问题,广告所呈现的内容与实际使用情况有很大的不符。

(2)广告文案的粗鄙,违背社会之美。网络媒体的自由与开放,并不意味此类媒体可以任意发布粗俗、烂俗、充满鄙陋感的文案。网络广告文案的粗鄙,并非传统媒体广告文案的简单平移,而是结合了网络媒体的特征,使得文案创作空间大大增强,一些看似有创意的粗鄙广告文案不绝于网。如宜春市在政府公务上推出了城市形象宣传的广告文案:"宜春,一个叫春的城市。"文案本意恰当,但双关意则令人遐想万千,落入色情之趋。教育服务提供商——网大,其在官方网页推出的广告文案"让我们一起搞大",文案和企业名称对应,似乎对应,满足了网民的猎奇心理和娱乐心理,却失了大体,也有故意"色情"之嫌。网络游戏《蜀山OL》的推广文案"蜀山OL也有黑社会,体验属于神仙的江湖——黑社会",则在言辞中对"黑社会"这个社会负面组织和力量进行不漏声色的讴歌,实不恰当。

(3)广告文案的突现,违背社会之礼。这点主要针对弹出广告而言,弹出广告在网民打开浏览网页时突然弹出,犹如网民的家门被突然打开,给人一种无礼之感。弹出广告要么是所浏览网站推出的付费广告,要么是恶意广告软件介入使然,不管怎样,这类网络广告在弹出时都会破坏网民的浏览情绪。唯一可做的是,网络广告文案的创作者如何斟酌弹出后的内容撰写,测试弹出什么样的措辞才能淡化网民的厌恶心理。

(4)广告文案的误引,违背社会之序。利用网络媒体互动性强的优势,广告主在官方网站或是合作网站上示以诱惑性的文案,引导网民输入个人信息和需求,个人隐私难以获得保障,引发种种社会问题,诈骗、信息转让等造成社会不安;利用网络新闻从业与发布的监管不严,广告主雇佣有关人员撰写不实新闻或雇佣"水军"恶意攻击竞争对手,造成市场竞争秩序的紊乱,而广告文案的误引难辞其咎。

12.3.2.2　网络广告的伦理失范的主要原因

（1）网络传播的多元化。随着网络时代的到来,媒体内容传播主体呈现多元化、虚拟化和互动化。网络的发展使传统的单一主体构成的信息传播格局日趋瓦解,多元化的主体开始形成。另外,信息传播主体多元化势必导致鱼龙混杂、良莠不齐,难免将大量不良信息带进网络。信息传播主体多元化无疑也增加了管理的难度,多元化较之单一的信息传播形式更易失控。

（2）法律法规和监管机制的缺失。网络媒体的发展产生了信息发布传播主体自律性不足的现象,而相关法律法规和监管机制的缺失则成为网络媒体失范的重要外在因素。当然,这一问题的产生也有着客观的现实原因,即网络媒体领域法律法规和监管机制的建立具有相当大的难度,尚需较长一段时间,很多网络媒体失范事件也难以按照普通的规则进行判定与衡量。

（3）市场经济背景下的经济利益驱使。广告信息发布者自身法律观念、道德意识欠缺的根本原因还是受利益的控制,明知传播伦理失范内容会逐渐降低社会的平均道德水平,但衡量利益因素后,贸然发布。广告发布者和广告经营者正确运用网络媒体的能力还需进一步提升。

网络媒体是自由的、开放的,更是一种精神分享。网络广告文案的伦理规范,政府层面应加强网络管理的法律完善和机制建设,肩负其管理的职责;网络媒体要提高自身媒介素养,通过政策制定和技术介入,对网络广告失范现象在准入和剔除方面提高自律;从广告主角度,除明确广告的经济目的之外,还负有社会责任,不能唯利是图;对广告从业者而言,不盲目追求新奇、独特、超量的点击和访问,在营销策略服务和广告表现方面要提高法律、伦理思维,走上正确的创意之路。

➡【本章小结】

本章围绕网络广告属性、操作、注意的逻辑关系,从网络媒体简介、网络广告特征作为认知基础,到网络广告文案创作原则和伦理规范中做了提示性的论述。该类广告文案符合本书前部分关于文案写作的思路和指导原则,本章更多结合网络媒体特征进行了相关的理论阐释和案例分析。

【案例分析】

讲好一瓶水的故事
——农夫山泉饮用水系列广告纪录片文案分析

农夫山泉深入人心的广告宣传语"我们不生产水,我们只是大自然的搬运工"可谓深入人心。农夫山泉的这种广告策略是从 USP 理论角度,提出了差异化的独特卖点:水源好,所以水好。农夫山泉在产品获得市场认知的基础上,从 2014 年起,悄然推出了一系列的广告纪录片,侧重了品牌形象的宣传。2014 年 3 月,从发布一则长达 3 分钟的广告《一个你从来不知道的故事》起,农夫山泉开始走起了"匠心"路线,延续纪实风格的拍摄手法持续塑造品牌性格。2015 年推出《极致的用户体验》《做森林的过客》《设计以自然为本》系列广告纪录片。2016 年农夫山泉 20 周年推出的 4 则广告——《一百二十里》《最后一公里》《一个人的岛》《一天的假期》,证明了农夫山泉讲好故事的愿望和努力,也是其借助网络、整合营销的品牌建设的营销表现。

一、写实手法,令广告可信、可亲、可近

艺术类创作手法一直被当作利器运用于广告创作之中,但农夫山泉一反常态,真实记录真人真事,讲述农夫山泉自己员工的故事。广告文案无论是解说词,还是人物同期声,都采用纪录片制作的方式。文案语言采用生活化语态,提出艺术夸张成分,还原生活真实,抵消了受众对广告的天然抵触心理。

二、微型记录,为网络媒体量身打造

这一系列广告片片长或 2 分 30 秒,或 3 分钟,非电视媒体时长格式(5 秒,30 秒,45 秒,60 秒),也非传统纪录片时长格式(25 分钟以上),显然采用微记录的方式是为网络媒体定制而作。实际的发布渠道也是以官方微博、微信、各视频网站为主。同时在制作时片首字幕:"这是农夫山泉 2016 新广告片,你可以 5 秒后无条件免费关闭广告,也可以看看农夫山泉的故事。"画外音:"农夫山泉提醒你,此广告可以免费关闭。"从农夫山泉官方数据看,90% 以上的受众都坚持将广告观看完毕。这种做法,其实也是迎合网络媒体的广告特征,即受众对正片前的广告极为抵触。农夫山泉逆向而为,效果反而更佳。

三、个性内容,击破受众防御模式

企业讲故事并非新鲜之举,但更多的是雷同格调、煽情为主的故事,初期受众尚能掉几滴眼泪,渐渐泛滥后,受众开启了心理防御模式。对于一个持续通过故事来塑造品牌的企业来说,最大的挑战莫过于故事上的挖掘和创新,如何不断去重新包装一个新故事?农夫山泉的做法是,出镜的人都是农夫山泉的员工、产品设计者。从企业内部去挖掘故事,更容易塑造品牌个性化的形象。农夫山泉员工讲述农夫山泉故事,这一点,所有企业无法复制。

四、统一调性,持续塑造品牌性格

农夫山泉系列广告纪录片在时长、制式、故事模式、文案风格方面统一格调,将系列广告的优势发挥了出来。品牌声音的持续发出、话题效应的持续制作、二次传播的不断生成、多种媒体的融合分析,使农夫山泉的传播力和形象分大大提升。在内容上也与农夫山泉一贯的产品广告相统一,坚持讲品牌故事的同时,不断重申"我们不生产水,我们是大自然的搬运工"。如《一百二十里》篇中角色发自内心地说:"其实,我也是大自然的搬运工。"配以灿烂笑容,却在不自觉中重申了农夫山泉的一贯主张。

五、直面危及,再次利用网络发力

在《最后一公里》篇中,农夫山泉西藏业务代表多吉提到了2013年轰动一时的"标准门"事件。对于任何一个企业来说,都不希望出现这样的负面消息,何况是旧事重提。但正因为如此,却反而让人们看到农夫山泉的决心和社会责任感,使人们对其更增添了一份信任。同时,利用微信等网络媒体发出悬赏公告:尽管《金华时报》已经道歉,但当时的罪魁祸首、始作俑者尚逍遥法外,谁能提供有价值线索,农夫山泉将奖励500万元。2016年6月,农夫山泉官方微信推出的广告微纪录片,视频音乐受到原创者的抄袭控诉。农夫山泉收到控诉以后,在各大平台上第一时间删除了相关广告视频,并在微博上表达了诚挚的歉意,提出了赔偿方案。和以往大公司发生负面新闻推诿或者闭门不谈的做法不同,农夫山泉此次的侵权事件获得了苛刻的网友的一致好评及点赞。

【思考题】

1. 简述网络广告的媒体特征。
2. 举例说明网络广告文案应坚持的原则。
3. 分析网络广告伦理失范的表现和原因。

【延伸阅读】

1. 阮为.广告文案案例评析.武汉:武汉大学出版社,2015.
2. 钟强.网络广告.重庆:重庆大学出版社,2006.

参考文献

[1] 夏晓鸣,钱正,曹晓燕.广告文案写作[M].武汉:武汉大学出版社,2006.

[2] 初广志.广告文案写作[M].北京:高等教育出版社,2005.

[3] 高志宏,徐志明.广告文案写作[M].北京:中国物价出版社,2002.

[4] 王汀,张力平.华文广告与点评[M].广州:广东人民出版社,2002.

[5] 袁胜军.广告学[M].北京:人民邮电出版社,2015.

[6] 胡小武,张鸿雁.广告的社会责任:生活在此处[J].广告大观,2005(8):30-31.

[7] 金定海,郑欢.广告创意学[M].北京:高等教育出版社,2008.

[8] 崔银河.广告策划与创意[M].北京:中国传媒大学出版社,2007.

[9] 大卫·奥格威.一个广告人的自白(纪念版)[M].林桦,译.北京:中信出版社,2015.

[10] 张英岚.广告语言修辞原理与赏析[M].上海:上海外语教育出版社,2007.

[11] 蒋华.广告语言与修辞研究[M].兰州:甘肃教育出版社,2007.

[12] 孔秀祥.广告文案理论与实务[M].上海:上海交通大学出版社,2008.

[13] 林溪声.广告语创作与评析[M].长沙:中南大学出版社,2007.

[14] 曹炜,高军.广告语言学教程[M].暨南大学出版社,2007.

[15] 高海友,宋华,龚学刚.广告标题创作与赏析[M].吉林:北方妇女儿童出版社,2015.

[16] 严三九.广告文案[M].北京:中国建筑工业出版社,2008.

[17] 奥美集团.奥美的观点7[M].北京:中信出版社,2013.

[18] 高海友,宋华,龚学刚.广告标题创作与赏析[M].长春:北方妇女儿童出版社,2015.

[19] 袁胜军.广告学[M].北京:人民邮电出版社,2015.

[20] 段轩如,李晓东.广告学[M].北京:清华大学出版社,2016.

[21] 大卫·奥格威.一个广告人的自白[M].北京:中国友谊出版公司,1991.

[22] 郑建鹏.广告创意与文案[M].北京:中国传媒大学出版社,2011.

[23] 宋若涛.广告文案写作技法研究[M].安徽:合肥工业大学出版社,2009.

[24] 郭有献.广告文案写作教程[M].3版.北京:中国人民大学出版社,2015.

[25] 王威,张燕.广告文案[M].北京:清华大学出版社,2015.

[26] 陈培爱.广告文案创作[M].厦门:厦门大学出版社,2008.

[27] 林染.广告创意心理学[M].北京:北京工业大学出版社,2015.

[28] 任丽敏,李庆德.广告文案写作[M].北京:北京大学出版社,2014.

[29] 张冰.广告文案写作理论与实务[M].重庆:重庆大学出版社,2016.